중국
역사와 문화
들여다보기

중국
역사와 문화
들여다보기

문승용

HUEBOOKs

중국
역사와 문화
들여다보기

머리말

중국
역사와 문화
들여다보기

중국과 중국인들은 지난 수천 년 동안 다른 어느 나라나 어느 민족보다도 그들만의 독특한 역사와 문화를 일구었다는 자긍심을 갖고 살아왔다. 특히 고대 세계에 있어서 중국과 중국인들의 역사와 문화는 다른 고대 문명들이 이미 역사의 뒤안길로 스러져 가버렸던 것에 반해서 오늘날까지도 그 맥이 끊이지 않은 채 면면히 이어오고 있다고 할 수 있다. 지난 시절 그러한 중국의 역사 문화 전통과 궤적을 함께했던 우리로서는 더더욱 의미가 남다르다.

중국과 우리나라가 길고도 뿌리 깊은 역사와 문화 전통을 이어왔다고 거듭 거론하는 것은 매우 새삼스러울 따름이다. 오늘날 중국은 그들의 영향력을 세계 곳곳으로 나날이 거듭 확대해 나아가고 있다. 그러므로 중국을 이해하는 것은 곧 우리 모두의 생존과 직결된다고 해도 그리 지나치지 않을 듯하다.

우리가 흔히 일컫는 역사학이라는 영역은 수많은 역사 사실을 나열하거나 하나하나 외워서 머리에 채워두는 따분한 분야라고 여기기 쉽다. 그렇지만 역사학은 일찍부터 문학, 철학과 더불어서 인문학의 근저를 이루는 학문 분야의 하나였다. 그만큼 역사 연구는 지난 시대 이미 죽어

버린 수많은 역사 기록들을 누더기 뭉치처럼 쌓는 작업이 아니라 이제껏 인류가 살아온 자취를 되짚어보는 것을 통해서 오늘의 나와 우리 사회를 깨닫고 내일을 전망하게 하는 학문 작업이 되어야 한다. 이렇듯 역사학은 온고溫故와 지신知新의 건널목과도 같은 구실을 하는 분야라고 할 수 있다.

특히 중국의 역사 문화 전통이 고대로부터 오늘에 이르기까지 큰 흐름으로 이어오고 있다는 점에서도 오늘날 우리가 결코 외면할 수 없는 것이다. 다만 이제껏 우리나 중국의 역사 관념에서는 미래를 전망하기 위한 것이 아닌 단지 과거 탐구를 위한 역사학에 매몰되어 있던 아쉬움이 있었던 것 또한 사실이다. 이러한 점은 오늘날 중국의 역사와 문화를 대하는 우리가 극복해야 할 과제의 하나이다.

한편 오늘날 우리들은 음악이나 미술, 연극 영화와 같은 예능 방면만을 집어서 문화라고 여기는 경향이 있다. 그렇지만 문화文化라는 말의 글자 뜻에서 보듯이, 문화란 인위적인 노력을 통해서 어떤 특정한 양식으로 되었다는 의미인 만큼 인류가 지구상에 출현한 이래 일구어 온 물질적이거나 정신적으로 양식화한 것을 모두 문화라고 할 수 있다. 그러므로 이처럼 대단히 포괄적인 의미의 문화를 한순간에 터득하기란 불능한 것이기도 할 것이다. 게다가 중국과 같이 너른 땅덩이에 많은 민족들이 각각의 민족문화를 일구며, 기나긴 세월을 살아온 만큼 중국의 역사와 문화는 중국과 관련한 모든 학문 분야에서 두루두루 연계되어 있는 영역이라고 할 수 있다.

그런 의미에서 이 책을 쓰고자 한 시도는 참으로 무모한 것이 아닐 수 없다. 그렇지만 아무리 그러하더라도 역시 중국을 이해하고 극복하고자 하는 용기마저도 포기할 수는 없어야 할 것이다. 이 책은 중국의 역사라는 큰 흐름 가운데에서 중국만의 고유한 문화가 어떻게 형성되고 발전해 왔는가를 역사가 탄생하기 전부터 중국 고대 문명의 절정기라고 할 수 있는 한漢과 당唐나라 때를 거쳐서 중국의 서민문화가 발흥하기 시작했다고 할 수 있는 원元나라까지, 그리고 그러한 중국의 문화 전통이 근대 이후 서구 문명에 끼친 영향이 어떠한지 그 연원과 발전 양상을 살펴보고자 했다.

Contents

제5장 주(周), 새 시대를 열다

제6장 주(周), 인간의 시대를 향하여

제7장 법치주의(法治主義)로 일군 통일제국 진(秦)

Contents

제11장 남북조시대(南北朝時代)와 수(隋)나라의 통일

제12장 당(唐), 제국의 시대를 다시 열고, 문민시대의 기틀을 닦다

제13장 원(元), 몽골 세계제국을 열다

제14장 중국의 근대화, 그리고 유가(儒家)와 한자(漢字)

01

중국, 문화 · 역사 들여다보기

1. 중국(中國)을 중국이라고 부르는 이유
2. 중화인민공화국(中華人民共和國)으로서 중국
3. 문화(文化)와 역사(歷史)란 무엇인가

중국
역사와 문화
들여다보기

중국, 문화 · 역사 들여다보기

오늘날 중국中國의 정식 국호는 중화인민공화국中華人民共和國이고, 영어로 표기하면 People's Republic of China인데, 흔히 China라고 부른다. 중국 혹은 China라고 불리는 이 나라는 옛날부터 우리나라와 지리적으로 가장 가까운 것은 물론 역사와 문화 방면에서도 그 연원이 뿌리 깊은 나라였으며, 앞으로도 우리에게는 정치적으로나 경제적으로 여러 방면에서 매우 중요한 이웃으로 남아 있을 것이다.

1. 중국(中國)을 중국이라고 부르는 이유

중국을 이해하기 위해서는 우선 한자漢字를 잘 이해하는 것이 중요하다. 우리는 흔히 한자漢字가 배우기 너무나도 어려운 문자라고 여긴다. 그렇지만 한자는 중국을 이해하는 주요 코드 중 하나라는 점을 잘 알아두어야 한다. 한자는 소리글자인 우리글과 달리 뜻글자라서 글자마다 그 각각의 뜻을 가지고 있는 표의문자表意文字이다. 현재 사전에 올라 있는 한자가 약 5만 정도 된다고 하는데, 이것들에는 중국의 역사와 더불어서 그 당시 살았던 사람들의 의식을 고스란히 담고 있다고 할 수 있다. 왜냐하면 한자와 같은 상형문자象形文字는 매번 지어질 때 당시 사람들의 생각이 그 글자에 담겨지기 때문이다. 그러므로 중국과 관련한 모든 이해는 한자에서 비롯된다고 해도 무리가 아니다. 게다가 우리말 명사의 대부분이 한자어로 이루어져 있으므로 한자를 잘 이해하는 것이 우리말을 잘 구사하는 데에도 큰 도움이 된다는 사실만 보더라도 한자가 남의 나라 문자에다가 배우고 익히기 어렵다고 해서 그냥 뒷전에 물려 놓을 것만은 아니다.

중국中國이라는 국호의 '가운데 중中'자는 원래 과녁의 가운데에 화살이 꽂혀 있는 모습을 그린 것으로 '중심' 혹은 '맞추다'는 의미이며, '나라 국國'자는 '囗(영토)+戈(무력)+口(사람)'이 조합되어 만들어진 것이다. 즉 중中이란 세상의 중심이라는 의미이고, 국國이란 일정규모의 영토에 사람들이 살면서 자신을 지켜낼 수 있는 무력이 갖추어진 단위를 말한다.

한 마디로 중국은 '세상의 중심국가'라는 뜻이다. 여기에다가 역사상 가장 빛나는 역사와 문화를 일구었다는 자부심에서 꽃처럼 '화려하다'는 뜻의 화(華 = 花)자를 보태서 스스로를 중화민족中華民族이라고 부르는 것이다. 즉, 중국中國이라는 용어만 보더라도 예부터 중국인들이 자기 나라가 가장 뛰어난 문화를 일군 세상의 중심이라는 자긍심을 가지고 있었다는 것을 쉽게 알 수 있다.

중국을 영어로는 차이나China라고 부르기도 하는데, 차이나는 중국 최초의 통일 왕조국가였던 진秦나라의 진秦을 'Chin(친)'이라고 웨이드Wade식 중국어로 읽은 것에다가 '영토'라는 의미에서 'a'를 붙여서 China라고 일컬은 것이다. 그러므로 차이나는 '진秦의 나라'라는 뜻이 된다. 차이나는 중국에서 진秦왕조가 최초로 통일 왕조국가의 면모를 갖추었다는 것을 인정한 것이기도 하다.

그런데 다른 의견으로는, 우리들이 흔히 알고 있는 위와 같은 차이나의 어원이 명明나라 말기 혹은 청清나라 초기에 예수교 선교사들의 잘못된 주장이라는 의견도 있다. 애당초 서구西歐에서는 진秦나라 이전부터 중국의 비단이 전해져서 중국을 비단의 나라라고 인식하고 있었으며, 페르시아나 인도에서는 중국이 비단을 생산하는 나라라는 의미에서 진Cin이나 지나Cina라고 불렀다고 한다. 그러므로 차이나는 '비단의 나라'라는 뜻에서 그렇게 불렀다는 것이다.

이것도 나름의 근거가 있는 주장인 듯하다. 그리고 나중에는 중국이 도자기陶瓷器의 특산지라는 의미에서 도자기를 차이나라고 불렀던 것처럼, 중국은 역시 예로부터 비단과 도자기의 나라였다는 것을 잘 말해주는 것이다.

한편, 일본사람들은 제국주의帝國主義 시절에 중국을 일컬어서 '지나支那'라고 불렀는데, 이것은 China를 chi(지)와 na(나)로 나누어서 그렇게 부른 것이다. 여기에는 당시 제국주의 일본이 중국을 얕잡아 보는 심정이 담겨 있다. 지나의 '지支'는 뿌리나 줄기가 아닌 가지枝라는 뜻이고, 나那는 '이것'이 아니라 '저것'이라는 뜻이다. 전통적으로 우리나라나 중국에서는 '이것'은 옳고 정통성이 있는 것이고 '저것'이라는 말에는 '정통성이 없다거나 바르지 않은 것'이라는 뜻을 내포하고 있다. 물론 차이나China를 편한 대로 갈라서 '지나'라고 부르는 것이기는 하지만, 당시 근대화에 성공한 일본이 아시아의 맹주가 되고자 했던 것에서 알 수 있듯이, 지나라고 하는 이 한 마디에는 중국을 깔보려는 의도와 함께 이참에 일본 스스로는 자신들이야말로 하늘의 정통 후손이라는 천황天皇 의식을 한껏 드높이고자 했던 것이며, 이제는 아시아를 떠나 유럽 문명에 끼어들고 싶어서 탈아입구脫亞入歐론을 외치며, 그때까지 문명국을 자처했던 중국과 조선과는 차별을 짓고 싶어했던 심정을 반영한 것이다.

그렇지만 중국인들은 예나 지금이나 그들 스스로 문화 민족이라고 자부하며, 중국 주변에 살던 민족들을 모두 오랑캐夷狄라고 여겼다. 지리적으로는 '천원지방天圓地方'이라고 하여서 '하늘은 둥글고天圓' '땅은 네모나다地方'는 세계관을 가지고 있었다. 네모난 세상의 가운데에 중국이 있고 주변에는 미개한 오랑캐들이 자리하고 있다고 여겼던 것이다.

중국中國이라는 명칭은 본디 우리가 흔히 중국이라고 일컫는 이웃나라 중국의 고유한 나라 이름이 아니다. 중국이란 '세상의 중심 국가'라는 일반명사일 뿐이다. 어느 나라이든 자기 나라의 역사와 문화에 대하여 자부심이 없는 나라나 민족이 과연 있을까? 그런데 중국은 유독 그러한 정도가 좀 더 심하다고 할 수 있다.

아주 오랜 옛날부터 중국이라는 땅에 존재해 있던 왕조들로는 흔히 하夏, 상商, 주周, 진秦, 한漢, 위魏, 진晉, 북조北朝와 남조南朝, 당唐, 송宋, 원元, 명明, 청淸 등의 고유한 나라 이름이 있었으면서도 중국인들은 언제나 스스로 세계의 중심이라는 의미에서 '중국'이라고 불렀다고 하였다. 이렇듯 많은 왕조가 교체되며 흥망성쇠를 거듭하였지만, 우리가 흔히 '중국적'이라고 여기는 대부분의 문물제도와 국가 체제는 진秦과 한대漢代에 완성되어서 청淸나라까지 이어졌다고 할 수 있다.

그런데 중국 주변 민족의 나라 이름을 보면 흥미로운 사실을 알 수 있다. 역대 중국 왕조의 국호는 모두 한 글자인데, 주변 민족의 국호는 대개 두 글자이다. 이것을 보더라도, 중국에서는 전통적으로 '한 일一' 즉 '하나'에 대한 정통성을 의식하고 있었다. 우리말에서도 역시 '하나'는 곧 '크다'는 의미이다.

우리나라 역대 왕조의 명칭을 보면, 고조선(古朝鮮: 이성계의 조선

朝鮮과 구분하기 위해서 고古자를 붙여서 고조선古朝鮮이라고 부를 뿐이다), 한반도 남쪽 삼한三韓의 마한馬韓, 진한辰韓, 변한弁韓 등 여러 나라와 북쪽의 부여夫餘가 있었고, 삼국시대 고구려(高句麗: 본래는 고려라고 불렀었는데, 왕건王建의 고려高麗와 구분하기 위해서 흔히 고구려라고 부르는 것이다.), 백제百濟, 신라新羅가 있었고, 신라 주도의 반쪽짜리 삼국통일 이후 북쪽에 고구려 유민이 중심이 되어서 세운 발해渤海, 그리고 고려와 조선에 이르기까지 우리나라의 왕조는 모두 두 글자의 국호를 쓰고 있다.

그 밖에도 만주 지역에서 흥망성쇠를 거듭하였던 돌궐突厥, 흉노匈奴, 몽고蒙古, 선비鮮卑 등 수많은 중국 주변의 여러 민족들이 모두 두 글자의 호칭으로 불리고 있다는 것을 알 수 있다. 이것만 보더라도 예로부터 동북아시아에서 중국 역대 왕조의 국호조차도 의미를 가지고 지어졌다는 것을 짐작할 수 있다.

2. 중화인민공화국(中華人民共和國)으로서 중국

중국 역사발전의 단계는 위에서 언급한 역대의 수많은 왕조가 존재해 있었던 고대의 왕조시대와 근대 사회주의社會主義 국가로 크게 두 단계로 나누어 볼 수 있다. 왕조시대는 한 사람의 왕 또는 황제가 중국의 모든 영토와 백성들을 지배하여 다스리던 시대로서 그 왕조의 권력을 보좌하는 지배세력과 그 밑에는 피지배계층으로서 일반 백성이 구분 지어진 채 살아가는 체제였다. 간단하게 말하자면, '옛날'이다. 옛날에는 중국이나 서구를 막론하고 한 나라를 특정한 통치자들이 왕가王家를 이루어 다스리는 시대이다.

서구에서는 자유 · 평등 · 박애를 내세우며 영국의 시민혁명, 프랑스혁명, 미국의 독립전쟁 등을 통해서 수순에 따라 근대로 나아갔던 것인데, 중국은 1840년 아편전쟁阿片戰爭을 계기로 근대화에 강압적으로 내몰리어 서구식의 근대사회로 접어들게 되었다. 이후 100여 년간의 격동기를 거치고, 1949년에 중국은 사회주의 국가임을 선포한 이래 공산당의 영도 아래 마르크스－레닌주의, 모택동毛澤東사상, 인민민주주의독재와 사회주의의 길을 견지하면서 최근에는 자본주의 개혁개방의 폭을 점점 확대하고 있다. 이처럼 근대 이후 전통적인 중국의 모습이 확연히 바뀌어서 지난 수천 년 동안 형성되었던 중국적인 이모조모가 대대적으로 변해버렸다고 할 수 있다.

오늘날 사회주의국가 중국에는 왕조시대의 전통적인 모습이 거의 사라졌다고 할 수 있다. 본디 '중국'은 황하黃河를 중심으로 오늘날 한족漢族이라고 부르는 화하華夏족이 살던 지역만을 말한다고 해야 하는데, 티베트, 신강新疆, 몽골, 만주滿洲, 운남雲南 지역 등 동서남북으로 계속 확대하여서 지금은 한족漢族을 포함한 56개 민족이 사는 거대한 다민족국가로 변모했다. 이것 때문에 지금까지도 티베트나 신강성新疆省 지역에서는 자신들이 본디 중국의 역사 문화와는 다른 고유한 정체성을 가지고 있다고 주장하면서 분리 독립을 격렬하게 요구하며, 중국정부와 대치하고 있다.

물론 중국의 입장에서는 티베트나 신강의 소수민족 지역이 옛날부터 자신들이 실효적으로 다스리던 지역으로서 지금처럼 중국이라는 이름을 걸고 '다민족 통일국가'의 체제를 이루어가야 한다고 주장한다. 그러나 티베트의 예만 들어보더라도 언어나 종교 등 여러 방면에서 너무나도 중국과는 함께 할 수 없는 요소들이 많은데도, 중국이 무력으로 침공하여 강제로 병합해 버린 것이라는 주장을 펴면서 강력한 저항이 끊이지 않고 있다.

이 때문에 세계 여러 나라로부터 중국 정부는 인권문제 등으로 지탄을 받고 있다. 그렇지만 중국은 이러한 티베트나 신강위그르 자치구의 격렬한 저항은 물론 세계 여러 나라의 비난에 대하여 아랑곳하지 않고 강경한 입장에서 분리 독립 요구에 대하여 한 치의 양보도 없다.

실제로 중국의 변방에는 본래 200여 개의 소수민족들이 나름의 영역을 이루고 살아왔었지만, 현재에는 이른바 소수민족으로서 국가의 형태를 지닌 채 지금까지 남아있는 나라는 거의 없는 실정이다. B.C. 221년에 진시황秦始皇이 중원中原을 실질적으로 통일하고, 한漢나라 때 무제武帝가 본격적으로 영토 확장 정책을 폈던 이래 중국은 매 왕조마다 그들의 영역을 거듭 확대해 왔기 때문에 현재 중국이 점유하고 있는 영토가 모두 중국이라고 주장한다.

그나마 티베트의 이웃인 인도 지역은 워낙 험준한 지역이기 때문에 몽골의 원元나라조차 삼히 넘어가지 못했고, 신깅성 니미 시역西域은 사막지역이라서 넘지 못했던 것이었다. 그런데 2차 대전이 끝나고 영국과 소련이 호시탐탐 기회를 엿보고 있자 중국은 티베트에 대한 기득권을 주장하며 인민해방군을 진주시켰고, 북쪽으로는 지금의 내몽골까지 영토를 확장하였는데, 당시 몽골 너머에는 옛 소련이 버티고 있었기 때문에 그나마 몽골 전체를 합병하지는 못했다. 남쪽으로 운남雲南 이남 지역인 베트남은 1884년에 프랑스와의 전쟁에서 청淸나라가 패전하는 바람에 일찌감치 중국의 속국屬國에서 벗어나 한자漢字 문화권에서 벗어나 버렸다.

우리나라와의 경우는 대대로 이어진 중국의 확장 정책에 대응하여 줄곧 정치, 경제, 문화와 같은 여러 방면에서 중국과 매우 밀접한 관계를 유지한 채 발전해 왔는데, 우리나라는 그나마 고유한 체제를 유지한 채 오늘에 이를 수 있었다. 이것은 지정학적으로 우리나라가 반도半島국가로서 중국 대륙의 복판에 있지 않았던 것이 그 원인이 아니었나 싶다. 압록강과 두만강을 사이에 두고 자연적인 장애물이 가로놓여 있었고, 또 옛날부터 너른 만주지역에 수없이 많았던 소수민족들이 중국의 영역 확대에 완충의 역할을 할 수 있었기 때문이기도 할 것이다. 게다가 초원의 몽골족이나 만주지역에서 흥성했던 만주족이 중원으로 침략하여 들어가서 한족漢族의 정통왕조를 대체하기까지 하였던 것이 고대 중국의 왕조가 팽창하는 것을 막았던 실례라고도 할 수 있다.

앞서 제시했던 것처럼, 고대 중국의 왕조시대에 중국 사람들은 그들의 나라 이름을 한 글자로 불렀는데, 오늘날에는 그것에서 탈피하여 '중화인민공화국中華人民共和國'이라 하여 무려 일곱 자로 된 국호를 정하였으니, 여기에는 특별한 의미가 있다고 할 수 있다. 이것은 중국이 지난 수천 년 동안 이어왔던 '한 글자 왕조'로서 세상의 중심이라는 정통성을 포기하였다는 의미이기도 하다. 중국은 전통적으로 체면과 명분名分을 매우 중시하는 관습이 있다.

그들이 이름을 어떻게 지었는지를 이해하는 것 또한 중요한 사항이기도 하다. 현재 중국의 국호인 중화인민공화국中華人民共和國에는 근대적인 이념이 담긴 새로운 중국을 건설하자는 뜻을 포괄하고 있으며, 오늘날 중국이 지향하는 나라의 정체성이 무엇인지 이해하는 열쇠이기도 하다.

우선 중화中華는 앞서 풀이하였듯이, 중국은 이전과 마찬가지로 전통적으로 세상의 중심 국가이며 가장 빛나는 문화전통을 가지고 있다는 의미의 중화사상을 계승한다는 것을 내세운 것이다.

다음으로 인민人民이라는 말의 의미는 본디 왕조국가였던 중국에는 없었던 개념이다. 왕조시대에서의 인민은 '사람의 백성'이라는 의미로

'왕 혹은 나라의 백성'이라는 뜻이 강했다. 이것은 왕조시대에는 세상 모든 것이 왕의 소유라는 계급의식을 나타낸 것이다.

사회주의국가 중국에서 가장 중시하는 이념은 계급이 없는 평등사회이다. 사회주의는 개인주의를 표방한 자본주의와는 달리 일종의 '단체주의'를 지향하며, 모두가 함께 잘사는 사회를 실현하자는 뜻이 담겨있다. 그러니 계급을 타파하고 평등사회를 실현하자는 의미를 강조하기 위해서는 지난 왕조시대에 없었던 차별이 없는 나라의 구성원으로서 근대적인 의미에서 모든 계급을 다 아우르는 용어가 필요했던 것이다.

그래서 전통적으로 다스림의 주체인 지배계층이라는 의미인 인人과 다스림을 받는 피지배계층의 의미인 민民을 한데 아울러서 인민人民이라는 용어를 새로이 지어내서 계급 간에 생기는 차별과 소외가 없는 나라의 구성원이라는 의미에서 인민人民이라고 했던 것이다.

다음으로 공화국共和國의 공화共和는 본디 '정치행위를 함께 한다'는 뜻으로 오늘날 민주사회의 정치체제를 말한다. 왕조시대에는 모든 세상이 황제 개인의 소유물이었으니, 황제가 죽으면 그의 자손들이 나라를 줄곧 이어서 소유한다는 의식이 강했다. 그러다가 어느 때인가 나라의 운명이 다하고 나면 스스로 혹은 어떤 새로운 세력에 의해서 나라가 무너지고, 또다시 새로운 왕조국가가 탄생하는 것을 지난 수천 년 동안 반복해 왔다. 그렇지만 서구에서 근대적인 산업화와 함께 시민혁명이 일어난 이래 오늘날에는 자본주의사회이건 사회주의사회이건 모두 민주적인 정치체제로서 공화정치를 지향하고 있다.

근대 이전 왕조 군주제만 경험했던 중국에서는 리퍼블릭republic을 대신할 만한 용어가 없었다. 그런데 주周나라에서 잠시 일종의 집단지도체제 시기를 '공화共和'라고 한 적이 있었다. 주周나라 10대 임금인 여왕厲王이 폭정을 펴는 것에 백성들이 들고 일어나서 왕을 쫓아내고 일종의 집단 지도체제였던 B.C. 841년부터 B.C. 828년까지를 '공화共和' 시기라고 부른다.

중국의 공화시대는 여왕厲王이 망명지에서 죽은 후 그의 아들인 선왕宣王이 즉위하면서 막을 내렸다. 이렇듯 중국에 잠시나마 집단 정치체제가 있었던 것을 빌려 와서 공화정치의 시초가 고대 중국에 처음 있었다고 자처하기도 한다. 그렇지만, 그것이 과연 근대적인 의미에서 민주주의의 싹이라고 할 수 있는지는 따져볼 일이다.

오늘날 세계 어느 나라에서도 '민주공화정치' 그 자체를 거부하는 나라는 없다. 우리나라 헌법의 제1조에도 '대한민국은 민주공화국이다.' 라고 명시하였고, 2차 세계대전 이래 새로이 독립한 대부분의 나라 이름에는 어김없이 '~~ 민주공화국'이라고 한다든가, 북한의 경우에도 그들의 국호가 '조선민주주의인민공화국'이라고 하는 것을 보더라도 쉽게 알 수 있다. 공화정치는 곧 민주정치의 근간으로서 누구에게나 공평하게 정치에 참여할 수 있도록 보장하는 정치체제이다.

경제체제의 방면에서는 자유를 중시하는 자본주의와 평등을 중시하는 사회주의로 갈리어서 이제껏 서로 대치하여 발전하여 왔다가 오늘날에는 사회주의가 그 명맥을 다한 느낌이다. 북한은 매우 독특한 예외의 길을 가고 있고, 중국이 정치적으로는 여전히 사회주의를 표방하지만, 경제적으로는 그 어느 자본주의국가보다도 한층 더 자본주의적인 정책을 동원하여 개혁과 개방에 매진하고 있다는 평가를 받고 있다.

민주공화정치의 핵심은 누구나 정치에 참여할 수 있도록 선거를 통해서 정권의 주체세력이 교체될 수 있어야 한다. 그런데 중국이나 북한은 건국 이래 여태껏 한번도 공산당 이외의 다른 정당에게 정권이 옮겨간 적이 없다. 그것은 사회주의 혁명노선에 있어서 완전한 공산주의가 올 때까지 과도적인 성격의 전제專制정치 형태를 유지할 수 있도록 빌미를 마련해 주었기 때문이다.

인민으로부터 권력을 인정받은 공산당이 이상적理想的인 공산주의를 완성할 때까지는 과도기적인 단계로서 일종의 전제專制정치가 필요하다는 논리를 내세우고 있는 것이다. 그나마 중국의 정당은 다당제多黨制를 취하고 있어서 중국국민당혁명위원회中國國民黨革命委員會, 중국민주동맹中國民主同盟, 중국민주건국회中國民主建國會 등 8개 민주당파民主黨派가 형식적이나마 모든 정치적인 결정에 참여하고 있고, 공산당에서도 집단적인 지도체제를 통해서 국정을 운영하고 있기 때문에 이것 역시 중국식 민주주의의 한 형태라고 자부하고 있다.

3. 문화(文化)와 역사(歷史)란 무엇인가

우리는 흔히 문화시민이니, 문화국가라는 말을 흔히 쓰곤 한다. 이 말에는 문화라는 것에 높고 낮은 가치 기준이 있다는 느낌이 든다. 그렇지만 본디 문화란 그 안에 높고 낮은 등급이 있는 것이 아니다. 다만 지역적이고 시간적인 '차이'로부터 형성된 '다름'만이 있을 뿐이다. 즉 우리는 아프리카 흑인들이 미개未開하다고 하면서 천시하는 경향이 있지만, 그들이 그렇게 사는 것은 그 지역의 자연 환경적이며 역사적인 특수한 상황이 그렇게 만든 것일 뿐이고, 그것이 그들의 문화이다.

문화文化의 개념을 살펴보자. 우선 문文자는 오늘날 '글월 문'이라고 새겨서 글자 혹은 문장이라는 뜻이라고 이해한다. 글자 역시 원래 뜻은 '무늬'라는 의미이다. 그것의 자취를 알 수 있는 단어가 천문天文이다. 천문이란 하늘의 글자가 아니라 바로 하늘의 무늬라는 뜻이다. 아마도 인류가 깨이기 시작하면서 가장 먼저 발달시킨 학문은 천문학일 것이다.

오늘날도 그러하지만, 원시시대의 인류들이 가장 두려워하였던 것은 바로 하늘이었을 것이다. 원시인류가 아무리 미개했더라도 하늘에 떠 있는 태양, 어디에선가 몰려오는 비, 바람 등 자연현상이 그들 생명의 원천이라는 것을 깨닫는 데에는 그리 오랜 시간이 필요하지 않았을 것이다. 그래서 자연을 대상으로 종교적인 신앙이 생겨났을 것이며, 혹은 이것으로부터 원시적인 제정일치祭政一致의 사회체제가 형성되었을 것이다.

그래서 원시시대를 지나면서부터 사람들은 마냥 하늘을 쳐다보면서 그와 같은 자연의 이치가 어떠한 것인지 알아내기 위해서 인간들은 또 얼마나 오랜 시간을 보냈을까? 혹은 인간들이 무리를 이루고 살면서 이제는 무리를 이끌 우두머리도 필요하고, 그리고 무리를 이끌기 위해서는 무언가 권위가 필요했을 것이다. 그래서 사람들이 가장 두려워하는 존재인 하늘에 빗대어서 자신이 하늘의 아들로서 천자天子라고 내세우기까지 했던 것이다.

이렇듯 하늘의 아들을 자처한 왕은 당연히 하늘에서 일어나는 일에 대하여 누구보다도 잘 알고 있어야 하는 의무까지 떠맡아야 했던 것이고, 그러기 위해서는 숙련된 천문관이 목숨을 걸고 하늘에서 일어나는 일들에 대하여 알아내려고 혼신의 노력을 다하였을 것이다. 만약에 이러한 왕의 절실한 처지를 잘 이해하고 애쓰던 천문관이 어느 순간 작은 실수라도 하게 된다면, 그의 목숨은 당연히 보장받지 못했을 것은 뻔한 노릇이다. 왜냐하면 최근까지도 왕의 임무 가운데 하나가 매년 새해가 되면 백성들에게 달력을 나누어주어 농사를 지을 수 있는 시기를 알도록 해 주는 것이었으니 말이다.

이렇듯 하늘의 무늬로서 천문天文이 있듯이, 이 세상 인간 사회에는 그와 같은 하늘의 무늬가 실현된 인문人文이 있다고 할 수 있다. 인문이란 곧 사람의 무늬로서 각자마다 겉모습의 생김새를 말한다고 할 수도 있지만, 흔히 인간들이 사회를 이루고 살아가면서 만든 모든 무늬로서 눈으로 볼 수 없는 무형의 의식 · 제도 · 학문 · 지식과 같은 것과 눈으로 볼 수 있는 모든 유형의 물품들도 각자의 무늬를 지니고 있으니, 이 역시 인간이 의도적으로 지어낸 무늬라고 할 수 있다. 즉, 문화의 화化자가 '되다'라는 뜻이니, 그렇듯 인간의 노력을 통해서 무늬로 된 것이 문화의 본래 의미이다.

문화를 영어로는 컬처culture라고 하는데, 이것의 어원인 동사 컬티베이트cultivate 즉, '개간하다'의 뜻에서도 알 수 있듯이, 자연 상태 그대로가 아니라 인간의 어떤 노력이 가해져서 인위적으로 만들어진 모든 것이 바로 문화라고 할 수 있다. 그러니 요사이 흔히 문화라고 하면 영화나 연극 또는 음악 미술 같은 예술 형식을 일컫는다고 여기기 쉬운데, 이것은 문화의 범주를 너무 좁혀서 이해한 것이다.

그리고 인문학을 흔히 역사 · 철학 · 문학과 같은 것만을 일컫는 경우가 많은데, 본디 인문학이란 인간 사회에서 일어난 모든 '무늬'를 다루는 학문을 말하는 것이다. 다만 근대 이래 자연과학이나 사회과학이 발전하면서 인문학에서 떨어져 나가 독립된 학문이 되었기 때문에 오늘날 인문학의 범주가 그렇게 좁아진 것처럼 느껴질 뿐이다.

한편 하늘에 천문天文, 인간 사회에 인문人文이 있듯이, 땅에 있는 무늬는 지리地理라고 부른다. 땅의 무늬는 어째서 '리理'라고 하는 것일까? 물론 우리말에서 어떤 사물의 근거가 없다고 할 때, '터무니없다'고 하는데, 이 말의 어원이 터地의 무늬文에서 온 것이라고도 한다. 흔히 '다스릴 리理'라고 하여 동사로 새기는 리理자에는 명사로서 원리原理 또는 도리

道理의 뜻도 있다. 이것에서 보듯이 송대宋代 성리학性理學의 시대에 이르면 우주만물이 탄생하게 된 이치나 근원인 그 어떤 형이상학形而上學의 무늬를 '결'이라고 하는데, 지리地理의 '리理' 역시 무늬 혹은 결이라는 뜻이다.

고등학교 교과서에 인문지리人文地理가 있는 이유가 여기에 있다. 사람들이 살아가면서 지어 놓은 문화는 지리와 같은 자연현상의 영향에 따라 형성되어지기 마련이므로 그렇게 이름을 지은 것이다. 그러므로 문화는 인간사회의 모든 현상을 다 포괄하여 일컫는 말이라고 할 수 있다.

역사歷史 역시 인문학의 한 독립된 영역으로서 사람들이 살아오면서 기록한 모든 자취를 말하는 것이다. 문화의 한 일부라고 할 수 있는 역사歷史는 흔히 인문학人文學의 다른 두 종목인 문학이나 철학과 마찬가지로 '인간'에 근간을 두고 지난 시대의 사실들을 기록하여 적어 놓은 것을 말한다.

역사의 역歷자는 산을 의미하는 엄厂자, 논밭을 상징하는 '벼 화禾'자 두 개와 밟고 간다는 의미의 '머무를 지(止: 본디 발바닥을 그린 글자)'자가 합하여 된 것이며, '역사 사史'자는 종이와 같은 도구를 뜻하는 口자와 손을 뜻하는 又자가 합하여져서 기록이라는 뜻을 나타내듯이, 역사는 인간이 지나온 기록이라고 할 수 있다.

그런데 인간 사회의 모든 기록을 '역사'라고 간단하게 정의할 수 있는 것은 아니다. 내가 오늘 버스를 타고 학교에 가서 공부를 하고, 배가 고파서 자장면을 먹고, 차 한 잔 마신 것을 종이에 적었다고 해서 이것이 모두 역사가 되는 것은 아니다.

역사는 인간의 일들을 기록하되 그것이 교훈을 줄 수 있어야 한다. 그러기 위해서는 각각의 시대에 발생했던 주요한 사건과 그것의 의미가 당시 인간과 사회의 여러 측면에서 어떻게 작용하면서 다음의 시대로 이어가게 하였는가를 실증적으로 검토하는 것이 필요하다.

이제 우리는 고대 중국의 왕조가 흥하고 망하는 과정을 살펴보는 것을 통하여 단순하게 중국이라는 나라에서 벌어졌던 여러 주요 사건들을 나열하고 외우는 것에 그치는 것이 아니라 우리 인생사에서 있을 수 있는 성공과 실패의 교훈도 함께 집어보는 계기가 되어야 할 것이다.

02

중국의 자연환경

중국
역사와 문화
들여다보기

중국의 자연환경

중국中國이라는 뜻은 옛날 화하족華夏族이 황하黃河 유역 일대에 모여 살면서 스스로를 세계의 중심이라고 여겨서 일컬은 말이니, 중국이란 지정학적인 입장에서 부르는 명칭이라고 할 수 있다. 그렇다면 중국 사람들이 살고 있는 중국이라는 나라와 그곳에서 살고 있는 중국인들의 모습은 또 어떠할까?

1. 중국이라는 나라의 모양새

중국의 육지 면적은 9,572,900㎢로서 한반도 전체 면적인 22만㎢보다 약 43배가 크며, 러시아(1707.5만㎢)와 캐나다(997만㎢)에 이어서 세 번째로 큰 나라로서 지구 전체 육지 면적의 6.4%를 차지하고 있다. 중국의 인구는 대략 13억으로 세계에서 가장 많다. 그런데 중국에서 농사를 지어 먹을 수 있는 지역의 면적은 1억㏊로서 전 세계 농경 면적의 7%에 지나지 않지만, 세계 인구 20%를 먹여야 하는 입장이다.

중국은 북동쪽으로 북한 · 러시아연방, 서쪽으로는 카자흐스탄 · 키르기스탄 · 타지키스탄, 남서쪽은 인도 · 파키스탄 · 네팔 · 부탄, 남쪽은 미얀마 · 베트남 · 라오스, 북쪽은 몽골 · 러시아연방과 각각 국경을 맞대고 있는데, 그 국경선의 총 길이는 22,800km에 달한다.

중국의 지형은 우리나라와는 반대로 서쪽이 높고 동쪽은 낮은 서고동저西高東低의 형태이다. 동쪽 끝은 흑룡강黑龍江과 우수리강烏蘇里江이 합류하는 지점인 동경 135° 2′ 30″이고, 서쪽 끝은 파미르고원의 동경 73° 40′으로 동서의 거리는 5,200㎞이다. 이 때문에 경도의 차이가 61° 22′ 30″이어서 약 4시간의 시차時差가 난다.

그렇지만 중국은 북경北京을 기준으로 하는 표준시각만을 쓰고 있기 때문에 중국의 시계는 모두 북경의 시각에 맞추어서 함께 돌아가고 있다. 북경에서 7시에 해가 떴다고 해도 저 서쪽 끄트머리에 자리하고 있는 우루무치烏魯木齊 같은 곳은 아직 동이 트지 않은 새벽인데, TV나 라디오에서는 아침 뉴스가 나오며, 오늘 하루가 어쩌고저쩌고하며 법석을 떨고 있으니, 우루무치 지역의 주민들은 생활하는 데에 여간 불편한 일이 아니다.

중국의 표준시각은 우리나라와 비교하여 보면 경도經度상으로는 실제로 30분 정도 늦는데, 우리가 기준시각을 일본의 동경東京에 맞추고 있다 보니, 우리나라와 중국은 1시간의 차이가 난다. 그래서 중국으로 가는 비행기나 배에서 시곗바늘을 1시간 돌렸다가 돌아올 때는 다시 1시간을 되돌리곤 한다. 그렇다면 어째서 우리가 일본 동경의 표준시각을 쓰게 되어서 실제로 30분의 시차가 나는 북경에 오갈 때면, 1시간을 늦추었다가 되돌리는 것일까?

이것은 우리가 원해서가 아니라 일제 식민지 시절에 일본이 표준시를 관리하는 영국의 그리니치 천문대Greenwich observatory에 제멋대로 등록해 놓았기 때문이다. 우리나라도 대한제국大韓帝國 시절 응당 우리의 표준시를 가지고 있었지만, 일제日帝에게 나라의 주권을 빼앗기다 보니, 표준시마저 함께 잃게 되었던 것이다.

해방된 이후에는 미국이 일본을 점령하고 우리나라까지 함께 신탁통치를 하다 보니, 미국이 행정상의 편의와 군사 작전에 있어서 시간상 착오가 없게 하기 위해서 일본과 같은 표준시를 쓰던 것을 그냥 두었다는 설이 있다.

우리나라에서는 그간 종종 우리의 표준시를 찾자는 논의가 있기는 했는데, 우리나라가 일본과 워낙 긴밀한 관계를 맺고 있기도 하며, 표준시각을 정정하는 것은 1시간 단위로만 하게 되어 있어서 정정하지 못했다는 설도 있다. 우리가 막상 1시간을 늦추어 놓으면, 우리나라가 북경北京 시각을 쓰게 되는 꼴이 된다. 그렇게 되면 표준시각을 고치는 의미가 없게 되는 것이라서 그냥 놔둔 것이라고도 한다.

동해東海나 독도獨島에 대한 명칭이나 주권뿐만 아니라 우리 사회에는 아직도 이런저런 일제 식민지의 잔재가 아직 남아 있다니, 진정한 의미에서의 해방은 참으로 요원한 듯하다.

중국 남북의 지리적인 상황을 보자면, 북쪽 끝은 북위 53° 31′ 10″이고, 남쪽 끝은 3° 24′으로 남북의 거리 역시 5,500㎞로 역시 만만치 않은 거리이다. 이 때문에 중국은 남북 간의 기온 차가 매우 심하다. 해안선은 북쪽에서부터 황해黃海 · 동중국해東中國海 · 대만해협臺灣海峽 · 남중국해南中國海로 둘러싸여 14,000km에 이른다. 해안선 밖 바다로는 일본 이름으로 센카구열도尖閣諸島라고 부르는 조어도鳥魚島에서 일본과 영유권 분쟁이 있고, 요즘은 우리나라와 이어도離於島를 두고 분쟁을 조성하려는 움직임이 있다.

우리가 보기에는 중국이 그토록 넓은 국토를 가지고 있으면서 얼마 안 되는 땅 욕심을 부린다고 하겠지만, 그들 섬을 중심으로 국경선이 그어지기 때문에 그 영유권도 만만치 않다. 게다가 이 지역은 대륙붕大陸棚지역으로서 석유와 가스 등 무진장한 지하자원이 매장되어 있는 것으로 알려져 있다.

그뿐만 아니라 이 지역이 태평양으로 나아가는 교두보 역할을 하므로 현재 우리나라나 일본의 수출입 화물선이 지나가는 요충지이며, 중국으로서는 태평양으로 나아가는 길목으로서 미국을 견제하기 위한 정치 군사적인 요충이 되는 지역이기 때문에 중국 측으로서도 쉽사리 양보하지 못하는 지역이기도 하다.

하긴 영토를 두고 내 것이니, 네 것이니 하며 분쟁을 벌이는 것이 좀 부질없는 노릇이라고 할 수도 있다. 왜냐하면 근대 이전에는 오늘날과 같은 국경이나 영토 개념이 분명하지 않았는데, 이제는 한 치의 땅도 바다도 각자에게 아쉬워졌으니, 각 나라마다 그 경계를 두고 이리도 치열하게 다투고 있는 것이다. 일단 '찜'하는 것이 우선이라고 하면 좀 우스꽝스러운 것일까?

중국은 남북의 거리가 5,500km나 되는데, 이것은 중국에 열대熱帶와 냉대冷帶지역이 함께 존재한다는 뜻이기도 하다. 북쪽의 하얼빈哈爾濱은 한창 겨울에는 영하 30°까지 내려가는 경우가 흔하다. 요사이 가뜩이나 온난화라고 하여서 좀처럼 춥지 않은 겨울이 이어진다고들 아우성인데, 영하 30°라고 하면 우리로서는 도저히 상상할 수 없는 기온이다.

그래서 매년 겨울 하얼빈에서는 빙등제氷燈祭라는 얼음축제가 관광명품으로 자리 잡을 수 있었던 것이다. 겨울이 되면 몇 미터 두께로 꽁꽁 얼어붙은 강 얼음을 썰어다가 옮겨서 깎고 쪼고 갈고 이어 붙여서 온갖 예술작품을 만들어 불을 밝히고 즐기는 축제이다. 우리나라에서도 강원도 등지에서 눈을 가지고 축제를 벌이는 경우가 종종 있기는 한데, 역시 규모로 치자면 하얼빈의 빙등제와 비교할 수는 없다.

하얼빈의 또 다른 명물로는 그토록 살을 에는 추운 날씨에 노천 풀장에서 몸을 던져 헤엄치는 수영경기를 벌이는 것이다. 생각만 해도 등골이 오싹하다. 물론 영하 날씨에 수영복 하나만 딸랑 걸치고 물에 뛰어든다는 것이 제정신에는 그럴 수 없을 것이라고 여길 수도 있지만, 실제로 그 풀장의 물속이 그다지 차지는 않다고 한다. 왜냐하면 풀장 밖은 영하 20도라고 해도 풀장의 물이 얼어 있지 않다면 0도이니 물속에 들어가면 오히려 따스한 느낌이 들 것이기 때문이란다. 다만 물속에 들고 날 때 잠깐이나마 혹독하게 추운 것을 견디기만 하면 된다고 한다. 아무리 그러하더라도 제정신에 그 짓을 일부러 할 수는 없을 것 같다.

이처럼 북극의 정취가 만연한 중국의 북쪽 지방과는 달리, 남쪽 지방에서는 그야말로 따뜻한 남국의 분위기를 만끽할 수 있다. 중국에서 가장 남쪽인 해남도海南島는 일 년 내내 따스한 봄날이 이어지는 휴양지로 유명하다. 그래서 겨울이 되면 골프를 즐기시는 우리나라 어르신들이 골프가방을 메고 우르르 달려가곤 한다. 이것을 두고 우스갯소리로 전지 훈련하러 간다고들 하는데, 한국에서는 골프예약하기도 어렵고 비용도 매우 많이 드는데다가 너무 추워서 아예 골프 치는 것이 어림도 없는데, 싼값으로 겸사겸사 놀러 간다는 말씀이다.

중국의 행정구역은 성省 · 현縣 · 향鄕 또는 진鎭으로 분류하며, 이외에 특별행정구가 있다. 우선 중앙 정부에 직속된 성급省級 행정구역으로 직할시直轄市 성省 · 자치구自治區, 그리고 특별 행정구역이 모두 33개 있다. 직할시가 4개北京 · 上海 · 天津 · 重慶, 성省이 23개, 소수민족자치구가 5개內蒙古 · 廣西壯族 · 寧夏回族 · 新疆維吾爾 · 西藏, 특별행정구가 2개(홍콩 · 마카오)이다.

이 가운데 특히 섬서성陜西省 · 산서성山西省 · 하남성河南省은 중국문화의 발원지로서 흔히 말하는 중원中原이라 불리는 곳으로 중국의 전통적인 중심지를 자처하는 곳이다. 한편 북경北京은 금金과 원元나라 이래 중국의 수도로서 중국의 중심지로 발전해 왔던 곳으로 오늘날 중국의 수도이자 상징이라고 할 수 있다.

다음으로는 30개 지급地級 행정구역이 있는데, 여기에는 지구地區 · 자치주自治州 · 맹盟 그리고 시市가 관할하는 구區를 두기도 한다. 지구地區는 어떤 시市와 그 주변 몇 개의 현縣을 포함하여 시계市界를 넓힌 지역이다. 자치주自治州는 연변延邊의 조선족 자치주처럼 특정 소수 민족이 많이 사는 지역을 말한다.

다음으로는 현급縣級 행정지역으로 작은 도시와 현縣인 현급시縣級市 · 자치현自治縣 · 기(旗: 내몽고족이 다수 모여 사는 지역) · 자치기(自治旗: 내몽고內蒙古의 맹盟 속에 또 다른 소수 민족이 모여 사는 지역) · 특구特區 · 공농구工農區 · 임구林區 그리고 직할시나 큰 도시에 속한 관할구가 있다.

마지막으로 우리나라의 읍邑이나 면面에 해당하는 행정단위로서 향鄕과 진鎭이 있으며, 정식 행정단위로 규정이 되어 있지는 않지만, 우리나라 동洞에 해당하는 가도街道, 농촌의 리里에 해당되는 촌村 또는 장莊이 있다.

2. 중국 문명의 요람, 황하(黃河)

세계 어느 지역이든 문명의 발생은 강을 중심으로 일어나기 마련이다. 중국 문명의 발원지는 단연 황하이다. 황하는 중국에서 두 번째로 긴 강으로 길이는 5,464km이고, 유역면적은 75만 2,443㎢이다. 청해성青海省 파안객랍산맥巴顔喀拉山脈의 아합랍달택산雅合拉達澤山에서 발원하는 약고종렬거約古宗列渠가 원류로서, 성수해星宿海 및 악릉호鄂陵湖 · 찰릉호札陵湖를 거쳐서 하류로 내닫는다. 청해성 남동부를 동쪽으로 흘러서 사천성四川省 경계에 이르고 적석산맥積石山脈 동단을 돌아서 감숙성甘肅省 남부로 들어가 북서쪽으로 흘러 다시 청해성으로 들어간 다음 서녕西寧 남쪽을 흐르다가, 유가협劉家峽의 협곡을 지나 감숙성甘肅省 난주蘭州에 이르러 북동으로 물줄기의 흐름을 바꾸고, 영하회족자치구寧夏回族自治區의 은천銀川 동쪽을 지나 내몽고內蒙古자치구 오르도스 지방으로 들어간다.

다시 파두巴頭 부근을 동류한 다음 산서성山西省 하곡현河曲縣 부근에서 남하하여 동관潼關 부근에서 또다시 동쪽으로 진로를 바꾸어 삼문협三門峽을 거쳐 산서山西 · 하남성河南省 경계를 흘러 황토고원黃土高原을 관통하여 화북평야華北平野로 들어가 발해만渤海灣으로 나아간다. 이렇듯 지도를 따라 장황하게 훌쩍 돌다 보니, 과연 황하와 그 유역의 규모가 엄청나다는 느낌 그 자체이다.

길이가 이처럼 긴 것뿐만 아니라 황하의 중 · 하류 유역은 중국문명의 요람지로서도 역사적인 가치가 대단하다. 강 유역에는 남전원인藍田原人의 유적을 비롯한 채도彩陶 · 흑도黑陶와 은殷나라의 유물 등과 역대 왕조의 사적들도 무수히 남아 있다.

황하는 '물 1말에 진흙이 6되'라고 할 정도로 황토 진흙이 범벅이 되어 흐르는 것으로도 유명하다. 통계로는 1년에 13억 8,000만t의 황토흙이 하류로 운반되어 쌓여 있어서 이른바 강바닥이 불쑥 솟아 있는 천정천天井川이기도 하다. 천정천이란 강바닥에 상류로부터 쓸려온 흙이 쌓여서 강바닥이 점점 높아지게 되면, 사람들이 그 흙을 파내는 준설작업을 하여야 하지만, 그 작업이 그리 간단한 것이 아니다 보니, 사람들이 강가에 임시로 둑을 쌓아서 넘치는 물을 막아 살았다.

그렇게 오랜 세월이 지나다 보니, 사람들이 살고 있는 지역보다 강바닥이 오히려 더 높아져서 평상시에도 사람 사는 지역의 위에서 강물이 흐르게 되고 이것에 큰비라도 오게 되어 강둑이 견디지 못하게 되면 결국 범람하여 강 주변에 사는 사람들의 인명과 재산 피해가 엄청나다. 이 때문에 황하는 지난 3,000년 동안 약 1,500회에 걸쳐서 범람하였고, 그때마다 약 100만 명 이상씩 물난리에 죽었다고 전할 정도로 중국 역사에서 황하는 대표적인 걱정거리이다.

황하유역은 반건조지역에 속하는데, 겨울은 춥고 여름은 무더우며, 때로는 집중적으로 비가 내려 수해가 극심하지만, 연간 강수량은 대략 400mm가량이라서 해마다 가뭄의 피해가 심하다. 그래서 황하에는 십년구한十年九旱이라고 해서 10년 중 9년은 가물다고 할 정도로 가뭄의 피해 역시 일상적이다.

이렇듯 황하가 '다스릴 수 없는 강'이라는 인식과 함께 이곳을 중심으로 중국의 황하문명의 발원지가 되었다는 것은 아이러니한 면이 있다. 중국인들은 전통적으로 농경을 위주로 생업을 이어가기 때문에 물을 얼마나 잘 다스리느냐가 정치를 잘했는지 못했는지를 가누는 중요한 기준으로 여겼다.

그것은 한자의 '다스릴 치治'자가 '물 수水'자를 변으로 쓰고 있는 것만 보더라도 쉽게 알 수 있다. 오늘날도 크게 다르지 않지만, 물은 바로 생명의 근원이다. 중국 고대의 대표적인 성군聖君 가운데 하夏나라의 시조라고 알려진 우禹왕은 황하의 치수정책에 성공한 것으로 그의 정치적인 역량을 인정받아서 왕이 되었고, 중국 최초의 고대국가를 열었다는 평가를 받기도 한다.

실제로 세계 4대 문명의 발상지들이 하나같이 강 주변이라고 하는 점과 더불어서 그 강들이 모두 범람하는 지역이라는 공통점을 가지고 있다. 거꾸로 보자면, 평안한 강 주변지역으로서 먹을 것도 풍족하고 기온이 따스하여 지내기가 편안한 지역에서는 인류의 빛나는 문명이 발생하지 않았다는 것을 알 수 있다.

이러한 사실은 오늘날 우리에게 일깨우는 점이 많다. 강 주변에서 살아야 인간이 생존하는 데에 필수적인 물의 공급이 수월하여서 농사를 지어 먹고 살 수 있게 한다는 점은 누구나 쉽게 수긍할 수 있다. 그렇더라도 때때로 넘치는 강물에 그토록 많은 사람과 재산의 피해를 당하고도 강 주변에서 꾸역꾸역 모여 살아야만 했던 이유는 과연 무엇이었을까?

우리가 실생활에서 약간의 스트레스는 있어야 생활에 활기를 얻을 수 있다는 말을 하곤 한다. 인간들에게는 삶이 마냥 편하기만 할 때 아무것도 안 하고 빈둥대는 습성이 있기 마련이다. 즉, 역사는 도전과 응전을 통해서 발전해 왔다고 하듯이, 그와 같은 황하의 험준한 자연환경에 맞서 싸워 이겨나가면서 인류의 문명은 발전해 왔던 것이다.

그러므로 이전 사람들이 하늘에 대해서 그저 두려워하거나 자연의 변화에 순응하며 삶을 이어가는 것에 머물지 않고, 하늘은 도대체 어떻게 생겨 먹었기에 햇볕을 쬐주고, 때론 바람이 불며, 비가 내려서 인간이 농사를 지어먹고 살 수 있게 해주는 것일까라는 의문들을 가지게 되었을 것이다.

이러한 자연환경적인 문제들을 해결하려는 인간들의 노력이 차츰 천문학天文學의 발전을 가져왔다고 할 수 있다. 그래서 기원전에 이미 중국에서도 지구의 공전公轉주기를 알아냈던 것이다. 하늘의 움직임을 알아내기 위해서 해 그림자의 길이를 잴 수 있는 작대기 같은 하찮은 도구와 맨눈으로 하늘을 관찰하여 하늘에서 일어나는 많은 사실을 알아낸 것이다.

이것은 당시 권력자들 자신이 하늘의 아들을 자처하여 권력을 함부로 행사하던 당시 하늘의 아들로서 하늘에서 일어나는 일들을 모른다는 것은 있을 수 없었기 때문에 당시 천문관들은 목숨을 걸고 그와 같은 천문현상을 알아내야만 하는 절박한 사정이 있었던 것이다.

그 밖에도 물을 다루는 수리학水理學이나 수학과 자연과학이 발전하게 된 실마리도 바로 그렇듯 험준한 강가에서 사람들이 먹고살기 위해서 궁리하기 시작하면서 가능했다. 이와 같은 과정이 순수한 의미에서 자연과학의 발전을 이끌었을 뿐만 아니라 역시 실질적으로도 사람들의 삶에 도움을 주었다.

중국의 경우 약간의 비만 내려도 황하의 상류에 끝없이 펼쳐진 황토고원 지대의 황토들이 쓸려 내려와서 쌓이고 강물이 범람하여서 사람도 많이 죽었지만, 이 때문에 쓸려 내려온 황토가 황하 주변의 농토를 비옥하게 해주는 역할을 하였던 것이다.

이러한 지역적인 매력 때문에라도 사람들은 목숨을 잃을지 모른다는 위험을 무릅쓰고 황하 주변을 떠나지 않고 살아왔고, 그곳에서 중국의 위대한 황하문명이 싹텄던 것이다. 이제껏 인류 문명이 아프리카나 동남아시아와 같이 따뜻한 날씨와 먹을거리가 떨어질 걱정이 없는 지역에선 발생하지 않았다는 것만 보더라도 녹녹치 않은 자연환경에 대한 도전과 응전이 인간의 문명을 발전시킨다는 교훈을 일깨워주는 것이라고 할 수 있다.

중국의 황토고원黃土高原은 황하에서 문명을 발생하게 한 밑천으로서 섬서성陝西省 대부분과 하남성河南省 북부, 산서성山西省, 감숙성甘肅省 동부 및 황하黃河 중류 유역에 걸쳐 있는 고원지대를 말한다. 평균 고도가 1,000m가량이며, 걸쳐 있는 곳의 면적은 약 40만㎢로, 세계 최대의 황토 고원지대이다. 이 지역은 입자가 곱고 황색을 띤 풍화 충적토로 뒤덮여 있는 황사黃砂의 발원지이기도 하다. 이곳 황토층의 두께는 평균 50~80m로, 그 아래에 있는 지표의 윤곽을 뒤덮고 있다. 이곳 황토 지대에는 식물이 거의 자라지 못하기 때문에 여름철의 집중호우로 인한 토양침식이 쉽게 일어나는 황하범람의 발원지이기도 하다.

황하의 명소 가운데 호구폭포壺口瀑布가 있는데, 이곳은 영화 촬영 장소로도 자주 소개되는 지역으로서 산서성山西省 길현吉縣 서쪽의 남춘파南春坡 아래에 있다. 황하의 흐름이 여기에 이르면 양쪽으로 암벽이 우뚝 솟아 있고 강폭이 주전자 주둥이처럼 좁아지기 때문에 주전자의 주둥이라는 의미에서 '호구壺口'라고 불리는 곳이다. 폭포의 낙차도 크고, 흙탕물이 마치 용솟음치듯 쏟아져 흐르는 것으로 유명하다. 이러한 황토 지역에서 중국의 고대문명이 싹텄던 것이다.

중국 고대의 신화 전설에도 여와女媧라는 여신이 황토를 빚어서 사람을 만들었다는 이야기가 있다. 다른 것도 아니고 황토를 빚어서 사람을 만들었다고 하는 것이 어디서 많이 들어본 것이 아닌지 의아할 것이다. 그렇다면 중국의 신화가 성경聖經에 나오는 이야기를 따다가 패러디라도 한 것이라는 말일까?

그렇다고 하기보다는 당시 사람의 인지능력 수준이 대개는 비슷하게 발전해 왔을 것이라고 볼 때, 아마도 당시 동서양에서 똑같이 사람은 어떻게 만들어졌을까 궁리를 하게 되었고 결국 사람들의 생명은 땅으로부터 나는 곡식을 먹고 살 수 있듯이, 인간 생명의 근원이 흙에 있을 것이라는 의식에서 그런 이야기도 꾸며졌을 것이다.

중국인들이 좋아하는 색깔이 누런색과 붉은색이라고 하는데, 붉은색은 발전 혹은 번성을 나타내고, 누런색은 아마도 황금黃金의 황색으로 돈을 숭상하는 관습 때문이라고 여기는 경향이 있지만, 그것보다는 더 원초적으로 보자면 중국인들이 황토의 황색을 생명의 근원이라고 여기는 의식이 진작부터 있었다고 보아야 할 것이다.

그런데 요사이 황하에는 지난 반세기 동안 비가 넉넉하게 오지 않아서 계속 가물다고 한다. 원래 황하의 평균 강수량인 400mm 정도도 내리지 않고 있는 것이다. 그래서 황하의 대명사인 범람氾濫이 황하에서 사라져버렸다고 한다. 지난 수천 년의 세월에서 보자면 지난 반세기가 그다지 긴 시간이라고 할 수는 없지만, 이런 현상 역시 자연환경이 파괴되어서 초래된 일종의 재앙이 아니냐는 우려들이 많다.

황하 주변에는 원래 비가 넉넉히 오지 않는 이유 때문에 논농사 보다는 밭농사가 주류를 이룬다. 즉 중국이 전통적으로 밀가루 음식의 전통이 강한 이유도 모두 여기에 있다. 중국이 국수의 원류가 된 이유가 바로 중국인이 살아온 황하 유역에서 밀이 많이 경작되었기 때문이다. 그것은 한자에 '논 답畓'자가 원래 없었다는 것을 보더라도 알 수 있다.

물 수水자와 밭 전田자가 합하여져 만들어진 '논 답畓'자는 한국에서 만들어진 글자이다. 황하 유역에서는 밭에 물을 담았다는 뜻의 논이 본래 없었기 때문에 그와 관련된 한자가 필요 없었지만, 우리나라와 같이 논농사를 주로 하는 지역에서는 밭과 논을 구분하여서 부를 필요성 때문에 한국식 한자로 '논 답畓'자를 만들어 썼다는 것을 알 수 있다.

3. 중국의 또 다른 문명의 발원지, 장강(長江)

북쪽의 황하 유역이 밭농사 위주라면 남쪽의 장강長江 유역은 논농사를 위주로 하는 색다른 지역이다. 장강은 이름 그대로 중국 대륙 중앙부를 횡단하는 중국에서 가장 긴 강이다. 장강의 길이는 약 5,800km

이며, 유역면적은 180만㎢이다. 중하류 지역에 양주揚州가 있는데, 이곳의 이름을 빌려서 양자강揚子江이라고도 한다. 청해성青海省 서부 가가희립可可稀立 산맥의 남사면에서 발원하는데, 12개 성省을 거쳐 흐른다. 장강 유역은 중국의 거대한 곡창지대로, 중국에서 나는 곡물의 거의 절반 정도가 이곳에서 생산된다고 해도 지나치지 않다. 그 가운데 쌀은 전체 양의 70%에 달하며, 목화 · 밀 · 보리 · 옥수수 · 콩 · 대마와 그밖에 다른 많은 작물이 재배된다. 상해上海 · 남경南京 · 무한武漢 · 중경重慶과 같은 거대도시가 이 강의 유역에 자리 잡고 있다.

장강은 황하가 근래에 계속 가뭄 현상에 고통 받고 있는데 반해 홍수가 자주 발생하고 있어서 역시 걱정거리이다. 그래서 장강의 물을 황하로 끌어대기 위한 수로를 낼 계획이라고 한다. 이것은 아마도 옛날 수隋나라 때 항주杭州와 북경 사이에 파놓은 운하運河만큼이나 대단위 공사가 될 것이라고 한다.

장상의 풍부한 수자원을 이용해서 벌인 프로젝트가 삼협三峡 댐의 개발이다. 삼협은 구당협瞿塘峡 · 무협巫峡 · 서릉협西陵峡을 말하는데, 사천성四川省과 호북성湖北省의 경계로서 양자강의 중류에 있는 협곡을 말한다. 이 지역의 양자강 양안에는 해발 1,000m에서 1,500m에 이르는 봉우리들이 깎아지른 듯이 우뚝우뚝 솟아 있으면서 강 너비가 매우 좁은 지역인데, 가장 좁은 곳은 100m 정도밖에 안 되는 곳도 있다. 물길은 구불구불하고 험하며, 물살이 세기 때문에 수력자원이 풍부하여서 높은 댐을 쌓을 만한 지형조건을 갖추고 있다. 그래서 이곳에 중국 정부가 국운을 걸고, 세계에서 가장 큰 수력발전소인 삼협三峡 댐을 세운 것이다.

최근에 중국이 몰아치듯이 급속한 경제발전을 하다 보니, 전기가 부족하여 일상생활은 물론 공장에서 쓸 전기조차 모자라 불편을 겪고 있기 때문에라도 이와 같은 대규모 발전소 시설이 필요했던 것이다. 그런데 발전소가 지어지기 전부터 환경론자들은 이 발전소 댐이 완성되어서 강물이 태평양으로 흘러가는 것을 막으면 중국 동해안 연안의 바닷물 소금 농도가 짙어져서 바닷물의 생태계에 중대한 영향을 끼치게 될 것이며, 이것 역시 생태계에 큰 재앙이 될 수 있다고 경고한 적이 있다.

그렇지만 삼협댐에서 생산하는 무진장한 전기가 필요했던 중국 정부는 바닷물이 좀 더 짜진다는 환경론자의 지적이 귀에 들어올 리가 없었다. 오로지 경제개발을 하루속히 완수하여야 하는 것이 중국의 지상 목표가 된 지 이미 오래되었기 때문이다.

지난 2008년 사천四川지역에서 발생한 지진이 어쩌면 삼협댐이 원인일지 모른다는 분석도 있다. 삼협댐이 있는 사천성은 남쪽에 티베트 고원지대와 마주하고 있는 지역으로서 원래는 이 지역이 한 덩어리로 밀착되어 있는 것이 아니라 중국대륙과 인도대륙이 서로 맞부딪치면서 퉁겨져 올라온 지역이라고 한다. 즉, 티베트 고원지대는 인도대륙과 서로 맞대어 걸쳐 있기 때문에 지질이 안정된 지역이 아닌데, 바로 곁에 대단위의 수력댐을 만들어서 많은 양의 물을 가두고 있다 보니, 그 물의 힘을 지탱하지 못하여 지진이 일어났을지도 모른다는 분석이 나온 것이다.

이런 정황이 과학적으로 확실히 증명된 것은 아니지만, 수천 만 종이나 되는 생명체가 함께 살고 있는 지구상에서 만물의 영장이라고 자부하는 인간이 오로지 자신들만의 편의를 위해서 자연환경을 마구 파괴하는 데에 이토록 거리낌이 없다 보니 이런 재앙이 생긴 것이 아닌가 싶기도 하다.

사천성의 지진으로 수많은 인명과 재산의 피해를 입은 것처럼, 아마도 머지않은 장래에 인류는 자연으로부터 심각한 재앙을 입게 될 것이라고 우려하는 목소리가 높은 것도 새겨두어야 할 듯하다.

한편 중국 정부로서는 또 다른 정치적인 주요 사안에 직면하고 있는 지역이 티베트이다. 티베트는 '세계의 지붕'이라고 일컬어지는데, 행정상 정식지명은 서장자치구西藏自治區이다. 동쪽으로 사천성四川省, 남동쪽으로는 운남성雲南省, 북동쪽으로는 청해성青海省, 북서쪽으로는 신강위그르자치구新疆維吾爾自治區, 서쪽으로는 분쟁 중인 잠무카슈미르, 남쪽으로는 인도 · 네팔 · 부탄 · 미얀마와 경계를 이루고 있다. 티베트는 거대한 산맥으로 에워싸인 높은 고원지대로 고도가 4,600m이고, 길이는 동서로 1,300㎞가량 뻗어 있다.

본래 주민의 대부분이 티베트족이고, 그 밖에 한족漢族 · 회족回族 · 몽고족蒙古族이 있었지만, 2007년에 청해성 서녕西寧에서 티베트 라싸拉薩까지 이어지는 1,956km 구간의 청정青藏열차가 개통된 이래 사람들과 물자의 교류가 예전보다 훨씬 많아졌다.

티베트족은 돌과 흙을 겹겹이 쌓아올려서 벽을 만들고, 지붕이 평평한 2~3층짜리 가옥에 사는데, 1층은 대개 가축의 우리나 헛간으로 사용한다. 주식으로 참파라는 라이보리를 볶아 가루로 빻은 것에 버터차茶로 반죽하여 먹는다. 장례葬禮는 시신을 들판에 버려두어 비바람에 자연히 없어지게 하는 풍장風葬이나, 시신屍身 처리를 조류鳥類에게 맡기는 조장鳥葬을 한다.

조장은 시신을 산 중턱까지 운반하여 발가벗겨 안치하고, 승려들이 향을 피우며 경전을 읽어 새를 불러 모은다. 승려는 우선 늑골 앞부분을 일직선으로 벤 다음, 세로로 잘라 내장을 손으로 꺼내어 주변 언저리에 뿌린다. 새가 수월하게 먹을 수 있도록 다시 죽은 사람의 머리 밑에 돌을 괴고 큰 돌을 머리 위로 떨어뜨려 시신의 머리를 깨뜨리기까지 한다. 이처럼 시신의 해체가 끝나면 승려들은 간단한 예식을 올리고 산에서 내려온다. 이러한 조장은 인간의 육체가 새에 의해서 하늘로 운반되어 윤회輪回한다고 생각하기 때문에 치뤄지는 장례이다.

1950년대 말 중국이 이곳을 해방시킨다는 명목으로 인민해방군을 동원하여 티베트를 침공해서 점령하였다. 인민해방군은 티베트 불교의 교단조직을 해체하고, 도로 · 교량 · 병원 · 학교를 건설하였다. 티베트인들은 1959년 수도인 라싸拉薩에서 대중봉기를 일으켰고, 중국 정부는 강제로 이 봉기를 진압하고, 귀족과 사찰의 재산을 몰수하였다. 이후 중국 정부는 집단농업 방식을 도입했고, 티베트 불교와 관련하여 거행하는 공공 집회를 완전히 통제했다.

중국 정부는 티베트가 원元나라 이후 실질적으로 중국이 통치하던 지역이었기 때문에 지금 이와 같은 자신들의 통치가 정당한 것이며, 이것이 티베트 지역의 근대화를 위한 불가피한 조치라는 입장에 변함이 없다. 그렇지만 종교와 민족 등 여러 문제로 인해서 티베트 지역민들은 자신들이 중국의 일부가 될 수 없다고 하면서 분리 독립을 주장하며, 무장폭동과 분신자살을 마다하지 않고 있는 실정이다.

1950년대 말 이래 지금까지 수많은 티베트인들이 목숨을 걸고 히말라야산맥을 넘어 망명의 길을 떠나고 있다는 현실이 오늘날 티베트 지역 문제의 심각성을 인식케 하는 실례라고 할 수 있다.

4. 유목문화와 대치하고 있는 오르도스(Ordos) 지역

내몽고內蒙古 자치구 남쪽 끝에 있는 지역을 오르도스Ordos 지역이라고 한다. 오르도스란 몽고식 이름이며, 중국식 이름은 모오소사막毛烏素沙漠이다. 북쪽으로 크게 굽어진 황하가 다시 서쪽으로 크게 굽어지는 지역의 안쪽으로 하투河套라고도 불린다. 또 만리장성 바로 옆에 걸쳐 있으며 섬서성陝西省과 영하회족자치구寧夏回族自治區와 경계를 이루는 변경지대이다.

역사적으로 이곳은 진시황秦始皇이 흉노족을 북으로 내몰아, 그곳에 흩어져 있던 여러 성들을 연결해서 만리장성의 일부로 확장한 이래 당唐나라 말기에는 티베트계 탕구트 족이 이곳에 서하국西夏國을 세웠었지만, 나중에 칭기즈칸이 이곳을 멸망시킨 뒤 몽고족의 세력권에 들어갔다.

이 지역 대부분은 사막지대로서 하천은 거의 없으며, 기후는 매우 건조해 연간 강우량은 250㎜ 이하이다. 이곳 주민들은 거의 몽고족으로 인구 밀도는 매우 희박하며, 경제생활은 양 · 염소 · 말 등을 방목하는 것에 의존한다.

1960년대 이후 중국 정부는 이곳의 사막화가 확산되는 것을 방지하기 위해 사막의 남쪽과 동쪽 가장자리를 따라 가뭄에 강한 나무를 심어 방사림을 조성하고 있다. 그럼에도 불구하고 매년 봄이면 황사黃砂 현상이 연례행사처럼 중국과 주변의 여러 나라들을 괴롭히고 있다. 황사는 몽고와 이 지역의 황토지대에서 강한 바람을 타고 하늘로 올라간 많은 미세한 모래먼지가 대기 중에 넓게 퍼져 강한 편서풍을 타고 한반도와 일본을 거쳐서 미국에까지 날려갔다가는 서서히 하강하는 현상을 보이는 것을 말한다.

황사는 주로 3월~5월에 나타나며, 발원지는 타클라마칸사막 · 고비사막 · 황하상류와 아랍선阿拉善 사막 등이라고 알려져 있다. 한 마디로 대규모 모래먼지가 이동하는 현상인 황사는 대기를 혼탁하게 하고, 태양 에너지를 감쇠시키고, 미세한 입자가 정밀기계를 손상시키는 것은 물론 사람들에게 호흡기질환, 안질 등을 일으켜서 건강과 일상생활에 미치는 영향이 매우 크다.

게다가 이 지역에서는 1980년대까지 핵실험을 했었기 때문에 황사에서 플루토늄 같은 핵물질이 검출되고 있다. 우리나라와 일본은 물론 미국에까지 이 황사가 날아가 사람들의 건강이나 정밀산업 등 여러 방면에 피해를 끼치고 있지만, 피해 보상은 어림도 없는 형편이다. 왜냐하면 중국 정부의 입장에서는 황사가 자연현상일 뿐이라고 주장하고 있기 때문이다.

그렇지만, 이 지역이 일찍부터 사막화되기도 하였지만, 근래 중국이 온통 경제발전에 매진하느라 생긴 자연 파괴와 오염 역시 황사 피해의 주된 요인이라고 할 수 있으니, 황사의 피해는 어느 한 나라의 책임이거나 피해만은 아니며, 황사의 피해를 막을 공동의 노력이 요구된다고 하겠다.

한편 오르도스 곁에는 영하회족寧夏回族 자치구가 자리하고 있는데, 이 지역은 황하 중류지역의 소수민족 자치구이다. 주민은 한족漢族 · 회족回族 · 몽고족으로 구성되어 있다. 북쪽으로 몽고와 국경을 접하고, 동쪽으로 내몽고 자치구와 섬서성陝西省, 남쪽과 서쪽으로 감숙성에 접해 있다. 황토고원에서 내몽고 고원에 걸쳐 있으며, 대략 중앙부를 황하가 남서에서 북동방향으로 관통하여 흘러서 그 유역에 영하寧夏평원을 이루고, 황하 북쪽에 하란賀蘭산맥, 남쪽에 육반六盤산맥이 뻗어 있다.

이 평야지대 역시 대륙성 기후로 매우 건조하여 연간 강수량이 200mm밖에 안 되는 건조지대임에도 불구하고, 영하寧夏평원은 일찍이 한漢나라 때부터 황하의 물을 끌어대는 관개수로가 뚫려있기 때문에 이른바 변경지대의 강남江南으로 일컬어질 만큼 비교적 풍요로운 농업지대를 이루고 있다. 밀과 쌀 생산이 많으며, 농업지대 주변에는 양과 돼지의 사육이 활발하다. 이곳에서 양과 돼지를 많이 사육한다는 것은 매우 독특한 문화지대라는 것을 의미한다. 유목문화를 대표하는 양과 농경문화를 대표하는 돼지가 함께 어우러져 있는 혼합문화의 지역이라는 것을 알 수 있다.

'아름다울 미美' 자를 뜯어보면, '양羊' 자와 사람을 나타내는 '큰 대大' 자가 합하여 이루어진 글자로서 사람의 머리에 양의 뿔을 한 모습을 아름답다고 한 것이며, '집 가家' 자가 '집 면宀' 자와 '돼지 시豕' 자가 합하여져서 만들어졌다는 것에서 돼지가 인간과 더불어서 함께 사는 매우 친밀한 존재라는 것을 나타내고 있다. 이처럼 돼지와 양이 중국인 생활에 매우 가까이 있던 존재라는 것을 알 수 있다. 이 지역의 언어는 중국어뿐만 아니라 티베트어와 몽고어 등이 통용되며, 청진사淸眞寺라고 불리는 회교回教 사원도 곳곳에 많은 것으로도 유명하다.

이 지역은 옛날 흉노匈奴족이 중국으로 침범해 들어오던 거점지역이라서 중국이 이곳에서부터 만리장성萬里長城을 쌓은 것으로도 유명하다. 흉노匈奴는 B.C. 3세기 말부터 A.D. 1세기 말까지 몽골고원과 만리장성 지대를 중심으로 활약한 유목기마민족遊牧騎馬民族이었다. 이들은 B.C. 221년에 진秦나라 시황제가 중국을 통일할 무렵에 이 지역에서 최초의 유목국가를 세우고, 한漢나라와의 싸움에서 고조高祖 유방劉邦을 사로잡기도 했으며, 오손烏孫이나 동東투르키스탄의 오아시스의 여러 나라를 지배하는 등 당시 흉노의 위세는 대단했다. 그리고 몽골고원을 중심으로 하여 진秦과 한漢나라를 위협했던 흉노의 자손이 바로 유럽의 민족대이동을 불러일으킨 훈족(Hun族)이라는 설이 있기도 하다.

이들은 유목과 수렵생활로 양과 말 등의 가축을 방목하고, 하영지夏營地와 동영지冬營地 사이를 이동하며, 천막식 원형圓形 가옥에 거주한다. 그들 흉노족의 유적지에서 나오는 유물들로는 스키트-시베리아계의 문물뿐만 아니라, 견직물 · 칠기 · 옥기 등의 중국 제품도 많이 나오고, 이란계의 동식물 무늬와 인물상을 수놓은 모직물 등이 출토되고 있는 것으로 미루어 보아 흉노족들이 중국과 서방문화의 영향을 두루 받았음을 엿볼 수 있다.

고사성어로 잘 알려져 있는 천고마비天高馬肥는 흉노족이 매년 가을철 만리장성을 넘어 쳐들어와 곡식을 약탈하던 것과 관련이 있는 말이다. 흔히 맑은 가을 하늘을 보며 천고마비의 계절이라고 하곤 하는데, 원래 천고마비는 그렇게 낭만적인 의미가 아니다. 흉노와 같은 유목민족은 본디 농사를 짓지는 않지만, 곡식을 전혀 먹지 않을 수는 없었다. 자연환경이 그러하다면 자신들이 가지고 있는 말이나 양으로 중국의 곡식을 교환하는 방식의 무역을 하면 될 것인데, 흉노족과 같은 유목민족들이 전쟁에 뛰어난 소질을 가지고 있다 보니, 대개는 중국으로 쳐들어와서 간편하게 약탈해 가곤 했다.

천고마비라는 말은 당대唐代 시인인 두심언杜審言의 「소미도에게贈蘇味道」라는 시구에서 "가을 하늘은 높고, 변방의 말이 살찌는구나. 秋高塞馬肥"라고 한 시구에서 나오는 말이다.

雲淨妖星落 구름은 맑은데, 요사스러운 별이 떨어지고,
秋高塞馬肥 가을 하늘은 높고, 변방의 말이 살찌는구나.
馬鞍雄劍動 말 안장에 올라 영웅의 칼을 휘두르고,
搖筆羽書飛 붓을 놀려 격문을 날린다.

위 시구는 가을만 되면 의례적으로 치르는 식량 전쟁을 읊은 것이지만, 이 또한 목숨을 걸고 문명 간에 벌이는 싸움이었던 것이다. 중국에서 가을 수확의 때만을 기다리던 흉노족이 제아무리 전투에 능숙하다고 해도 아무 때나 쳐들어와서 중국의 곡식을 빼앗아 갈 수는 없는 노릇이다. 중국에서 가을걷이가 끝나고 중국의 농부들이 겨울철을 보내기 위해서 수확물을 수거하여 성城에 들어가기 전까지가 공격해야 하는 가장 적절한 때였던 것이다.

그러니 이때에 맞추어서 흉노족들은 자신들이 가지고 있던 양식을 말들에게 죄다 먹여서 중국까지의 출정에 대비하는 전쟁준비를 하다 보니, 이것이 '마비馬肥' 즉 말들을 살찌게 한다는 것이다. 즉, 가을의 전형적인 날씨인 하늘이 높아지는 시기가 되면 흉노족과 중국에서 동시에 전쟁준비에 돌입한다는 의미에서 하늘은 높고 말은 살찐다고 했던 것이다. 그러므로 천고마비는 곧 가을철 전쟁준비에 돌입하는 것을 일컫는 매우 비장한 말이었다.

오죽했으면, 중국에서는 이들 유목민족의 침입을 막기 위해서 만리장성을 축조하지 않으면 안 되었던 것이다. 만리장성은 일찍이 춘추春秋와 전국시대戰國時代 이래 여러 나라가 장성을 쌓았던 것을 진시황이 중국을 통일하자, 북방의 유목민족들을 막기 위해서 그때까지 이미 구축되어 있던 성을 증축 또는 개축하였던 것이다. 서쪽의 감숙성甘肅省 남부 민현岷縣에서 황하 서쪽으로 북상하여 음산陰山 산맥을 따라 동쪽으로 뻗어 요동遼東의 요양遼陽에 이르기까지 만리장성을 구축함으로써 흉노족의 침공에 대비한 방어선을 쌓았던 것이다. B.C. 2세기 말 한漢 무제武帝가 서쪽 끝인 돈황敦煌 바깥쪽의 옥문관玉門關까지 만리장성을 연장한 이래 증축과 개축은 아마도 원元과 청淸나라 때를 제외한 중국 역대 왕조에서 거듭되었다고 할 수 있다.

우리가 만리장성이 진시황 때 지어진 것이라고 여기지만, 진시황이 중국을 통일하고 나서 대외 이민족을 경계할 필요 때문에 그 이전부터 지어져 있던 여러 줄기의 성곽을 하나로 이어 붙이는 작업을 본격적으로 했을 뿐이며, 현재 관광객들이 흔히 찾는 팔달령八達嶺은 대개 명明

나라 때 지어진 것이다.

팔달령 입구에 가면, “만리장성에 와보지 않으면 사내대장부가 아니다. 不到長城, 非好漢.”라는 글귀가 여기저기 눈에 뜨인다. 이것을 모택동毛澤東이 직접 썼다고 하는데, 아마도 만리장성의 웅장한 기상을 한 마디로 말한 것이 아닌가 싶다. 그렇지만, 춘추시대 이래 2,000여 년 동안 만리장성을 쌓느라 얼마나 많은 사람들이 죽어갔는지를 생각한다면, 머리 숙여 억울하게 죽어간 영혼들을 위로하는 것이 우선일 듯 싶다.

03

중국인의 탄생과 중국 사회의 형성

중국
역사와 문화
들여다보기

중국인의 탄생과 중국 사회의 형성

지구는 언제 어떻게 탄생하였으며, 이 지구에 인류가 태어나 살게 된 시기는 언제일까? 우주가 탄생한 것은 약 150억 년 전쯤이었다고 한다. 당시 우주는 손톱 만한 크기였었는데, 이른바 빅뱅Big Bang에 의해서 우주가 폭발하면서 확장하기 시작하였다고 한다. 그런 과정에서 형성된 별 가운데 하나가 지구인데, 그 시기는 약 40억 년 전쯤이라고 한다. 이때만 해도 지구에는 아무런 생명체가 존재하고 있지 않았는데, 우주로부터 날아온 혜성들에게서 폭탄처럼 물세례를 받아 바다에 물이 고이기 시작하였다고 한다. 이후로는 지구로 날아온 혜성들 표면에 묻어 있던 단백질 성분들이 바다에 떨어지고, 미생물이 서서히 바다에서 자라기 시작했다고 한다. 그들 미생물이 물고기로 진화하였던 것이며, 약 4억 년 전쯤에 그들 물고기가 뭍으로 나와 양서류가 되었고, 거듭 진화하여 오늘날의 인류가 되었다고 한다.

1. 인류의 탄생과 중국인

미생물로부터 진화한 물고기가 인간의 조상이었다면 그 물고기는 어째서 뭍으로 올라왔을까? 인류의 조상이 되는 물고기는 물속에서 자신보다 힘이 센 물고기를 피해서 뭍으로 올라와야만 했다고 한다. 그때까지 인류의 조상 물고기들은 힘이 센 물고기 천적天敵을 피하기 위해서 지느러미를 이용하여 물속에 떨어져 있던 나뭇가지나 돌멩이 등을 헤치면서 숨어 살고 있었는데, 그마저도 위험스러워서 더 이상 물속에서 안전하게 살 수 없겠다고 느끼기 시작하면서 서서히 뭍으로 나와 지내는 양서류兩棲類가 되었고, 이후 차츰 뭍에서 지내는 시간이 길어지게 되었고, 그 가운데 성공적으로 뭍에서의 생활을 영위할 수 있게 진화하였다는 것이다.

그렇듯 진화하는 과정에서 지느러미가 손의 모양으로 변하고, 물고기 시절 머리 양쪽에 멀리 반대편에 있던 눈이 점점 가운데로 몰리기 시작했다고 한다. 왜냐하면 물고기처럼 눈이 머리 부분 양쪽에 붙어 있다는 것은 그만큼 사방을 두루 잘 살피기 위한 방어적인 자세를 취하기 쉬운 형세였는데, 이제 뭍으로 올라와서는 공격적인 성향을 띠기 시작하면서 상대방을 적절하게 공격하기 위해서는 거리를 잘 측정할 수 있도록 두 눈이 한가운데로 오게 되었다고 한다.

새들이 하늘로 올라간 과정도 대개 이런 과정을 거쳐서 진화했다고 한다. 이와 같은 연구 결과는 찰스 다윈Charles Robert Darwin, 1809~1882의 진화론에서 인간이 원숭이로부터 진화하였을 것으로 추정했던 것보다 더욱 믿기 어려운 내용이 아닌가 싶다.

우주가 생성된 이래 생긴 여러 가지 일들이 너무나도 오랜 세월 동안 이루어져 왔던 것이 아니라면, 오늘날 과학시대를 사는 우리들로서도 좀처럼 믿기지 않는 황당한 이야기를 늘어놓고 있는 것이 아닌가 싶기도 하다. 오늘날에는 그나마 인간이 원숭이로부터 진화하였다는 것이 아니라 다만 원숭이와 같은 조상에서 인간이 나왔을 것이라고 밝혀지기는 하였지만, 오늘날의 과학지식이란 것이 아직까지는 그와 같은 일들을 모두 분명히 증명하기에는 너무나도 미미하기 때문에 믿자니 그저 황당할 뿐이라고 여기는 이들이 많을 것이다. 그렇지만 과학자 여러분들이 애써서 연구하여 그렇다고 밝히신 것이니, 아무 근거도 없이 부정할 수만도 없는 노릇이다.

참으로 까마득한 옛날 이 지구 상에 생명체가 탄생하면서부터 진화하고 발전해 온 이래 정작 우리가 인류人類라고 부를 만한 이들이 나타난 시기는 언제일까? 여기에서 말하는 인류란 '사람의 부류'라는 뜻이고, 엄밀히 말해서 유인원類人猿이라고 불러야 마땅할 것이다. 유인원이란 '사람을 닮은 원숭이'라는 의미일 뿐 오늘날 우리들의 직접적인 조상은 아니다.

그나마 사람을 닮은 인류는 대개 7~800만 년 전쯤에 나타나기 시작하였다고 한다. 이들이 오스트랄로피테쿠스Australopithecus라고 불리는 인류이다. 오스트랄로피테쿠스의 본래 뜻은 '꼬리 없는 원숭이'라고 한다. 사람처럼 생기기는 했는데, 꼬리만 있었다면 딱히 원숭이라고 불렸어야 한다는 의미에서 그렇게 이름이 지어졌다고 한다.

다음으로 호모 에렉투스Homo erectus라는 인류가 2~300만 년 전에 나타났다고 한다. 이들의 주요 특징은 '에렉투스' 즉 직립直立하였다는 뜻으로 드디어 인류가 서서 다니기 시작하였다는 의미에서 그렇게 부르는 것이다. 아마도 지구에 인류가 탄생한 이래의 역사를 볼 때, 인류에게 있어서 가장 의미 있었던 최초의 사건을 들어보라고 한다면, 이때 인류가 비로소 서서 걷게 된 것을 꼽아야 할 것이다.

인류가 비로소 서게 된 것이 무어 그리 대단한 사건이라는 것일까? 한자의 사람 人(인)자가 힌트가 될 듯하다. 흔히 '사람 인人'자를 풀이하기를, 사람이란 혼자서는 살아갈 수 없는 사회적인 존재이기 때문에 서로 의지하며 사는 존재라는 뜻에서 작대기 두 개를 서로 기대어 놓은 모양이라고 여기는 이들이 많다.

이러한 풀이는 반쯤은 옳고 반쯤은 그르다고 할 수 있는데, 사람이 다른 짐승에 비해서 사회를 이루고 서로 의지하며 살아가는 것이 인간의 절대적인 특징이기는 하지만, 기원전 1,500년 전 쯤에 있었던 고대국가인 상商나라 때 고안한 한자의 원형을 밝혀주는 자료인 갑골문자甲骨文字를 통해서 인人자의 원래 형태는 사람이 팔을 오므리고 서 있는 모양을 옆으로 그린 형상으로 비교적 단순하게 그려져 있다.

오스트랄로피테쿠스만 해도 다른 짐승들과 마찬가지로 네 발로 기어 다녔었는데, 2~300만 년 전쯤에 나타난 호모 에렉투스 때부터 인류는 비로소 서서 다니기 시작하면서 많은 것이 달라졌다고 한다. 일어서서 다니게 되자 주변 멀리까지 보게 되었고, 많은 사물을 보게 되자 생각이 많아지게 되었으며, 걷는 역할을 하던 두 앞발이 오늘날과 같은 손으로서의 역할을 하게 되었으니, 도구를 만들어 사용하게 되었고, 그럼으로써 역시 두뇌가 발달하게 되었다고 한다.

이처럼 인류가 서게 되자 기어 다닐 때와는 달리 목에 위치한 발성기관이 눌리지 않게 되어서 발성기관이 말하기에 수월하게끔 발달하게 되었다고 한다. 이로부터 오늘날과 같은 고등동물로서의 면모를 갖추게 되어서 두뇌를 사용하여 생각을 하고, 손으로 도구를 만들고, 말을 하는 등 인간으로 서서히 진화해 가는 데에 유리하게 되었다고 추정한다.

전국시대戰國時代 사상가인 순자荀子도 그의 책 「비상非相」편에서 인간의 특성을 일컬어서 "사람이 사람다운 이유는 다만 두 다리로 걷고, 털이 나지 않았다는 것만이 아니라, 변별력을 가지고 있기 때문이다.人之所以爲人者, 非特以二足而無毛也, 以其有辨也."라고 하였듯이, 고대 중국의 지성을 대표한다고 할 수 있는 순자가 일찍이 인간의 고유한 특징을 설명하면서 인간만이 두 발로 걷고 피부에 털이 없다는 점과 인간만이 사물을 변별할 수 있는 사유의 존재라고 하였다는 것은 매우 의미 있는 지적이다. 인간이 그와 같은 겉모습의 특성을 가지고 언어와 문자를 통해서 자신의 생각을 실현하여 사회를 이루고 문화와 문명을 발전시켜 왔다고 하였으니, 이러한 추정들은 오늘날 우리들에게 많은 점을 시사해주는 대목일 것이다.

인간이 짐승과 비교해서 확연히 서로 달라진 결정적인 요인이 바로 기어 다니는 것과 서서 다니는 것의 차이에서 비롯되었다는 것이다. 그렇다면 고대 중국인들도 과연 그런 생각을 가지고 서 있는 존재라는 의미의 사람 인人자를 만들어 썼던 것일까?

아마도 이와 같은 과학지식을 가지고 서 있는 모습의 사람 인人자를 만들지는 않았을 것이다. 그나마 다행인 것은 중국에는 두 발로 걸어 다니던 남극의 펭귄을 보지 못했기 때문에 사람 인人자를 그렇게 만드는 데에 주저함이 없었을지도 모른다. 그렇다면 이들 유인원들이 거듭 진화하면서 이어져 내려와 오늘날 우리의 실제 조상이 되었다는 것일까?

실제로 호모 에렉투스는 우리 현생인류의 직접 조상은 아니라고 한다. 그들 유인원들은 지구에 나타난 인류의 한 종류일 뿐이며, 생물학적으로 우리 현생인류와는 다른 유전자를 가졌던 이들로서 우리들의 직접 조상은 아니며, 약 20만 년 전에 아프리카 중부에서 탄생한 호모 사피엔스Homo sapiens가 우리 인류의 직접 조상이라고 한다.

다행스러운 것은 호모 에렉투스는 무슨 이유에서인지 약 2만 년 전에 멸종하였고, 지금까지 이 지구에는 오로지 호모 사피엔스라는 인류만이 살아남았다는 것이다. 그렇다면 위에서 말한 인류 탄생에 관한 논리는 철저하게 진화론적인 입장에서만 이해해야만 하는 것일까? 호모 에렉투스 이후 인류는 어째서 일어서게 되었는지, 또 어째서 멸종하였는지, 호모 사피엔스는 어디에서 온 것인지 이러한 것들은 여전히 의문으로 남아 있다.

지금에야 인간이 서서 지내는 것이 자유롭게만 느껴지겠지만, 인간이 엎드려 있는 것에 비해서 서서 다니는 것은 결코 편안하거나 생존에 도움이 되는 것이 아니다. 왜냐하면 서 있는 자세는 다른 짐승들에게 노출되기 쉬우며, 무거운 머리를 가는 목으로 지탱하는 것 역시 부담스러운 것이며, 기어 다니는 것에 비해서 일어나게 되면 인간의 중요한 장기인 심장 등이 외부에 쉽게 노출되는 꼴이니 말이다.

게다가 다른 짐승에게는 없는 디스크나 소화불량과 같은 질병이 생긴 이유도 인간만이 서서 걷기 때문에 등뼈가 부담스러워서 생기는 것이라고 한다. 게다가 아이들이 태어난 지 한 돌쯤이 되면 억지로라도 일어나려고 애쓰는 것이 그다지 자연스러워 보이지는 않는다.

아무튼, 오늘날 아무리 첨단과학이 발달하였다고 하지만, 이 모든 궁금한 사항들을 앞으로도 오랫동안 우리에게 완벽하게 일러줄 수는 없을 듯하다. 그러므로 세상의 많은 일들을 영적靈的인 영역에서 다루는 종교는 언제까지나 존재해야 하는 이유가 여기에 있는 것이 아닌가 싶다. 즉 과학과 종교는 서로 맞부딪치며 충돌하는 것이 아니라 서로에게 부족한 영역을 보완해주는 관계인 듯하다.

2. 베이징원인

정작 중국에는 언제부터 유인원이든 인류이든 사람의 형상을 닮은 이들이 나타났던 것일까? 현생 인류의 직접 조상인 호모 사피엔스는 약 20만 년 아프리카 중부 케냐 지역에서 처음으로 나타났다가 10만 년 전쯤에 전 세계로 이동하기 시작하였다고 한다.

이동하는 한 무리는 북유럽 쪽으로 갔고, 한 무리는 그보다 아래쪽인 유라시아 몽골리언 로드를 통해서 우리나라와 일본을 거쳐서 알레스카를 넘어서 아메리카 연안을 따라 쭉 내려갔다고 한다. 이것이 흔히 말하는 몽골리언 로드이다. 또 한 무리는 그보다 아래쪽인 중앙아시아 쪽을 통해서 인도와 중국으로 건너갔다는 것이다.

이와 같은 사실은 19세기 말부터 20세기 초까지를 탐험의 시대라고 부르는 것처럼 많은 탐험가들이 지구 이곳저곳을 들쑤시고 다니면서 알아낸 결과라고 한다. 물론 애당초 유럽의 탐험가들이 이와 같은 결과나 목적을 위해서 탐험했던 것은 아니며, 다만 처음에는 유럽인들이 그들 백인의 인종적인 우월성을 내세우고, 기독교문명의 실체를 증명해 보이고 싶어서 아랍의 중동지역을 중심으로 기독교의 문화유산을 찾아 나섰던 것인데, 우연치 않게 현재 지구에 생존해 있는 백인들뿐만 아니라 흑인종이나 황인종도 모두 아프리카에서 발원하여 이동한 호모 사피엔스로부터 파생된 것이라는 사실을 알아냈다.

처음에는 이러한 연구결과가 그들 백인들을 적지 않게 당황스럽게 하였다고 한다. 왜냐하면 자신들 백인이 어느 모로 보나 다른 인종에 비하여 특별한 존재일 것이라고 자부하고 있었기 때문이다. 그도 그럴 만한 것이 서구 유럽이 중세를 거쳐 산업혁명을 통해서 놀라운 과학발전을 이루어 내었고, 정치적으로 민주주의와 같은 뛰어난 제도를 만들어 냈다는 점에서 보자면, 아프리카와 아시아의 다른 인종들이 백인의 눈으로는 그저 열등해 보였던 것이다. 그래서 그때까지만 해도 각 인종마다 조상을 달리하는 원시인류가 각각 존재하고 있었을 것이라고 믿고 있었다.

다만 오늘날과 같이 인종 간에 겉모양이 이토록 달라진 것은 아프리카에서 탄생한 호모 사피엔스는 뜨거운 태양에 견디기 유리하도록 멜라닌melanin 색소가 분비되어서 피부가 검었던 것인데, 유럽으로 올라가서는 햇볕이 그다지 뜨겁지 않아 검었던 피부가 하얗게 되었고, 차가운 바깥 공기를 직접 들이마시는 것이 건강에 좋지 않기 때문에 공기를 조금이나마 따스하게 하려고 코가 길어질 필요가 있었던 것이다.

한편 우리네 몽골리언들은 유목생활을 하던 초원의 흙먼지가 날리는 환경에 적응하기 위해서 눈을 항상 가늘게 뜨다 보니 눈초리가 옆으로 찢어지고 쌍꺼풀이 없게 되었으며, 식물보다는 고기를 많이 먹다 보니 입 주변의 아귀가 튼튼해지면서 네모난 턱을 가지게 되었다고 한다. 이처럼 인류는 본디 하나의 조상에서 나왔던 것인데, 이곳저곳으로 옮겨 다니며 각기 다른 자연환경에 적응하다 보니, 오늘날과 같이 각 인종별로 겉모습이 조금씩 달라졌을 뿐이라고 한다.

이와 같은 사실을 증명해 줄 수 있는 것 가운데 하나는, 오늘날 인류들이 어느 인종이나 거의 차이가 없는 유전자를 가지고 있다는 것이 결정적인 증거라고 한다. 한 예로 아프리카 밀림의 어느 일정한 지역에 사는 원숭이나 침팬지같이 고등동물의 유전자를 비교해 보면, 각기 유전적인 차이가 확연한 데 반하여 전 지구에 사는 인류의 유전자가 거의 차이가 없다는 것만 보더라도 그와 같은 사실을 쉽게 수긍할 수 있다.

더욱 놀라운 것은 1987년 네이처Nature지에 발표된 인간 진화에 관련된 논문에서 인간의 몸에는 여성에게만 유전이 되는 미토콘드리아mitochondria라는 유전자가 있는데, 이들을 거슬러 추적해 보면 현재 지구의 60억이나 되는 인구가 그 옛날 아프리카에 살았던 1명의 아줌마로부터 파생되었다는 것을 알 수 있다고 한다. 아하, 정말 그럴까? 그렇다면 그 아줌마가 혹시 이브Eve란 말인지? 한자 숙어에 사해동포四海同胞라는 말이 있는데, 여기에서 우리 인류가 본래는 똑같이 하나의 태반에서 태어난 동포同胞라니, 그저 놀라울 따름이다.

이러한 사실은 우리가 이전에 흔히 가지기 쉬웠던 인종 간의 우열의식은 편견이라는 것을 깨닫게 해준다. 인류가 각 인종마다 그처럼 다른 모습을 하고 있는 것은 다만 지역마다 다른 자연환경의 특징이 그렇게 형성하게 한 것일 뿐이다. 일정 지역에 모여 살게 되면서 비슷한 기후나 풍토에서 먹고 마시는 것까지도 같다 보니, 모습이 서로 닮게 되고 각 지역마다 사람들이 서로 의사소통을 하기 위해서 언어가 생기게 되고 문자가 만들어지게 되었다고 볼 수 있다.

그것이 바로 앞에서 말했던 인간의 문화文化가 형성되게 된 이유이기도 하기 때문에 문화에는 고급과 저급의 등급이 있는 것이 아니라고 하였던 것이다. 다만 그들 토양에 걸맞은 문화가 만들어진 가운데 좀 더 세련되고 발전된 형태의 문명文明이 따로 생겨났던 것이니, 그것이 이른바 고대 4대 문명이라고 부르는 것이다. 그 가운데 하나가 중국의 황하문명인 것이다.

1929년 겨울 캐나다의 해부학자인 데이비드슨 블랙Davidson Black, 1884~1934이 북경北京의 주구점周口店이라는 동굴에서 14개의 두개골 상부, 여러 개의 하악골, 안면골, 사지뼈와 40명의 이빨 등을 발굴하였다. 그들은 대체로 50만 년 전쯤 구석기시대에 살았던 인류로서 '베이징원인'이라고 이름이 지어졌다. 이것이 발견될 당시에는 유전공학 지식이 없던 때였기 때문에 당시 학자들은 이들이 현재 아시아 인종의 먼 조상일 것이라고 여겼다.

이들 베이징원인이 한반도와 일본 그리고 알래스카를 넘어간 인디언의 조상일 뿐만 아니라 뗏목을 타고 호주대륙에까지 넘어갔을 것이라고 추정하였다. 그렇지만, 이러한 추정이 당시에야 어떠하였는지 정황을 분명히 알 수는 없지만, 다만 그들이 현생인류의 조상인 호모 사피엔스가 아니라 호모 에렉투스 계열이며, 그들은 아마도 2만 년 전쯤에 멸종한 유인원일 뿐이라는 것만은 분명하다.

즉, 베이징원인은 현생인류의 조상인 호모 사피엔스가 아니라, 이들보다 훨씬 이전에 나타났다가 멸종한 호모 에렉투스 계열의 유인원이라고 추정할 수 있다. 그렇다면 그들 호모 에렉투스들은 어째서 멸종하였던 것일까?

안타까운 것은, 오늘날 우리들이 보는 베이징원인 두개골 모형의 진본 화석은 1941년 북경 연합의과대학에서 소장하고 있었으나, 중일中日전쟁 당시 전쟁을 피해서 미국으로 보냈었는데, 중간에 사라져 버렸다. 현재 남아 있는 것은 석고로 모형을 떠놓았던 것이다. 만약 베이징원인 두개골의 실물이 지금까지 존재한다면 과학적인 실험을 통해서 좀 더 자세한 사실을 알아낼 수 있을 텐데 말이다. 추측하기로는, 미국에서 화물로 받았지만 못 받았다고 거짓말을 한 것이라고 하기도 하고, 중간에 일본군이 탈취하여서 지금 동경東京의 황궁皇宮 수장고에 보관하고 있다고 하는 등 이래저래 억측만이 난무한 상태이다.

도대체 베이징원인의 실제 유골은 어디로 간 것일까? 그리고 그들이 정작 인간의 부류로서 유인원이라고 단정할 수 있는 이유는 무엇일까? 아닌 말로 50만 년 전 당시 침팬지 같은 무리들이 우연히 주구점의 동굴에 들어갔다가 몰살당해서 뼈만 남아 있던 것을 유인원이라고 우기는 것은 아닐까? 그들을 유인원이라고 부르는 근거나 이유는 무엇일까?

베이징원인을 구석기시대 유인원이라고 할 수 있는 근거로는 그들이 모여 살던 동굴에는 사회를 이루고 불과 도구로서 타제석기打製石器를 사용하였다는 흔적이 있기 때문이다. 물론 그들이 불을 직접 만들어서 사용했던 것은 아니며, 우연히 자연적으로 불이 난 것을 가져다가 썼을 뿐이기는 하지만, 유인원들이 불을 사용하기 시작했다는 것은 인류가 생존해 가는 데에 매우 유용했을 뿐만 아니라 거듭 진보하기 위한 위대한 시작이 아닐 수 없다.

구석기시대 인류들이 불에 고기를 구워먹을 수 있게 되면서 고기에 있는 고단백질을 섭취하여 두뇌가 급속히 발달하게 되었고, 불에 둘러앉아 불을 쬐며, 서로 바라보면서 사람들이 서로 교감하는 등 사회성이 길러지게 되었을 것이라고 추정한다.

그런데 베이징원인보다도 100만 년 이상 앞선 인류 화석이라고 알려진 남전원인藍田原人이라는 것이 있다. 1965년 섬서성陝西省의 남전藍田에서 두개골과 아래턱뼈가 발견되었는데, 이 유물은 약 170만 년 전 호모 에렉투스의 초기 인종으로 두개골 용량이 780㎤이다. 이들은 인도네시아의 자바원인과 매우 닮았다. 그런데 남전원인은 베이징원인만큼 세상의 학계에 주목을 받지는 못했다.

이밖에 코끼리 뼈도 발견된 것으로 보아 이곳이 밀림지역이었으며, 당대唐代까지도 수풀이 우거져 있을 정도로 흙이 부드러워 농사짓기가 수월해 황토문명의 탄생이 가능했음을 쉽게 짐작할 수 있다.

3. 신석기시대와 중국 민족의 태동

구석기시대가 200만 년 이상 비교적 오랜 세월을 거친 다음, 약 1~2만 년 전부터 신석기시대에 접어들었다고 한다. 흔히 구석기시대와 신석기시대의 구별은 그들이 사용했던 석기가 돌을 깨서 만든 타제석기打製石器인지 그것을 갈아 좀 더 날카롭게 만들어서 여러 가지로 쓸모가 있는 마제석기磨製石器를 사용하였는지를 살펴서 구분한다. 이 밖에도 구석기시대에는 오로지 수렵생활만을 하였던 것에 비하여 신석기시대에 접어들면, 서서히 정착하면서 여자들은 동굴에 남아서 농사를 짓고, 남자들은 여전히 수렵에 종사하고 살았다고 한다. 그래서 정착하여 남아있던 여인네들을 중심으로 사회체계가 이루어지면서 모계母系 사회를 형성하였다는 것이 신석기시대의 주요 특징이다.

남자들이 여기저기 수렵을 하러 다니다 보니, 제때에 자신이 살았던 동굴로 찾아가지 못하고 이리저리 떠돌아다니며, 이 동굴 저 동굴에서 여러 여자들과 관계를 갖고는 또다시 수렵을 떠나곤 했을 것이다. 아마도 이때 남자들은 함께 살고 있던 여자에게 싫증이 나거든 "멧돼지 잡으러 갔다 올게. …"라는 한 마디를 딸랑 남기고 훌쩍 떠나버려도 그만이었을 것이다. 아니면 여자의 입장에서 남자가 싫어지면 나가서 멧돼지 잡아 오라고 내쫓았을 수도 있을 것이다. 이 시기가 일부일처一夫一妻의 가족관계는 분명 아니었을 것이다.

이런 일이 몇 차례 거듭되고는 얼마 후 그 여자가 아이를 낳게 되었는데, 그 아이의 아버지가 누구인지를 알 도리가 없었을 것이다. 그래서 하는 수 없이 그 아이의 성姓은 엄마의 성을 따르게 되었다는 것이다. 그래서 오늘날 가족이름이라는 뜻의 성姓자가 계집 여女자와 날 생生가 조합된 것이다. 그렇지만, 신석기시대가 여성이 사회를 주도하였던 모권母權사회는 아니며, 다만 여성을 중심으로 살았던 모계母系사회로 보아야 한다. 구석기시대와 신석기시대를 거치는 동안 이른바 중국적인 특색이 별도로 존재했다고 볼 수는 없다. 베이징원인이 그러하듯이, 다만 우연스레 북경에서 발견되었기 때문에 그렇게 부르는 것일 뿐이다.

이제는 중국이라는 고유한 지역특색의 문화를 만들어내는 단계에 접어드는 시기에 다다르고 있는 듯하다. 중국민족이 기원하였던 곳은 황하黃河의 위수渭水와 분수汾水 주변이라고 알려져 있다. 위수渭水는 위수분지를 동서 방향으로 흐르는 황하의 지류로서 감숙성 남동쪽에서 발원하여 동쪽으로 흘러 섬서성으로 들어가 함양咸陽을 거쳐서 서안 북쪽을 지나 동관東關 부근에서 황하로 흘러든다.

분수汾水는 위수와 더불어 황하의 2대 지류로서 산서성 중부에 있는데, 영무현寧武縣 관잠산管涔山에서 발원하여 태원시太原市를 거쳐 남쪽으로 흘러 신강현新絳縣에서 꺾여 서쪽으로 가서는 하진현河津縣에서 황하로 들어간다. 이 일대에서 이른바 중국민족의 원류인 한족漢族들의 모습을 볼 수 있으며, 중국문명의 근원을 이해할 수 있게 단서를 일러주는 요충지이기도 하다. 이 지역의 주식은 옥수수나 기장 같은 잡곡이며, 한대漢代 이후부터는 밀가루가 서역에서 들어와 만두를 주식으로 먹는다.

우리가 흔히 일컫는 황하문명의 유형 가운데 첫 단계를 앙소문화仰韶文化라고 하는데, 이것은 황하 중류의 채도彩陶를 동반한 신석기문화로서 최초의 농경문화를 말한다. 1921년에 스웨덴의 고고학자 J.G.안데르손Johan Gunnar Andersson, 1874~1960이 하남성河南省 민지현澠池縣 앙소 부근에서 신석기시대의 취락지를 발견하였다.

이들의 연대는 대략 B.C. 5,000년~B.C. 3,000년이며, 삽 · 도끼 · 자귀 · 끌 · 칼 · 화살촉 · 물레와 같이 비교적 발달한 간석기가 있으며, 뗀석기로는 돌칼과 반상기盤狀器 · 맷돌 · 숫돌 등이 있다. 농업이 비교적 발달하여 조와 기장을 재배했고, 주로 돼지와 개 등을 사육하였으며, 수렵 · 어로 · 채집도 하였던 것으로 보인다. 무덤의 규모와 수장품에는 여자의 것이 남자보다 약간 많은 것으로 보아 당시까지도 여전히 모계사회가 유지되고 있었다는 것을 설명해준다.

그 다음은 반파유적半坡遺蹟으로서 섬서성陝西省 서안西安의 반파에서 발견되었다. 1953년에 집터 · 분묘 · 저장 구덩이 등 많은 유구遺構와 유물이 발견되었으며, 분묘는 널무덤土壙墓 · 독무덤甕棺墓 · 목관묘木棺墓 등 250기基와 회갈색의 도기 · 붉은간토기紅陶 · 흑도黑陶 등도 발견되었다. 이 채도에는 동물무늬가 많으며, 기하학적인 무늬도 그려져 있다. 석기유물로는 갈아서 만든 마제석기가 많으며, 돼지 · 개 · 사슴 · 양 등의 뼈가 주거지와 무덤 등에서 출토된 것으로 보아 좁쌀과 같은 곡물이나 채소의 재배와 함께 가축도 사육하였음을 알 수 있다.

예부터 사람들은 범람하는 두려운 존재인 황하의 주변을 떠나지 않고 살아왔고 또 거기에서 인류의 빛나는 문명을 이루어 냈던 것이며, 오늘날까지도 황토고원에는 4천만 명에 달하는 사람들이 흙구덩이를 파서 만든 요동窯洞이라고 불리는 토굴에서 살고 있으면서 고유의 전통을 이어가고 있다.

그리스의 역사학자인 헤로도토스Herodotus가 "이집트는 나일 강의 선물"이라고 표현했던 것처럼, 이집트의 중심부를 흐르고 있는 나일 강이 그들 이집트 문명을 일으킬 수 있었던 정신적이고도 물질적인 생활의 중요한 원천이 되었던 것처럼, 고대 중국에서도 황하를 중심으로 문명을 일굴 수 있었던 원천이 바로 이곳이다.

4. 삼황(三皇)과 오제(五帝)의 시대

중국은 전통적으로 농업사회이면서 민간에서는 여러 신을 숭상하는 도교적인 요소를 많이 가지고 있다. 그래서 자신들의 행복을 기원하는 내용을 비롯해서 다양한 신화나 전설이 많이 전한다. 황하를 중심으로 문명이 발생하면서 중국의 고대에도 인간의 시대가 나타나기 이전에 여러 신들이 등장하는 신화와 전설의 시대가 있었다.

이때 삼황三皇과 오제五帝가 등장하는데, 이들이 고대 중국의 전설적인 제왕들이다. 문헌에 따라 그 이야기의 내용이 조금씩 다르기는 하지만, 흔히 삼황은 복희伏羲 · 신농神農 · 여와女媧를 말하며, 오제五帝는 황제黃帝 · 전욱顓頊 · 제곡帝嚳 · 요堯 · 순舜이라고 알려져 있다.

이들의 기원이 기록마다 각기 다른 내용이 많아서 좀 애매하기는 하지만, 전국시대戰國時代 말기부터 한대漢代 초기에 구전되어오던 신화나 전설이 정리되면서 삼황오제三皇五帝에 관한 많은 흥미로운 이야기가 생겨나 오늘날까지 전해 오고 있다. 비록 삼황오제의 이야기가 역사 사실은 아니겠지만, 중국인들은 우리가 단군신화檀君神話를 믿고 싶어 하듯이, 삼황과 오제에 관한 이야기들을 신화 전설로서 뿐만 아니라 역사 사실로 해석하기도 하며, 이후 중국의 소설과 희곡戲曲의 생성과 발전에도 중요한 작용을 하였다.

신화神話란 상고시대에 인간과 자연계에서 있었을 것이라고 여겨지는 일들이나 온갖 사건들을 고도의 상상력을 발휘해서 만들어낸 이야기이다. 그러므로 신화는 나라마다 혹은 민족마다 서로 다른 양상을 띠고 발전해 왔다. 중국의 신화는 역사가 매우 오래되었으며, 내용도 대단히 풍부하다. 앞서 말한 삼황과 오제 이외에도 반고盤古 · 예羿 · 과보夸父 등의 초기 신화를 통해서는 천지의 개벽, 인류의 기원, 해와 달

같은 자연물이 생성된 연원과 가뭄이나 홍수와 같은 자연계의 특이한 현상 그리고 부족 간의 전쟁이나 토템 활동으로서 무속巫俗 등의 다양한 양상을 엿볼 수도 있다.

이렇듯 신화는 천지 만물의 여러 현상에 대하여 옛날 사람들이 어떻게 생각하고 있었는지를 반영하고 있다. 그래서 때로는 자연 만물에 대한 신앙심과 경외감이 담겨있기도 하고, 때로는 자연계와 그것의 여러 현상에 대하여 대항하여 맞서 싸우는 인간의 의지와 형상이 반영되어 있기도 하다.

그런데 중국에서는 신화神話가 다른 문학 장르에 비하여 그다지 발달하지 못했는데, 노신魯迅은 그것의 이유를 유가儒家 전통 때문이라고 여겼다. 현실생활에 바탕을 두며 실증적인 사유를 중시하였던 유가는 신화처럼 황당무계한 이야기를 배척하였다. 그러면서도 한편으로는 신화의 소재들을 오히려 역사처럼 꾸며서 고대의 삼황오제三皇五帝가 진짜 성인聖人인 것처럼 꾸며서 이들의 이야기가 진짜 역사인 것으로 해석하였으니, 이것은 매우 아이러니하다고 할 수 있다.

그래서 『사기史記』의 오제본기五帝本紀와 고조본기高祖本紀 등에서도 신화적인 요소를 가미하여 제왕이 하늘로부터 천명을 받아 왕조를 열었다는 식의 이야기를 정사正史에 집어넣기도 하였다.

『논어論語 · 술이述而』편에 "공자께서는 괴이하고, 힘으로 밀어붙이고, 세상을 어지럽게 하고, 신비스런 일은 말씀하지 않으셨다.子不語怪力亂神."라고 말한 대목이 나온다. 이러한 관념은 이후 학자들에게 절대적인 영향을 끼치게 되었고, 신화는 결코 정통의 학문으로서 대우를 받지 못하게 되는 계기를 제공하였다.

고대 중국에서 신화의 자료들이 체계적으로 정리되어 전해지지 못한 채, 대개는 『초사楚辭』 · 『산해경山海經』 · 『장자莊子』 · 『회남자淮南

子』·『목천자전穆天子傳』·『태평어람太平御覽』·『역사繹史』 등에 약간씩 수록되어 있는 이유도 역시 유가사상의 현실주의적 성향 때문이다.

한편 오늘날에는 이처럼 흩어져 있는 중국 신화에 대하여 교감校勘이나 교정뿐만 아니라 그들 문자 속에 담겨 있는 속뜻에 대해서도 체계적인 풀이가 새롭게 시도되고 있다. 그렇지만 중국의 신화는 체계적이지 못하며, 다루고 있는 내용이 매우 다양하기 때문에 천문 · 지리 · 역사 · 철학 · 동물 · 식물 · 의약 · 종교 · 풍습 · 문학 · 예술 · 언어 등과 같이 문화 전반에 관한 지식이 없어서는 그것들의 속뜻까지 헤집어서 알아내기란 쉬운 일이 아니다.

중국의 대표적인 신화로는 반고盤古가 천지를 창조하였다는 이야기가 있다. 태초에 반고가 바위 혹은 계란에 웅크리고 있다가 그것을 깨고 나와서 하늘과 땅을 받쳐 들어서 세상을 만들고 나중에 죽어서는 그의 눈이 해와 달이 되고, 몸은 땅이 되고 피는 물이 되었다는 내용이다.

이것은 이른바 난생설화卵生說話의 전형을 보이는 것으로 알卵 혹은 바위를 깨고 나왔다는 것은 당시 사람들이 새를 숭배하는 토템의식이 반영되었다고 해석한다. 새는 하늘을 날기 때문에 하늘에 가까이 올라가 하늘의 뜻을 전달받아 세상에 전하는 존재일 것이라고 해서 신성하다고 여겼던 것이며, 그 새가 낳은 알 역시 그러한 신성함을 띠고 있으리라 여겼던 것이다.

우리나라의 고주몽高朱蒙이나 박혁거세朴赫居世, 김알지金閼智 등의 설화에서도 그러하지만, 중국에서도 알이란 역시 신성한 존재라는 의식이 있었다는 것을 의미하는 것이다. 이처럼 알을 숭상하는 것은 기독교의 부활절에서 예수의 부활을 기뻐하며 계란을 주고받는 것과도 통하는 것일 듯싶다.

복희伏羲와 여와女媧가 인간을 창조하였다고 하는데, 복희는 고대 중국 전설에 나오는 삼황오제三皇五帝의 첫머리에 꼽히는 제왕帝王으로서 복희伏羲 · 복희宓羲 · 포희庖犧 · 복희虙犧 · 포희炮犧 등으로 불리기도 한다. 『태평어람太平御覽』에는 화서華胥가 뇌택(雷澤 : 山東省 복현 남동쪽에 있는 연못)에서 기인奇人의 발자국을 밟은 후 수태하여 사내아이 복희를 낳았다고 한다.

복희는 나뭇잎 화관을 쓰고 있거나 동물가죽 옷을 입은 사람의 모습으로 묘사되기도 하는데, 전설에는 '인수사신人首蛇身' 즉 뱀의 몸에 사람의 머리를 하고 있으며, 해와 달과 같이 은혜로운 큰 덕을 베풀었다고 하여 끝없이 넓고 큰 하늘과 같다는 뜻으로 대호大昊 또는 대공大空이라고도 부른다.

『역경易經』의 계사전繫辭傳에는 복희가 점에 쓰이는 팔괘八卦를 처음 만들었으며, 이것이 문자 생성의 발전에도 이바지했다고 한다. 또 그물을 발명하여 물고기를 잡고, 쇠로 무기를 만들어 짐승을 잡아 기르고, 음식을 익혀 먹는 법 등을 백성들에게 가르쳤고, 하늘에 처음으로 제사를 드렸다고 한다.

한편 묘족苗族의 전설에서는, 복희와 여와女媧가 원래 형제사이였는데, 어느 날 큰 홍수가 터지자 조롱박을 타고서 살아나 세상에 오직 둘만이 남게 되었으며, 나중에 결혼하여 자손을 퍼뜨려서 인류가 지속될 수 있었다고 한다.

여기에서 나오는 홍수와 관련된 이야기는 마치 노아Noah의 방주처럼, 동서양에 두루 걸쳐서 단골로 나오는 신화 중의 하나이다. 이것은 중국의 황하가 범람을 통해서 문화와 문명을 일구었듯이, 예부터 물이 인간의 생존에 얼마나 중대한 영향을 끼쳤는지를 알 수 있는 예이기도 하다.

한편 복희의 동생이었다가 아내가 된 여와女媧는 하늘과 땅이 열리고 사람이 아직 없었을 때 황토를 빚어서 사람을 만들었는데, 이 일이 너무 피곤해서 새끼줄로 진흙탕을 마구 튀기자 이들이 여기저기 흩어져 모두 사람이 되었다고 한다. 그래서 여와가 직접 빚어 만든 이들은 귀한 신분이 되었고, 새끼줄에 튕겨져서 만들어진 이들은 낮은 신분이 되었다고 한다.

이것은 인간이 어떻게 지어졌는가에 대한 의식이 담긴 신화라고 할 수 있는데, 황토를 빚어서 인간을 만들었다고 하는 것이 마치 기독교 성경에 나오는 내용을 패러디한 것 같은 느낌을 주기도 한다.

그러나 이것은 특히 중국 사람들이 황하의 황토로부터 먹을 것을 얻는 등 흙으로부터 생명이 전해진다는 의식을 가지고 있었다는 점이 반영된 것이며, 인간이 생겨난 것에 관하여 역시 고대 동서양 사람들이 두루 비슷한 정도의 인지 수준이었다는 것을 보이는 것이라고 해석할 수 있다.

한편 복희와 여와는 사람의 얼굴에 몸은 뱀의 형상을 하고 있었다고 하였는데, 하루에도 70번이나 변신하였다고 한다. 서양에서는 뱀이 흉악한 두려움의 대상이지만, 중국에서는 뱀이 거듭 허물을 벗으며 새로운 삶을 영위하는 존재로서 영원히 죽지 않는 것으로 여겨서 중국인들은 뱀을 신성시하는 전통이 생겨났고, 이후에는 이것에서 더욱 확장하여 용龍과 같이 상상 속의 신성한 짐승을 만들어내기도 하였던 것이다.

이 밖에도『회남자淮南子 · 본경훈本經訓』에는 요堯임금 때 해가 10개나 되어 작물이 타들어가고 풀과 나무가 죽어 백성들이 먹을 것이 없게 되었고, 이에 온갖 괴물들이 나타나서 날뛰었다고 한다. 요임금이 예羿에게 명하여 괴물들을 무찌르고, 10개의 해에게 겁주라고 했는데, 결국 10개 가운데 9개를 떨어뜨려서 오늘날 해가 한 개만 남아 있게 되었다고 한다. 그래서 여기에 나오는 예羿는 동양의 헤라클레스라고 부르기도 한다.

한편 사마천司馬遷은 『사기史記』를 기술하면서 삼황의 전설은 믿을 수 없다고 하여, 오제五帝부터 본기本紀에 기술하였다. 사마천이 역사로 인정한 오제五帝의 이야기 역시 한 시대 한 사람에 의해서 지어진 것이 아니라 다양한 신화와 전설이 뒤섞여 있는 것이어서 그 기원을 단정하기가 쉽지 않다.

이 가운데에서 신농씨神農氏는 염제炎帝로도 불리는데, '인신우두人身牛頭'의 형상을 하고 태어났다고 한다. 신농은 불을 관할하는 신으로 『국어國語』에서는 강씨姜氏의 시조신始祖神으로 나오며, 때로는 태양신으로 받들어지기도 하였다. 그래서 제우스Zeus가 인간들이 불을 사용하지 못하도록 감추자 불을 훔쳐 인간에게 돌려주었다는 프로메테우스와 비교되기도 한다.

마숙馬驌의 『역사繹史』에는 신농의 시대에 하늘에서 곡식이 쏟아졌으며, 신농이 밭을 갈아 파종하기 위해서 도끼를 개조해서 쟁기나 보습 같은 농기구를 만들어 황무지를 개간하자 온갖 곡식과 과일이 풍성하게 자랐다고 했다. 신농은 백성들에게 불을 사용하는 법을 가르쳤으며, 소를 길들이고 말에게 멍에를 씌워서 중국을 농경사회로 만드는데 기여했다고 한다.

또 『회남자淮南子 · 수무훈修務訓』에는 신농이 약효를 알아내기 위해서 온갖 약초의 맛을 보다가 어느 날인가는 70번이나 중독되기도 하였다는데, 그가 작성한 365종의 약초에 관한 목록은 후대 식물학의 기초가 되었고, 신농은 중국에서 의학醫學을 비로소 열었다고 한다.

황제黃帝는 황토黃土 즉 세상을 다스린다고 해서 지어진 이름인데, 『태평어람太平御覽』에는 황제가 수레를 만들었기 때문에 헌원軒轅이라 부른다고 했고, 그밖에도 배 · 활 · 화살 · 문자 · 도량형 · 역법 · 음악 등의 기물과 문물제도를 만들었기 때문에 중국 문명의 개조開祖라고 여겨진다.

황제는 백성들이 자연의 법칙에 따라 조화롭고 미덕을 갖춘 생활을 하는 이상적인 세상을 이루고자 하였기 때문에 도교道教에서는 그들의 시조로 추앙받기도 한다. 또 다른 기록에는 황제가 처음에 백성들을 아끼며 전쟁을 싫어하였는데, 네 제왕들이 모여서 반란을 꾸미자 황제는 그들을 물리치고 세상의 천제天帝가 되었다고 한다.

마숙의 『역사繹史』에는 황제와 염제炎帝가 본래 배다른 형제 사이로서 각기 세상의 절반씩을 차지하고 있었는데, 황제는 도리에 맞는 정치를 행할 줄 알았지만, 염제는 그렇지 못해서 세상 사람들로부터 원망을 많이 사게 되었고, 마침내는 탁록涿鹿의 들판에서 한 판 싸움을 치렀다고 한다. 이 싸움이 어찌나 격렬하였던지 온 세상이 죽은 이들의 피로 철철 넘쳐나서 절굿공이가 피에 둥둥 떠다닐 정도였다고 한다.

결국 황제黃帝는 불을 관할하였던 염제炎帝와 더불어서 중국 문명의 시조始祖로 일컬어지게 되었다. 마치 오늘날 우리들이 단군檀君의 자손임을 자부하듯이, 중국인들은 자신들이 '염황炎黃의 자손'이라는 것을 자랑으로 삼고 있다. 현재 섬서성陝西省 황릉현黃陵縣 북쪽 교산橋山에 황제릉을 조성하여서 마치 황제의 이야기가 역사 사실인 것처럼 세상에 알리고 있다.

최근에는 염제와 황제의 석상을 106m 높이의 크기로 만들어서 그들이 중국의 조상이라고 대대적으로 선전하고 있다. 이것은 현재 중국이 여러 민족으로 이루어져 있지만, 본래는 염제와 황제를 숭배하는 하나의 뿌리에서 나왔다는 점을 적극적으로 홍보하여 중국 내의 여러 소수민족들도 똑같은 중국인이라는 의식을 심어주기 위한 정책의 일환이라고 할 수 있다.

어째서 이처럼 중국에서는 신화 전설에 나오는 이야기를 역사 사실인 것처럼 꾸며서 그토록 대대적으로 알리려는 것일까? 그것은 중국이 여러 민족으로 이루어진 다민족 통일국가를 지향하기 때문이다. 요사이 우리나라도 단일민족이라는 문구를 이제는 더 이상 써서는 안 된다는 주장이 나올 만큼 여러 나라 출신의 이주민들이 많이 와서 살고 있는 다문화가정이 많아졌듯이, 중국 주변에는 문화가 판이하게 다른 여러 소수민족들이 두루 퍼져있고, 중국이 이들을 함께 아우르고 살아야 하는 특수한 상황이기 때문에 더더욱 국가적인 차원에서 '하나의 중국'을 강조하고 있다고 할 수 있다.

앞서 말한 것처럼, 티베트나 신강위그르 자치구와 같이 근본적으로 중국의 전통문화와는 서로 다르다는 의식이 강한 지역들이 있는 한 중국이 안정적으로 발전하는 데에 장애가 된다고 여기고 있는 것이 현실이다. 그만큼 오늘날까지 중국은 그들을 구성하는 여러 소수민족의 단결을 위해서 많은 노력을 기울이고 있다는 것을 알 수 있다.

5. 하(夏)왕조 흥망의 의미

아주 먼 옛날 약 50만 년 전쯤 구석기시대 베이징원인 같은 원시인류가 중국으로 옮겨와 살기 시작하면서 중국에 비로소 인류의 자취를 남기게 되었다고 하였다. 그리고 어느덧 세월이 흘러 신석기시대를 거쳐서 세상을 창조하였다는 반고盤古나 흙을 빚어서 인간을 만들었다는 여와女媧의 신화시대에 이어 드디어 문명의 시대를 맞이하게 되었다고 하였다.

중국 정사正史의 시작이라고 할 수 있는 사마천司馬遷의 『사기史記』에서는 중국 역사의 시작을 오제五帝의 시기부터 기술하였으니, 그것은 바로 오제 이전의 시기라고 알려진 삼황三皇의 시기를 역사적으로 확증할 수 없다고 보았기 때문이라고 하였다.

오제라 함은 다섯의 제帝를 말하는데, 앞서 살펴보았던 삼황三皇에 이은 다섯 명의 제왕들로서 그 가운데 황제黃帝가 중국민족의 조상이 된다고 하였는데, 이들은 시황제始皇帝나 나폴레옹 황제皇帝의 '제帝'라는 이름의 어원이 되기도 한다. 그렇지만 지위나 역할에 있어서 그들이 같지는 않다.

본디 제帝라는 뜻은 오늘날 기독교에서 말하는 유일신唯一神으로서 창조주의 의미와 비슷하기는 한데, 기독교에서 말하는 것처럼, 전지전능全知全能하다거나 천지창조를 주재하였다는 등의 의미는 아니다.

제帝는 '큰제사 체禘'자의 본래 글자로서 옛날 상대商代에 하늘을 향해 융숭하게 지내는 제사의식을 말하는 것으로 글자의 모양이 제단을 의미하는 '볼 시示'자 위에 여성의 자궁 혹은 꽃씨처럼 생긴 상징물이 올라 있는 형상이다.

여기에서 여성 혹은 꽃씨가 제단에 받쳐진 형상이라고 한 것은, 이것들에 창조의 원천이라는 의식이 있었기 때문이다. 꽃씨와 같은 형상을 받쳐서 숭상하였던 것은, 예부터 무엇인가를 낳는 존재로서 창조를 상징하는 여성이나 꽃씨를 숭상하는 토템이 있었기 때문이라고 할 수 있다.

그리고 제帝는 우주 만물의 창조주이니 일단 죽어서는 안 되는 유일신적인 존재이기도 했다. 그러므로 오늘날 중국에서는 조물주造物主 또는 제왕帝王을 천제天帝 또는 상제上帝라고 부르는 이유이기도 하다.

이러한 제帝에 대한 설명은 『노자老子』 4장에 나온다. 노자는 우주 만물의 근원자로서 도道와 제帝에 대하여 언급하기를,

도는 … 깊고도 깊어 우주 만물의 근본인 것 같다. … 나는 그것이 누구의 자식인지 모르겠으나, 천제(天帝)보다는 앞선 것 같다.(道, … 淵兮似萬物之宗 … 吾不知誰之子, 象帝之先.)

라고 한 대목이 있다. 노자가 말하는 도道는 우주 만물의 근원이며, 그것을 주재한다고 할 수 있는 제帝보다도 앞선 근원자인 것 같다고 했다.

오늘날에는 기독교에서 말하는 God을 흔히 신神이라고 일컫지만, 고대 중국에서는 '제帝'가 오히려 God의 개념에 가깝다고 할 수 있다.

노자가 말하는 도는 마치 조물주God의 말씀과 유사한 만물 생성의 근원이라고 할 수 있고, 이 도는 제帝보다도 앞서는 것 같다고 하였다. 기독교에서는 무엇보다도 조물주가 스스로 존재하고, 그러한 조물주帝의 말씀이 우주 만물의 근원자인 도道라고 할 수 있으니, 순서로 보자면 제帝가 도道보다 앞선다고 본 것이다.

그런데 노자는 도道가 제帝보다 앞선 것 같다고 하였다. 즉 기독교는 그 자체가 종교적인 입장인데 비하여 노자는 좀 더 실증적으로 우주창조의 과정을 설명한 것이라고 할 수 있다. 물론 도가道家에서 말하는 제帝의 개념이 기독교의 조물주와 완전히 같은 존재인지는 분명하지 않지만, 노자는 도가 제帝보다도 앞선 것이라고 했다는 점이 기독교와 다르며, 또한 노자는 제帝가 인격을 갖춘 조물주라고 보지도 않았다.

황제黃帝와 염제炎帝에 이어 논란의 대상이 되는 이가 요堯와 순舜이다. 우리는 흔히 고대의 이상理想적인 사회를 일컬을 때, '요순시절堯舜時節'이라고 말하곤 한다. 요임금과 순임금의 시대가 그만큼 살기가 좋았다는 뜻이겠다. 얼마나 행복하게 잘살았을까? 핸드폰도 자동차도 없이, 불고기, 짜장면, 피자처럼 맛있는 먹을거리도 없이 얼마나 행복했기에 그토록 입에 침이 마르도록 요임금과 순임금이 이상적인 군주인 양 드높였던 것일까? 그것은 공자孔子 때문이다.

공자가 그의 어록인『논어論語』에서

> 위대하구나, 요의 임금 됨이여! 높고도 높아, 오로지 하늘만이 위대한 것인데, 오로지 요임금이 하늘을 본받으셨네. 대단하구나, 백성들이 그의 이름을 어찌 부를 수도 없구나. 높고도 높게 그의 위대한 업적을 이루셔서 그의 명성이 참으로 빛나는구나! (大哉堯之爲君也! 巍巍乎! 唯天爲大, 唯堯則之. 蕩蕩乎, 民無能名焉. 巍巍乎其有成功也, 煥乎其有文章!)

라고 한 것처럼, 요임금에 대하여 더 이상 훌륭한 것이 없다는 듯이 높이 기렸다. 그렇다면 공자는 어째서 요와 순을 그토록 높였던 것일까?

요堯는 자신이 물러날 즈음에 신하들에게 누가 자신의 후임으로 적당한지를 물었다. 신하들은 당연히 요의 아들이 제격이라고 하였지만, 요는 자신의 아들보다 더 훌륭한 이에게 물려주어야겠다는 생각에서 이 사람 저 사람을 알아보았다. 그 가운데 한 사람이 허유許由이다.

요는 허유가 훌륭한 인물이라는 말을 듣고 찾아갔는데, 마침 냇가에 있던 허유를 만나서 그에게 자신의 자리를 맡아 줄 것을 제안하자 허유가 불길한 말을 들었다고 화를 내며, 그 자리에서 바로 냇물에 귀를 씻었다고 한다.

마침 소에게 물을 먹이러 왔던 그의 친구 소부巢父는 이 모습을 지켜보고는 어째 귀를 그리도 열심히 씻는지 물었다. 그 이유를 들은 소부巢父는 그토록 불길한 말을 들은 귀를 씻은 더러운 물을 자신의 소에게 먹일 수 없다고 하면서 위쪽으로 갔다고 한다. 이처럼 당시 세상 사람들에게 속세의 욕심이 없었던 것이 공자에게는 매우 이상적인 사회라고 여겼던 것이다.

결국, 요임금의 자리는 순舜에게 계승되었는데, 순은 당시 효자로서 이름이 났던 인물이었다. 순의 아비는 시각장애인으로서 새로이 장가를 들어서 상象이 태어났다. 이복동생인 상과 그의 어미는 순을 미워하여 여러 차례 죽이려고 했다. 순은 이를 지혜롭게 잘 대처하고 부모에 대한 효성을 끝내 저버리지 않았고, 이것이 세상에 알려져서 순이 요에게 발탁되어 임금의 자리에 올랐다는 것이다.

효성스럽다는 점이 나라를 이어받을 자질의 판단 기준이 되는 것인지 좀 의아하지만, 어쨌거나 순은 이 일로 인해서 효성孝誠의 대명사가 되었다. 유가儒家의 이상을 수신제가치국평천하修身齊家治國平天下라고 하듯이, 자기 수양을 잘하고 집안을 잘 다스릴 수 있다면, 그것을 미루어서 나라도 잘 다스릴 수 있다는 공자의 생각이 적용된 것이다.

그리고 순이 말년에 우禹에게 자리를 물려주는 과정 역시 비슷하다. 순의 후임으로 신하들은 순의 아들을 추천하였지만, 순은 당시 범람하는 황하의 치수를 맡아 공훈을 세워 능력을 검증받은 우禹에게 자리를 물려주었다. 그러다가 우禹 이후에는 그의 자식이 자리를 잇게 되어서 하夏라는 왕조 국가가 탄생하게 되었다는 것이다. 후대에 성군聖君으로 불리는 이들 세 임금은 이른바 평화적인 왕권의 교체라고 할 수 있는 선양禪讓을 실천한 임금으로서 이후 역사에서 대대적으로 일컬어진다.

평화적인 왕권 교체라고요? 평화적인 정권 교체라는 말은 들어보았지만, 왕권이 그렇게 교체되는 경우도 있었는지 다들 의아해할 것이다. 오늘날과 같은 자유와 평등을 내세우는 민주주의 시대에야 누구나 능력이 되면, 정치 활동 등을 통해서 세상에 자신을 알리고, 때마다 시행되는 대통령 선거를 통해서 그 나라의 책임자가 될 수도 있는 것이다.

그 이전 왕정王政시대에야 오로지 왕만이 자동적으로 나라와 백성들의 주인이 되는 것으로 별 탈이 없는 한 그의 아들에게 계속 왕권이 전해지다가 그 나라의 운명이 다하여 세상이 어지러워지거나 하면 반란이든 혁명이든 특단의 조치를 통해서 성씨를 달리하는 왕조가 들어서서 또다시 나라의 소유권이 새로운 왕조의 아들들에게 이어져 가게 마련이다.

그런데 요나 순은 자신들에게 아들이 있었으면서도 자신들의 뜻에 따라 좀 더 훌륭한 인물에게 왕위가 물려져야 한다고 여겨서 새로운 인물을 찾아 그들의 왕권을 평화적으로 건네주었다는 것이다. 오늘날 보더라도 참으로 아름답고도 이상적인 정치 모델처럼 보인다.

공자도 역시 이러한 정황을 높이 평가한 것이다. 공자가 살았던 춘추시대春秋時代가 서로 죽고 죽이며 빼앗고 빼앗기는 아수라장 같은 혼란의 시대였기 때문에 공자는 요, 순, 우와 같은 이들이 평화롭게 왕권을 주고받았다는 것이 매우 이상적인 정치 모델이라고 여겨서 이것을 자주 언급하였던 것이다. 그래서 오늘날 우리들까지도 요순堯舜에 대한 찬양과 흠모가 여전히 그칠 줄 모르게 된 것이다.

공자가 말한 것처럼, 요순우의 시대에 그런 선양禪讓의 아름다운 정치행사가 정말로 줄줄이 일어났던 것일까? 아마도 아닐 것이다. 아니면, 최소한 그들의 선양에는 과장된 측면이 있다. 일단 요순의 시대는 엄밀히 따져 보더라도 신석기시대의 말기로서 아직 번듯한 인간의 사회나 국가를 갖춘 시기가 아니었다.

일단 요순우와 같은 인물이 정말 존재했었는지도 믿기 어렵다. 설령 그들이 실존인물이라고 하더라도 그들의 시대가 오늘날 우리가 말하는 나라로서 이모조모의 틀을 갖추고 임금의 자리에 올라 정사를 돌보았다고 할 수 있는지 확신할 수도 없다.

앞서 말했듯이, 나라國라고 일컬으려면, 영토를 의미하는 '나라 국(囗: 國자의 옛날 글자)'자, 무력 혹은 주권을 의미하는 '창 과戈' 자, 그리고 백성을 의미하는 '입 구口'자가 조합되어야 한다고 했다. 이러한 정황은 오늘날에도 여전히 국가는 국토 · 국민 · 주권 등의 조건이 갖추어진 상태이어야 할 것이며, 이 정도의 규모를 갖춘 나라가 나타나려면 대체로 청동기시대 이후이어야 가능하다고 볼 수 있다.

대개 한 나라의 왕 된 자라고 한다면, 청동기로 된 칼이나 도끼 혹은 나라의 정통성을 상징하는 그럴듯한 물품을 가지고 있어야 군주로서 볼품이 나는 것이라고 할 수 있다.

그렇다면 중국에 청동기시대는 언제쯤 시작되었던 것일까? 역시 논란이 있기는 하지만, 기원전 1,500년 대 상대商代쯤으로 보는 것이 일반적이다. 그러니 역사를 따져 거슬러 올라가 보면, 아마도 2,300년대쯤 될 것이라고 추정되는 요순의 시대는 청동기시대가 되기 훨씬 이전의 때였는데, 어째서 이 시기를 나라가 있고 군주가 있었다고 할 수 있겠는가? 이들 요순堯舜이 사이좋게 평화로이 왕권을 교체하였다는 이야기에는 과장된 것이 분명하다.

요순의 시대는 아마도 씨족이나 부족단위의 시대였다고 할 수 있다. 그러므로 부족들마다 우두머리라고 할 만한 이들이 있었는데, 그 대표들이 돌아가면서 순번대로 전체의 우두머리가 되지 않았나 싶다.

이번에는 요堯 부족에서 맡고, 다음에는 순舜 부족에서 맡고, 다음에는 우禹 부족에서 맡아서 돌아가며 대표를 맡았던 것인데, 우禹의 시대가 되면서 권력을 장악하게 되자 이후로는 우의 아들에게만 자리가 이어지는 아비와 아들 간의 부자父子가 왕권을 주고받는 왕조시대를 열게 되었다고 볼 수 있을 것이다.

그런데 이렇듯 소박한 수준에서 우두머리의 자리가 교체되는 과정을 가지고 공자는 대단히 이상적인 왕권교체의 모델이나 되는 것처럼, 과장하였던 것이 아닌가 싶다. 왜 그랬을까?

그것은 앞서 말한 것처럼, 공자의 시대가 춘추의 전쟁시대였기 때문에 평화로운 왕권의 교체가 애타게 그리웠던 이유일 것이다. 옛날 석기시대에나 있었을 법한 전설 같은 요, 순, 우의 우두머리 교체에 관한 이야기를 그럴듯하게 틀을 갖추어서 마치 왕위가 평화적으로 교체되었던 것처럼 포장하였던 것이라고 할 수 있다. 이것 역시 일종의 신화나 전설을 역사 현실에서 정치적으로 이용하고자 한 역사 왜곡의 하나라고 할 수 있을 것이다.

요순의 시대는 공교롭게도 우리의 단군檀君의 시기에 해당된다. 단군은 학계에서도 논란이 되듯이, 여러모로 되새겨 볼 면이 많다. 엄밀히 말해서 단군신화 역시 요순의 경우처럼 역사로 해석하려는 데에 문제가 있다. 단군의 이야기가 나오는 것은 고려高麗시대 일연一然의 『삼국유사三國遺事』인데, 이 책은 삼국시대에 있었던 유사遺事 즉 남겨진 일들을 모은 이야기책이지 역사책은 아니다.

물론 건국과 관련하여서 내려오는 신화를 역사로 해석하는 것은 얼마든지 있을 수 있다. 단군의 건국신화를 여기에서 다시 언급할 것은 없을 것이다. 『삼국유사』에서는 단군의 이야기를 마치면서 끝마무리 부분에 이 단군의 건국이 중국의 요임금 시대에 해당된다는 내용을 적고 있다. 이것을 단서로 해서 우리가 단기檀紀의 기준을 잡아서 2,333년이라고 하는 것이다.

당시 석기시대에 머물러 있었을 우리의 한반도에 국가가 형성되어 역사의 시작을 열었다고 할 수 있는지는 생각해 보아야 할 문제이다. 게다가 2,300여 년 전도 아니고 2,333년이라고 딱히 지정하여서 우리나라의 건국을 기념하고 있는데, 이것이 정말 역사적인 고증을 거쳐서 그렇게 정해진 것일까 거듭 새겨 볼 일이겠다.

다만 단군을 그토록 기리게 된 것 역시 그만한 역사적인 배경이 따로 있다. 일연이 『삼국유사』를 쓰게 된 역사적인 배경은 당시 몽골에

짓밟힌 고려 백성들이 풀죽어 있는 것에 힘을 주기 위해서였다. 우리 고려도 중국 요임금의 시대처럼 아주 오랜 옛날부터 이어온 민족문화의 전통을 가진 나라라는 것을 밝히고 싶었던 것이다. 그리고 단군의 이야기가 다시 한 번 고양된 것은 일제 식민지시대였다. 이처럼 과거에 실제로 있었던 사실을 다루어야 할 역사는 어느 민족, 어느 시대이건 정치적인 필요에 의해서 조금씩 과장과 왜곡이 가해지기 마련이다.

단군신화를 국가의 기원으로 삼고 단군의 성전을 기리는 것을 정부에서 주도하는 것에 대하여 일부 기독교단체에서는 그것이 일종의 우상 숭배의식이라고 하면서 반대하기도 하지만, 그것보다는 단군신화를 우리 민족의 문화적 연원으로 이해할 것과 역사로 해석하는 것에 대한 철저한 고증과 엄밀한 연구가 뒷받침되어야 할 것이다.

04

중국 역사의 시작, 상(商)

1. 청동기시대에 접어들다
2. 날로 새롭고자 했던 탕(湯)왕
3. 문자(文字)의 시대를 열다.
4. 청동기로 흥하고 청동기로 망하다.

중국
역사와 문화
들여다보기

중국 역사의 시작, 상(商)

진정한 왕조국가의 면모를 갖추기 위해서는 역사 발전의 단계가 청동기시대는 되어야 할 것이다. 인류가 무리를 짓고 사회라는 형태를 이루는 과정에서 그 우두머리가 되는 이를 왕王이라고 하는데, 그 왕이 최소한 청동기 칼이나 도끼 · 거울 · 술잔 같은 것은 있어야 진정 왕다운 틀이 서지 않을까? 하夏나라 때까지는 석기시대였으며, 상商대 이후에야 청동기시대가 시작되었다고 해서 사람들이 죄다 돌로 된 기구를 버리고, 모두들 청동기로 된 도구를 사용했던 것은 아닐 것이다. 오늘날 우리들이 이렇게 과학문명이 발달하였다고 해도 돌로 된 도구를 사용하지 않는 것이 아니듯이 말이다.

1. 청동기시대에 접어들다

석기시대를 거쳐서 청동기시대에 들어섰지만, 청동기는 오늘날에도 귀한 금속이듯이, 당시에도 아무나 쓸 수 있는 물품이 아니었다. 게다가 구리는 누런색을 띠는 것인데, 어째 파란 구리라는 뜻의 청동기靑

銅器라고 부르는 것일까? 누런 구리는 워낙 물러서 도구로 사용할 수가 없다. 그래서 주석朱錫이나 아연亞鉛을 섞었더니, 색은 파란빛을 띠고 단단해진다는 것을 발견하면서 인류는 드디어 '쇠의 시대'에 접어들었던 것이다.

청동기는 지금도 귀해서 비싸지만, 당시에는 금金보다도 쓸모가 많아 더욱 귀한 것이었기 때문에 왕이라고 하는 이들과 그 지배계급만이 사용할 수 있었다. 왕답다는 것에 어떤 일정한 규정이 있는 것은 아니겠지만, 청동기 유물로 발굴되는 것 가운데 칼이나 도끼 · 거울 · 술잔이 많은 것은 그것들과 어떤 상관관계가 있는 것일까?

고대 중국인들은 왕에 대하여 어찌 여겼을까? 王(왕) 자를 풀어보면, 그 대강을 알 수 있다. 이성계李成桂의 조선건국과 관련하여 꿈에서 어떤 이가 불타는 집에서 기둥 세 개를 지고 나오는 것을 보고 왕이 될 징조라고 풀이하였다는 이야기가 있다. 흔히 王(왕)자는 '三 + 丨'의 형태로 풀어서 '석 삼三'은 하늘 · 사람 · 땅을 상징하는 삼재三才를 의미하며, 이것을 쭉 이은 세로획은 그 삼재를 잇는 존재라는 것이다.

삼재는 곧 온 세상을 말하고, 이 세상을 하나의 세로획으로 연결하였으니, 이것은 바로 하늘과 땅 그리고 인간의 세상을 꿰는 존재라고 풀이할 수 있다. 결국 왕이란 하늘의 뜻을 세상에 펴는 이라는 것이다. 그러므로 왕을 '하늘의 아들' 즉 천자天子라고도 부르는 이유일 것이다.

오늘날까지도 하늘 만한 권위를 가지고 있는 것이 없듯이, 자신이 스스로 그 하늘의 아들이라고 하였다면, 그보다 더 높고 존귀한 존재도 없을 것이다. 이러한 왕王자의 풀이는 참으로 그럴듯하지만, 이것은 사실과 다르다. 한자의 원형인 갑골문자甲骨文字를 살펴보면, 王(왕) 자는 도끼의 모습을 본뜬 글자이다. 왕과 도끼라니, 어째 좀 아니다 싶기도 하다.

참고로 '장인 공工' 자를 먼저 보자. 工(공)은 도끼의 날을 의미한다. 즉 도끼의 자루가 빠진 도끼의 날만을 그린 글자이다. 공인工人이라고 하면 노동자 혹은 기술자를 말한다. 이들은 작업의 도구로 도끼를 사용하였기 때문에 도끼를 든 사람이라는 뜻에서 그렇게 그린 것이다. 그들은 도끼로 늘 무언가를 깨고 깎는 일을 했다는 것을 알 수 있다.

도끼에 날만 있고, 자루가 없다는 것은 또 무슨 의미일까? 옛날 왕들이 입는 옷을 곤룡포衮龍袍라고 한다. 이 곤룡포에 도끼 무늬가 있는데, 이것을 보불黼黻무늬라고 한다. 보불무늬는 도끼 모양의 수繡를 놓은 것을 말한다. 임금이 입는 옷에 웬 도끼무늬를 그려서 수를 놓았을까 싶지만, 전통적으로 도끼는 왕을 상징하는 문양이다.

도끼는 권력을 상징하는 것이니, 최고의 권력은 당연히 왕이 되는 것이다. 오늘날 생각하기에 왕은 천자天子로서 하늘의 뜻을 세상에 펴는 존재라는 의미에서 삼재三才를 아우르는 자라는 의미가 좋을 듯도 싶겠지만, 워낙에 왕이란 조그만 부락의 우두머리가 점점 커져서 그리 되었을 것이라는 점에서 보자면, 왕은 역시 힘이 가장 센 권력자라는 의미에서 비롯되었다고 볼 수 있다.

왕이란 하늘과 땅을 아우르는 이라는 그럴듯한 개념으로 풀이한 것은 일종의 왜곡된 해석이며, 이러한 잘못이 본격적으로 시작된 것은 한漢나라 때이다. 현재 우리가 중국적이라고 개념을 정의하고 있는 많은 것이 한漢나라 때에 정해졌다고 했듯이, 바르지 못한 정의나 왜곡도 함께 이루어졌던 것이다.

왕王자의 경우에도 아주 먼 옛날 동네의 우두머리에서 시작된 왕의 개념이 진시황秦始皇을 거쳐서 이제는 세상의 '빛나는 신神적 존재'라는 의미에서 황제皇帝라는 이가 다스리는 제국帝國의 면모를 갖춘 한漢나라의 대표를 가리키게 되었으니, 더 이상 먼 옛날 도끼를 휘두르던 동네 우두머리라는 뜻으로 새기고 싶지는 않았을 것이다. 그래서 삼재三才를 아우르는 신적神的 존재로서 제왕帝王의 그럴듯한 의미가 주어지기 시작했던 것이다.

그런데 어째서 도끼의 날만 그렸던 것일까? 왕이란 도끼와 같은 엄중한 권력이 있다는 것을 상징하면서 도끼의 자루를 뺐다는 것은, 그 권력을 정작 사용하지는 않겠다는 의지를 보인 것이다. 즉, 황제 자신이 권력은 가지고는 있지만, 그 권력을 백성들에게는 함부로 행사하지 않겠다는 자비로움도 밝히고 싶었던 것이다. 이 대목 역시 중국인들이 명분을 얼마나 중시하는지를 알 수 있다.

다음으로 청동기 거울은 지금처럼 화장할 때, 얼굴을 살피는 도구로도 썼을 것이다. 그렇지만, 본래는 왕들이 백성들을 상대할 때에 해가 뉘엿뉘엿 질 때쯤 거울을 가슴에 차고 백성들 앞에 나타나 햇빛을 비추는 데에 썼다고 한다. 하늘의 아들을 자처하면서 무언가 신비한 현상을 연출할 필요가 있었던 것이다. 그리고 술잔은 당연히 하늘에 대한 제례祭禮를 올리는 데에 썼던 것이니, 이들 몇 가지의 청동기 도구는 왕으로서 지녀야 할 필수품이라고 할 수 있다.

2. 날로 새롭고자 했던 탕(湯)왕

지금 보자면 우습기까지 한 청동기 도구를 이용해서 하늘의 아들을 자처하며 나라의 임무를 비로소 수행하기 시작했던 이가 상商나라를 세운 탕湯왕이다. 탕왕은 하夏나라의 폭군 걸桀왕을 무찌르고 중국에서 처음으로 군사혁명을 성공하였다고 전해진다. 군사혁명이라는 것이 실패하면 반란의 역적인 것이고, 성공하면 그야말로 하늘의 명을 바꾼다는 의미의 혁명革命이 되는 것이긴 한데, 세상일에 어느 것 하나 핑계나 이유가 없을 수는 없을 것이다. 여하튼 탕왕은 하나라 걸왕의 폭정에 백성들이 고통스러워하는 것을 차마 눈뜨고 보지 못하는 심정으로 분연히 들고 일어나 혁명을 완수하였다고 한다.

어느 시대이건 나라의 패망 원인이 백성들을 잘 돌보지 못한 것에 있다고 하였듯이, 나라가 흥하는 요인은 거꾸로 백성들의 삶을 얼마나 잘 이해하고 그들의 고통을 덜어주고자 노력하느냐에 달려있다고 할 것이다.

순자荀子가 "군주는 배와 같고, 뭇 백성들은 물과 같다. 물은 배를 물에 띄울 수도 있고, 배를 뒤집을 수도 있다. 君者, 舟也, 庶人者, 水也. 水則載舟, 水則覆舟."라고 하였듯이, 군주의 지위가 제아무리 존엄하다고 하더라도 결국 배가 물이 없어서는 아무런 구실을 못 하듯이, 왕이란 백성이 없이는 아무런 존재의미가 없는 허깨비일 뿐이라는 말이다. 맹자孟子가 백성을 근본으로 삼아야 한다고 했던 민본주의民本主義나 오늘날 국민이 주인이라는 의미의 민주주의民主主義의 한 측면이랄 수 있다.

오늘날 위정자들이 이 간단한 말을 몰라서 많은 국민의 원성을 듣고 있는 것은 아닐 테지만, 어느 시대의 위정자들이건 이 말만은 되새길 필요가 있을 것이다.

이후 시대에 중국의 여러 왕조들이 흥하고 망하는 패턴을 이해하는 데에도 중요한 열쇠가 되는 것은 물론이다. 한漢나라 이후 중국 왕조의 흥망에는 백성들의 봉기蜂起 아니면 외세外勢의 침략으로 반복하는 과정을 겪었다는 것은 잘 알려져 있다.

그런 와중에서 한漢나라를 세운 고조高祖 유방劉邦이나 명明나라를 세운 주원장朱元璋 등은 대표적인 평민출신의 황제인 것만 보더라도 그렇다. 어디 고대 왕조시대뿐이랴, 오늘날 사회주의국가 중국을 세웠다고 할 수 있는 모택동의 경우에도 당시 많은 공산혁명가들이 좋은 집안에 해외 유학파들이 많았지만, 세력가의 명문 집안도 아니고, 유명 대학이나 해외 유학 등의 경력도 없던 그야말로 평민출신이 아니던가.

백성이 왕의 근간이라고 여겼던 탕왕은 자신의 세숫대야에 교훈이 되는 글귀를 한 줄 써두었던 것으로 유명하다. 탕왕의 세숫대야에는 "참으로 날로 새로워지며, 날마다 새로워지고, 또 새로워지자.苟日新, 日日新, 又日新."라는 말이 새겨져 있었다. 늘 새로워지자는 것은 마치 고인 물은 썩듯이 왕으로서 백성들에게 늘 충만한 새로운 생명력을 지니게 하자는 의미이다.

탕왕이 나라를 잘 다스렸다고 평가를 받는 것 가운데 인재를 잘 등용한 것으로 알려져 있다. 탕왕은 요리사 출신인 이윤伊尹을 등용하였다. 이윤은 노비출신으로 원래는 유신씨有莘氏의 딸이 시집갈 때 딸려간 몸종이었다. 이후 탕왕에게 발탁되어서 재상이 되어 하夏의 걸왕桀王을 토벌하고, 천하를 평정하는 데 공헌했다. 이윤이라는 이가 본디 어떤 출신이었는지에 대해서는 분명하지 않지만, 탕왕이 등용할 당시에는 천한 신분이었으며, 이처럼 신분과 관계없이 인재를 등용할 줄 알아야 한다는 것은 학력이나 지연과 같은 인맥의 끈이 없으면 좀체 살아가기 힘든 오늘날에도 시사하는 점이 크다고 할 것이다.

이것은 마치 조선시대 세종世宗대에 타고난 재능과 기술을 발휘하여 조선의 과학기술 수준을 비약적으로 끌어올렸던 장영실蔣英實의 경우를 떠올리게 한다. 장영실은 본디 부산 관청의 노비로서 낙동강이 범람하는 것을 막아 내어 재능을 인정받았다. 그런데 장영실이 천한 노비출신의 신분이라고 해서 신하들은 극구 반대하였던 것인데, 이것에 굴복하지 않고 세종은 오로지 능력만을 보고는, 장영실을 기용하여 중국으로 연수까지 보내주었다.

장영실이 본디 치수治水전문가였으니, 하夏왕조를 세웠다고 알려진 우왕禹王과 닮았다고 할 수 있다. 그런데 우왕은 황하의 치수에 성공하여 순임금으로부터 임금의 자리를 양위讓位받기까지 하였지만, 장영실은 측우기 · 해시계 · 금속활자 등을 만들어서 그야말로 과학기술 방면에 큰 공훈을 세웠지만, 결국 그가 감독하여 만들었던 왕의 가마가 고장이 나는 바람에 왕이 곤욕困辱을 치렀다는 이유로 곤장 80대를 맞고 관직에서 쫓겨나는 비운을 당했다. 이 대목은 아무래도 좀 씁쓸하다.

탕왕이 세웠다는 상商나라를 우리들은 흔히 은殷 왕조라고 알고 있다. 이것은 상商왕조의 말기에 수도가 은殷이었기 때문이기도 하다. 상나라가 일정한 영역국가가 아니라 일종의 도시국가였다는 말이기도 하다. 또 이들 상商 왕조의 후예들이 오늘날 장사하는 이를 가리키는 상인商人의 원조라고 알려져 있다. 이들 상왕조가 나라의 운세를 다할 즈음인 기원전 1,100년경쯤 마치 지난 하夏나라 걸桀왕 때 탕왕湯王이 군사를 일으켜서 상商나라를 세웠다고 하듯이, 은殷의 마지막 왕인 주紂왕 때 서쪽 지역의 실력자였던 희창(姬昌 : 나중에 주周 문왕文王으로 추존되는 이)이 그의 아들인 발(發 : 나중에 주周 무왕武王에 오른 이)과 그의 동생 주공周公 단旦이 함께 혁명을 모의하여 군사를 일으켜서 주周나라를 세웠다.

주나라는 지난 왕조의 잔당들이 반란이라도 일으킬까 싶어 후환을 없애기 위해서 지난 상商나라 왕족의 씨를 말리는 정책을 폈다. 이렇듯 새로운 왕조를 세우고 나면 가장 큰 문제가 하루빨리 나라를 공고히 다져 자손이 오래도록 번성하였으면 하는 바람이 있기 마련이다. 그러니 지난 왕조의 왕족들이 나라를 빼앗긴 억울한 심정에서 반란이라도 일으키면, 이 역시 낭패이다.

새로운 왕조는 한편으로는 망한 왕족들을 잘 어르면서 다른 한편 지난 왕조의 왕족들을 깡그리 멸족시켜 버리곤 했다. 상 왕조의 후예들은 이처럼 바람 앞의 등불처럼 위기의 순간에 처해 있었으니, 그들은 무엇을 해서 먹고 살았을까? 당연히 어디엔가 정착하여 농사를 지어 먹고 살지는 못했을 것이고, 이리저리 다니며 장사라도 해서 목숨을 이어가는 일이 많았다. 그래서 이후 이들을 상인商人이라고 했다는 것이다.

오늘날 유태인이나 중국의 화교華僑들이 장사꾼의 자질이 뛰어나다고 해서 흔히 중국인들의 핏속에는 돈이 흐른다고도 하지만, 중국의 화교들이 고향을 등지고 외지를 떠다니며 할 수 있는 것은 역시 장사였다. 유태인도 그러했듯이, 나라를 잃고 떠다니다 보면 오로지 믿을 것은 돈이었을 것이다. 참으로 속된 표현 가운데로 "돈은 거짓말을 하지 않는다."는 말도 있지만 … 그런데 정상적이고 우아한 업종의 장사는 이미 현지인들이 다 차지하고 있었을 것이고, 유태인들은 그 틈새시장인 고리대금업 같은 것을 악착같이 하다 보니, 어디를 가나 엄청난 야유를 받았던 것이다. 그런데 이후 자본주의체제가 발전하면서 그들이 오늘날 세계 경제를 좌지우지하게 되어 오늘날에는 이들의 처지도 많이 달라졌던 것이다.

그리고 장사라는 것은 워낙에 아는 이들이 많은 자기 고향에서 하면 망하기 십상이다. 왜냐하면, 아는 이가 많으면 그만큼 외상이 깔리고, 떼어 먹는 이가 많으면, 이것을 또 악착같이 받아내기도 쉽지 않기 때문이다. 그래서 장사의 성공 여부 가운데 하나가 외상을 어찌 회수하느냐가 꼽히는 이유이기도 할 것이다.

3. 문자(文字)의 시대를 열다

상商나라는 본격적인 청동기시대를 열었던 것 이외에도, 무엇보다 인류문명의 위대한 유산이라고 할 수 있는 문자文字를 고안해 쓰던 왕조였다. 그러니 명실상부하게 진정 왕조王朝국가라는 명칭을 받을 만한 시대가 이때 중국에 열렸다고 한 것이다. 상나라 문자를 갑골문자甲骨文字라고 하는데, 이것은 거북의 배딱지甲나 소의 엉덩이뼈骨에 가느다란 꼬챙이로 새겨진 문자라고 해서 갑골문자甲骨文字라고 부른다.

상商 왕조 역시 사마천의 『사기史記』에 자세한 계보가 나오기는 하지만, 1928년 하남성河南省 안양安陽에서 청동기유물과 함께 갑골문자가 대량으로 발굴되면서 상 왕조의 실체가 비로소 인정받게 되었다. 처음에는 그 지역의 농부들이 밭을 갈다가 발견한 뼛조각에 글자 같은 것이 새겨져 있는 것을 보고는 무언가 영험한 약효가 있을 것이라고 여겨서 그것들을 약국에 가져다가 팔았다. 당시 문자文字학자였던 왕의영王懿榮이 감기약을 지어 먹고 난 약탕기에 남아 있던 뼛조각에 무언가 쓰여 있는 것이 문자라는 것을 알게 되었고, 그것이 나온 곳을 찾아가 발굴하면서 문자가 쓰인 갑골뿐만 아니라 청동기를 비롯한 많은 은나라 유물도 함께 발굴하게 되었다.

이들 갑골에 쓰인 문자가 현재 중국에서 쓰고 있는 한자의 원형이며, 거기에 쓰인 내용을 해독한 결과 사마천의 『사기』에 쓰여 있는 상 왕조의 역사기록과도 일치한다는 것이 밝혀졌다.

역사책의 기록으로만 알려져 있던 상 왕조의 실체가 밝혀진 것이다. 상商은 황하 주변의 여러 성읍城邑 국가들을 연합하여 차츰 중원中原의 중심세력이 되었는데, 탕왕湯王에 이르러 하夏나라 걸桀왕을 쓰러뜨렸고, B.C. 14세기에 제20대 왕인 반경盤庚이 은殷지역으로 옮긴 이후 31

대의 주왕紂王이 주周 무왕武王에게 멸망당할 때까지 약 500년 간 존속했던 왕조라는 것이 밝혀졌다.

상商왕조는 점복占卜, 즉 갑골에 점치는 것을 통해서 하늘의 계시를 받아 백성을 통치하였던 신정神政정치를 하였다. 갑골문자甲骨文字는 그것의 도구였던 것이다. 즉 당시의 갑골문자는 인간들끼리 서로 의사를 전달하던 도구가 아니라 하늘에 존재한다고 믿었던 신神 즉 상제上帝에게 제사하고 계시를 받기 위해서 만들어진 문자였던 것이다. 고대 이집트의 상형문자도 그런 특성을 가졌으며, 이런 문자를 신성문자神聖文字, Hieroglyph라고 한다.

갑골문자는 뼈에 날카로운 도구를 이용해서 새긴 것으로 보인다. 그래서 현재 한자에 쓰이는 획에 동그라미가 없는 이유가 갑골에 글자를 새겼기 때문이라는 설도 있다. 아마도 꼬챙이나 칼로 새겨서 글자를 썼기 때문에 동그랗게 그리기 어려웠기 때문이었을 것이다. 뼈나 거북의 껍질에 글자를 새긴 다음 열을 가하거나 쇠꼬챙이를 불에 달궈서 꾹 찔러 균열이 가도록 하여, 거기에 나타난 균열의 모양에 따라 앞으로 일어날 일을 추정하는 형식으로 신에게 여러 가지 사항을 묻었던 것이다.

글자들은 크기나 구조면에서 일정하지 않고, 보통 위에서부터 아랫부분까지 어지럽게 새겨진 것으로 보아 일회용으로 쓰인 것이 아니라 여러 번 재활용되었다는 것을 알 수 있다.

은 왕실은 국가의 행사를 결정할 때마다 점을 쳐서 신의 뜻을 묻고는 갑골에 언제, 누가, 어떠한 내용으로 점을 쳤으며, 그 결과는 어떠했는가를 기록했다. 그 점친 내용은 대체로 자연현상 · 농사의 풍년과 흉년 · 자연재해 · 제사 · 전쟁 · 수렵 · 임신 · 질병 등 온갖 것들이었다. 갑골문자가 균열하는 형태나 주변의 색깔 등으로 신의 뜻을 판단했던 것인데, 이 일은 물론 왕의 몫이었으니, 왕은 곧 제사장으로서 신과 인간의 매개 역할을 함으로써 왕의 권위를 인정받았다.

이처럼, 갑골문자는 궁중에서 점술에 쓰이던 신탁용神託用 문자로서 신과의 소통을 위해서 고안되었던 것인데, 대개는 신에게 날씨나 전쟁에 관련된 사항을 묻는 것이 대부분이었다. 이것은 당시 중국이 농경農耕 중심의 사회였고, 나라의 형태를 비로소 갖추었다고는 했지만, 그 규모는 도시국가의 수준으로서 다른 이웃 도시국가들과 전쟁이 잦았다.

이러한 신정정치神政政治는 자연의 위대한 힘 앞에서 끝없는 무력감을 느껴야 했던 초기 국가의 일반적인 형태라고 할 수 있다. 그리하여 그들은 태양과 같은 여러 자연물과 자신들의 간절한 바람을 실현해 줄 조상신을 숭배하는 데에 전력했다. 그래서 화려하게 제단을 꾸미고 때로는 수천 명의 목을 잘라 제물로 바치기까지 했다. 이러한 의식이 바로 은 왕조의 지배력을 확인하는 절차이기도 했다. 그러므로 고대 중국에서 조물주나 내세와 같은 관념이 없었기 때문에 종교의식이 없었다고 단정할 수도 없다.

현재 '점칠 복卜'을 보면 획이 위에서 아래로 쭉 내려오다가 오른쪽으로 삐친 것을 보고, 제사장은 하늘의 신으로부터 계시가 내렸다고 여겼으며, 그 옆 자리에 다시 그 내용을 적어 내려갔다. 이것에서 현재의 '점칠 점占'자도 생긴 것이라고 할 수 있다.

이 때는 매우 소박한 미신迷信의 시대로서 그야말로 제정일치祭政一致의 신정神政의 시대였다고 할 수 있다. 이들 갑골문자를 통해서 중국이 당시 청동기시대를 열었으며, 제사장은 하늘의 뜻을 전한다는 것을 빌미로 나라의 우두머리인 왕이 되어 통치하던 시대였다는 것을 알 수 있다.

하남성 안양安陽의 은 왕조 유물 가운데에는 갑골문자 이외에도 왕권을 상징하는 청동기 유물이 많이 발견되었다. 비록 중국의 청동기시대가 서양보다 500여 년 정도 늦게 시작되었다고는 하지만, 중국의 청동기 유물은 예술적으로나 역사적으로 대단히 가치가 있는 것으로 알려져 있다.

그리고 하남성 안양의 유물과 같은 시기의 청동기 유물인 사천성四川省 삼성퇴三星堆는 성도成都시에서 40km가량 떨어진 청동기 유적지이다. 삼성퇴에서 발굴된 유물들은 같은 시대 은 왕조의 청동기와는 또 다른 독자적인 예술양식으로서 기원전 1,200년 경 중국의 뛰어난 청동기 제련기술을 보여주고 있는데, 이곳의 청동기문화는 약 1천 년 동안 지속하다가 갑자기 사라진 것으로 보인다.

삼성퇴의 유적은 은殷 왕조의 것과는 다른 방식의 청동기 제조술을 가지고 있었다. 1929년 한 농부가 논의 물길을 파다가 우연히 옥그릇을 여러 점을 발견한 것을 계기로 발굴하게 되었다. 그 뒤 고고학자들이 그 부근을 여러 차례 발굴 조사했지만, 별다른 성과가 없었다가 1986년 우연히 발견한 2개의 커다란 제물 구덩이에서 청동기 유물을 발견하였다.

삼성퇴의 청동기 유물 가운데 독특한 것은 청동 종鐘과 뾰족한 코를 가진 청동 머리형상, 그리고 3미터 높이의 청동 나무 등이 있고, 청동 머리형상의 일부는 황금가면을 쓴 것도 있다. 이처럼 삼성퇴의 청동기 유물은 은대 하남성의 유물과는 달리 독립된 청동기 문화로서 규모와 유물의 내용 면에서 황하 문명 이외에 중국의 또 다른 문명 발상지가 있었다는 증거라고 할 수 있다.

4. 청동기로 흥하고 청동기로 망하다.

이처럼 뛰어난 청동기 문명을 이룩했던 은나라도 마지막 왕인 주紂에 이르러서 종말을 고해야만 했다. 주왕은 하나라 마지막 왕이었던 걸桀왕과 더불어서 악독한 폭군으로서 악명을 날리었다. 그의 곁에는 애첩인 달기妲己가 있었다. 달기는 은나라에 의해 토벌된 소호蘇護의 딸이었는데, 은나라 궁에 들어와 주왕紂王의 총애를 받았다.

달기는 나중에 외모가 아름다운 덕분에 주왕의 2번째 왕후가 되었는데, 성격이 포악스러워 당시 충신인 비간比干과 임신부의 배를 가르고 죄수를 불에 달군 구리기둥이나 뜨거운 철판에 뛰도록 하는 포락형炮烙刑 등 매우 엽기적인 짓을 저질렀던 것으로 악명이 높았다. 그래서 하나라의 걸왕桀王이 매희妺喜에게 빠져서 나라를 망쳤다고 하여 주지육림酒池肉林이라는 말이 생겼듯이, 은나라는 주왕이 달기에 빠져서 나라를 망하게 하였다는 식의 고사성어가 생겼으니, 그들이 나라를 기울게 할 정도의 미모라고 하여서 경국지색傾國之色이라고 한다.

그런데 과연 그녀들 때문에 나라가 망했던 것일까? 미녀는 어느 시대나 있기 마련인 것인데, 왕이 못나서 나라를 망친 것을 여자 때문에 나라가 망했다는 식으로 해석하여서는 안 될 것이다.

갑골문자의 기록에도 나타나 있듯이, 은대 말기의 왕들은 매우 포악스러웠다. 어째 왕들이 그리도 포악했던 것일까? 그들은 매일 제帝에게 제례를 올리면서 하늘의 명령을 빌미로 온갖 포악한 짓을 다 하였는데, 아이러니한 것은 그들이 매일 제례를 올리고 나서 마신 술이 그들의 성격을 난폭하게 만든 원인이 되었다고 한다. 매일 술을 마셔도 정신건강에 나쁠 터인데, 그 술이 담긴 술잔에도 상당히 문제가 있었던 것이다. 술잔은 당연히 왕권을 상징하는 청동기로 만들었다.

본래 구리는 물러서 사용하기 적절치 못하여 이것을 보완하기 위해서 주석朱錫이나 아연亞鉛과 같은 중금속 물질을 배합하여 푸른빛이 나는 청동기로 만들었다고 하였다. 게다가 청동기 술잔은 세 발 솥 모양이라서 그 밑에다가 불을 지펴 술을 데워서 마시는 형식이었기 때문에 거기에 담긴 술에 중금속이 잘 녹아들 수 있는 구조였다.

당시 은대 말기 왕들은 알코올과 중금속에 함께 중독되었을 것이라고 여겨진다. 은 왕조는 청동기로 흥하였고, 청동기 때문에 망국의 길로 들어선 꼴이 되었다고 할 수 있다. 결국, 은나라는 주周 무왕武王의 혁명에 의하여 새로운 주周 왕조에게 역사의 바통을 물려주어야만 했다.

05 주(周), 새 시대를 열다

1. 혁명의 주체, 주공(周公)

2. 낚시의 달인, 강태공(姜太公)

3. 백이(伯夷)와 숙제(叔齊) 혁명의 길을 막아서다

4. 죽음을 무릅쓴 비간(比干)과 기자(箕子)

중국
역사와 문화
들여다보기

주(周), 새 시대를 열다

오늘날 요순堯舜이 이상적인 군주로 여겨지게 된 것은 공자孔子의 덕이라고 했다. 그런데 실제로 공자가 가장 흠모한 인물은 정작 주공周公 단旦이었다. 공자는『논어論語』에서 "나도 이제는 참으로 노쇠해졌구나, 주공을 꿈에서 다시 뵌 지가 너무 오래되었구나.甚矣吾衰也! 久矣吾不復夢見周公!"라고 한 것만 보더라도, 공자는 같은 노魯지역 출신으로서 꿈에서라도 주공을 보고자 했던 것인데, 이제는 나이가 들어 노쇠해지고 보니, 꿈에서조차 뵐 수 없게 된 것을 너무나 아쉬워했다. 그렇다면 어째서 공자는 주공에게 그리 꿈에서도 잊지 못하고 흠모의 정을 놓치고 싶지 않았던 것일까? 이것은 주周나라가 기틀을 다지던 과정과 깊은 관계가 있다. 일단 주나라의 건국과정을 살펴보자.

1. 혁명의 주체, 주공(周公)

주周나라는 B.C. 1100년경에 상商나라를 무찌르고 세운 왕조이다. 대개 이 시기에 만들어진 문물제도와 문화가 이후 청淸나라까지 이어진 이른바 중국문화의 원형이 다져진 시기라고 해도 지나치지 않다. 주周는 상대商代 말기 서쪽 지역인 지금의 섬서성陝西省에서 은殷과 대치하면서 세력을 키워온 지방 세력이었다. 처음에 주周는 은에게 조공을 바치면서 신하의 예를 갖추고 지내오다가 은과의 대대적인 전쟁을 통해서 정권을 장악하기 시작하여, 3년여 만에 주나라의 기틀을 확립하였다.

본래 주周는 위하渭河와 황하黃河가 만나는 지점인 오늘날 진시황릉으로 유명한 서안西安 부근에 자리하고 있었다. 당시에는 이곳을 호경鎬京이라 하였는데, 이후 진秦나라 때에는 함양咸陽이라 하였고, 한漢과 당唐나라 때에는 장안長安이라 하였던 곳으로 주나라 때부터 당나라에 이르기까지 실로 2,000년 이상 고대 중국의 수도로 군림하던 곳이다.

주周나라는 나중에 동쪽의 여러 제후국들을 효율적으로 다스리기 위해서 낙양洛陽에 제2의 수도를 건설하였다. 서안과 낙양은 이후 북경北京, 남경南京과 더불어서 중국의 4대 고도古都로 자리매김한 곳이다. 오늘날에도 그만큼 볼만한 유물들이 많은 이유라고 할 수 있겠다.

주周나라는 B.C. 771년 북방의 견융犬戎이 쳐들어와서 수도를 낙양洛陽으로 옮겨야만 했는데, 옮기기 전 시기를 서주西周라고 하며, B.C. 770년에 낙양으로 옮겨온 시기를 동주東周라고 한다. 동주는 다시 춘추시대春秋時代, B.C. 770~B.C. 403와 전국시대戰國時代, B.C. 403~B.C. 221로 나누어진다. 오늘날 우리들이 흔히 춘추전국시대라고 하면 매우 혼란스런 전쟁의 시대를 말하는데, 바로 이때 많은 제후국들 간에 쟁탈전이 벌어졌으며, 전국시대에 들어와서는 강대한 제후국들을 중심으로 전쟁의 양상이 한층 격렬해지면서 사회가 더욱 혼란해졌다. 결국, B.C. 221년 서쪽에 있던 진秦나라가 나머지 여섯 제후국들을 정복하고 통일제국 진秦을 세웠다.

상商대 말기 주周가 서안부근에서 강성해지기 시작한 것은 이후 주周 문왕文王이라고 불리는 희창姬昌 때부터이다. 희창은 성姓이 희姬씨이고 이름이 창昌이다. 문왕文王은 주周 무왕武王의 아버지로서 주周나라를 창건하는 기틀을 세웠다고 하지만, 상대 말기에는 서쪽 지방의 패권을 차지한 서백西伯의 직위였는데, 그가 죽은 이후 아들인 무왕武王이 은殷을 물리쳐 혁명을 완수하고 주周를 세운 다음에 문왕文王으로 추존되었다. 문왕 희창은 은殷으로부터 견제를 받아서 한때 유리羑里라는 곳에 갇혀 있으면서『주역周易』을 풀이하여 괘사卦辭를 지었다고도 전해진다.

건국의 꿈을 완성하지 못하고 희창(姬昌: 周 文王)이 죽자, 아들 희발(姬發: 周 武王)은 아버지의 유언을 받들어서 군사를 일으켜서 은殷을 물리치고, 무왕武王에 오르고 아버지는 문왕文王으로 추존하였던 것이다. 무왕 역시 주周나라의 기반을 공공히 다지지 못한 채 즉위 3년 만인 B.C. 1043년에 죽었다.

문왕인 희창과 무왕인 희발을 도와 주나라 건국에 큰 힘을 보탠 이가 바로 주공周公 단旦이다. 이때 주공 단이 주周나라 건국의 기반을 다졌기 때문에 공자孔子로부터 최고의 성현聖賢이라고 추앙을 받았다.

주공은 아비인 문왕이 군사혁명을 준비하는 과정에서 죽었고, 형인 무왕이 주나라를 건국하고, 미처 기반을 다지지 못한 채 죽자 주변에서는 주공에게 직접 왕권을 장악하라고 권유하였지만, 주공은 무왕의 어린 아들이자 조카인 성왕成王을 보좌하여 나랏일을 잘 보필하였다. 그리고 성왕이 성년이 되었을 때 스스로 물러났다.

한편 오늘날까지 사실인지 논란이 많기는 하지만, 주공周公은 주나라의 예법을 규정한『주례周禮』를 편찬하였다고 알려져 있다.『주례』는 교육, 사회제도, 군사, 법무, 교육, 인구, 농업 등 왕의 통치업무에서 일반 행정에 이르기까지 예법에 관한 사항을 두루 다루고 있다. 우리나라에는 『주례』가 대체로 삼국시대에 들어왔으며, 고려 시대와 조선 시대에도 유교儒教 경전의 하나로 채택되어 나라의 통치이념으로 적극 반영될 만큼 중요한 저술이다.

이와 같은 주공의 행적이 공자에게는 참으로 이상적理想的으로 여겨졌다. 문왕의 아들로서, 무왕의 동생으로서, 성왕의 삼촌으로서 자신이 처한 직분에 최선을 다하였고, 한편 주나라 이후 중국 문물제도의 바탕을 세웠다고 평가할 수 있으니 말이다. 주공은 공자가 『논어』에서 정치의 근간이 된다고 밝힌 정명正名사상을 잘 실천한 본보기라고 할 수 있다.

정명 사상이란 '이름을 바르게 한다'는 의미로서 "임금은 임금답고 신하는 신하답고 아비는 아비답고 자식은 자식다워야 한다. 君君, 臣臣, 父父, 子子."는 것이다. 이것이 유가 정치사상의 근간이라고 할 만하다.

공자의 춘추시대는 이웃 제후국들끼리 패권 다툼을 하느라 서로 싸우던 때로서 자신의 본분에 맞지 않게 남의 것이나 자리를 탐하던 시대였던 것인데, 주공은 자신이 처했던 신분에서 자신이 할 수 있는 도리를 다하고 물러날 줄 알았던 인물이라고 공자에게 평가받은 것이다.

그렇지만 공자에게 이처럼 훌륭하다고 칭찬받았던 주공의 행적에 대하여 의심하는 사람들이 많았다. 공자에 의해 그토록 아름답게 그려진 주공의 행적 뒤에는 형제끼리의 피비린내 나는 암투로 얼룩져 있다. 주공의 형인 무왕이 어린 아들 성왕을 남기고 죽자, 많은 신하들은 무왕의 아들이 어릴 뿐만 아니라 주공이 주나라를 세우는 데에 절대적인 공훈을 있는데다가 이전의 상商나라 때에는 형제끼리 왕위를 상속하는 일이 얼마든지 있었으니, 주공에게 왕위에 오르라고 적극 권유했던 것이다.

그런데 주공은 왕위의 계승은 아비와 자식 간에 이루어져야 한다는 종법宗法제도를 이미 세운 입장에서 그것을 깰 명분도 없었던 것이다. 그런데 주공이 어린 조카인 성왕을 보필하는 섭정에 오르자마자, 그의 세 동생 관管 · 채蔡 · 곽霍은 작은 형인 주공 단旦이 왕위를 찬탈하려고 한다는 명목으로 이미 몰락한 은殷의 후계자 무경武庚과 함께 대규모 반란을 일으켰다.

형제끼리 피비린내 나는 권력다툼이 시작되었던 것이다. 예나 지금이나 형제는 같은 부모의 배에서 나왔는데도 불구하고 무언가 이익이 결부되기만 하면, 치고받고 으르렁대는 일이 많은 듯싶어 씁쓸하기만 하다.

주공은 주저하지 않고 군대를 동원하여 동생들을 정벌하였다. 이참에 황하黃河 유역의 화북華北평원 대부분을 주나라의 영토로 편입시켰고, 지금의 하남성河南省 낙양洛陽 일대까지 장악하여 제2의 수도로 삼았다. 주공이 7년 동안 성왕成王을 섭정하고 스스로 물러날 때쯤에는 주나라의 정치와 사회제도가 황하를 중심으로 주변 지역에까지 확고히 수립되었다.

주공은 조선시대에 어린 조카 단종端宗을 폐위시키고, 왕에 오른 세조世祖와는 비슷한 상황을 맞았으면서도 다르게 대처한 인물이었다고 할 수 있다. 세종은 죽기 직전까지 병약한 자신의 아들 문종文宗과 갓 태어난 세손이 걱정스러웠다. 특히 혈기 넘치는 자신의 둘째 아들 수양대군首陽大君이 어릴 때부터 정치에 뜻을 품고 있다는 것을 잘 알고 있었기 때문에 말년에는 집현전集賢殿의 여러 학자들을 불러다가 세자와 세손世孫을 안전하게 지켜 주라고 거듭 부탁하였다. 사육신死六臣과 생육신生六臣의 단초가 싹트는 순간이었다.

우리 역사에서 가장 훌륭한 왕으로 세종을 꼽는 데에 주저하는 이는 아마 없을 것이다. 그 많은 업적 가운데 한글 창제 하나만 가지고도 세종이 우리 역사는 물론 세계 문화사에서 가장 훌륭한 임금으로 꼽히기에 충분하다고 여긴다.

그런데 오로지 하나, 자신은 셋째 아들로서 왕위를 계승할 수 있었으면서도, 아무리 똑똑하고 큰아들 승계 원칙에 충실해야 한다고 하지만, 병약한 첫째 아들에게 왕위를 물려주었어야만 했는지 의아하다. 둘째인 수양대군도 있었는데도 말이다. 물론 이것이 그리 간단하게 평가할 일은 아닐 것이다.

2. 낚시의 달인, 강태공(姜太公)

주나라 건국에 빼놓을 수 없는 인물 가운데 한 사람이 강태공姜太公이다. 강태공의 본명은 강상姜尙이다. 그의 선조가 여呂 땅에 봉하여졌으므로 여상呂尙이라 하기도 하고, 태공망太公望이라고 불렸지만, 오늘날에는 흔히 강태공으로 알려져 있다. 나중에 문왕文王으로 추존되는 희창姬昌에게 발탁되었으며, 무왕武王 희발姬發을 도와 주왕紂王의 은나라를 멸하고, 주나라를 건국하는 데에 큰 공훈을 세워 제齊나라 제후諸侯에 봉해졌다.

강태공은 본래 동쪽 바닷가에서 가난하게 살고 있었지만, 뜻이 커서 집안을 돌보지 않고, 자신의 능력을 알아주는 이를 만나기 위해서 매일 위수渭水에 가서 낚시를 하고 있었다. 이렇듯 매일 낚시를 하였다면 물고기라도 많이 잡아왔어야 할 텐데, 강태공은 정작 물고기 낚는 것보다는 자신의 능력을 인정해주는 주군을 만날 목적이었기 때문에 정작 낚싯줄에는 바늘을 꿰지 않았다고 한다.

훗날 한가하게 낚시하는 사람을 강태공이라고 불리게 한 장본인이기도 하다. 이처럼 집안을 돌보지 않는 남편을 지켜보아야 하는 아내의 심정은 참으로 속이 터지고도 남았을 것이다. 결국, 그의 아내가 집을 나갔고, 마침 혁명 준비를 위해 인재를 찾아 떠돌던 희창姬昌은 그의 범상치 않은 인물됨을 알아보고 기용하였다고 전해진다.

그래서 태공망太公望이라고 불렀는데, 이것은 나중에 주나라 무왕武王이 아버지인 태공太公이 그토록 희망希望하였던 인물이었기에 그렇게 불렀다고 전해진다. 오늘날 전해지는 강태공에 관한 이야기는 대부분이 전설이지만, 그는 행정가로서의 수완과 병법가兵法家로서의 재주가 뛰어나며, 병법서兵法書인『육도六韜』가 그의 저서라고 알려져 있다.

결국, 자신의 능력을 다해 새로운 왕조인 주周나라 건국에 지대한 공훈을 세우고 제齊땅을 분봉 받아 제후가 되었으니, 젊어서 고생하며 일군 자신의 정치 이상을 실현하고야 말았던 것이다. 이때 집을 나갔던 아내가 초췌한 모습으로 강태공을 찾아와 과거 자신의 실수를 인정하고 자신을 받아 달라고 요청했다. 그런데 강태공은 대야에 물을 받아오게 하고 그 물을 땅바닥에 엎고는 쏟아진 물을 다시 담아 보라고 하였다. 그리고는 매정하게도 아내를 내쳤다. 그래서 생겨난 고사성어가 엎어진 물은 다시 담을 수 없다는 뜻인 '복수불반覆水不返'이다.

이때 그의 아내 심정은 얼마나 참혹하였을까? 사실 말이지, 아내가 집을 나간 것이 반드시 아내의 잘못이라고 할 것만도 아니었으니 말이다. 자신의 정치적인 이상만을 위해 가족을 돌보지 않던 남편에게 실망하여 울화가 뻗쳐 그랬던 것이었는데도 말이다.

설령 아내가 전적으로 잘못하여서 집을 나갔다고 하더라도 이제 새 왕조의 개국공신이 되어 크게 성공한 입장에서 아내의 과거 실수를 덮어주고 작은 집과 앞으로 먹고살 땅이라도 좀 떼어 주는 아량을 베풀어주었으면 그만이었을 텐데 말이다. 그때 강태공의 심정이 어떠하였는지는 자세히 알 수는 없지만, 지난날 아내가 자신과 가족을 버리고 떠났다는 것에 그만큼 깊은 상처로 남아 있었는지도 모르겠다.

남편이 아내를 쫓아낼 수 있다는 이른바 칠거지약七去之約의 허물이 아내에게 있었다고 하더라고 어려운 시절을 함께한 아내라는 뜻인 조강지처糟糠之妻만큼은 용서해 주었다고 하는데, 강태공의 아내에 대한 처사는 좀 지나치지 않았나 싶다.

공자孔子가 『논어論語』에서 "날이 차가워진 다음에야 어느 것이 소나무인지 잣나무인지 안다.歲寒然後知松柏."라고 하였고, 세상이 어지러워진 다음에야 영웅이 난다고 하였듯이, 편안한 시절에는 진정 누가 영웅인지 누가 진실한지를 알 수 없다가 고난의 시기가 와서야 그 사람의 진실한 내면을 알 수 있게 된다고 한 것이다.

지금 자신이 아무리 어려운 처지에 허덕이더라도 굳건한 믿음을 갖고 자신의 신념대로 행동할 것을 권하는 것이니, 우리 모두 되새겨 볼 만한 이야기가 아닐까 한다.

3. 백이(伯夷)와 숙제(叔齊) 혁명의 길을 막아서다

은殷나라가 멸망하고 새로운 주周나라가 들어서는 즈음에 참으로 많은 이야깃거리가 있었다. 낚시를 드리우며 자신을 인정해 줄 주군主君을 기다렸다는 강태공姜太公 이외에도 우리가 잘 알고 있는 백이伯夷와 숙제叔齊, 그리고 우리나라의 단군조선檀君朝鮮을 계승하였다고 하는 기자조선箕子朝鮮의 기자箕子 이야기 등 기원전 1100년 즈음의 상과 주 왕조의 교체기에 있었던 많은 이야기들이 생생하게 전해지고 있다.

백이와 숙제의 이야기는 누구나 대강은 알고 있을 것이다. 백이의 백伯과 숙제의 숙叔은 이름이 아니라 첫째와 막내를 나타내는 형제간의 표식이니, 백이는 첫째아들 이夷이고, 숙제는 막내아들 제齊라는 뜻인데, 습관적으로 함께 표시하므로 그냥 이름처럼 붙여 읽는다.

백이와 숙제의 아버지는 은殷나라 말기 지금의 하북성 창려현昌黎縣의 부근에 고죽국孤竹國이라는 지방도시의 수령이었는데, 아버지는 평소에 자신의 뒤를 이을 후계자로 첫째인 백이보다는 막내인 숙제를 마음에 두고 있었다. 그런데 자신의 후계구도와 관련하여 자신의 뜻을 제대로 확립하지 못하고 죽고 말았다.

아버지가 죽자, 자신을 후계자로 삼고 싶지 않았던 아버지의 뜻을 알고 있었던 백이는 아버지의 자리에 오른다는 것이 매우 민망하게 되었던 것이다. 숙제의 입장에서는 아버지가 자신을 후계자로 세울 입지를 확고하게 다지지 못한 상황에서 돌아가셨으니, 형을 제치고 동생으로서 아버지의 자리에 오르는 일이 역시 껄끄러웠다.

아버지의 뜻을 존중하고자 했던 백이와 형을 물리치고 아버지의 뒤를 잇는다는 것을 부자연스럽다고 여긴 숙제는 아버지의 후계자가 되기를 서로 사양하다가 끝내 두 사람 모두 고죽국을 떠나 수양산에 갔고, 결국 백이와 숙제는 수양산에서 고사리를 캐어 먹다가 굶어 죽었다고 하는데, 백이와 숙제가 진정으로 아버지의 뜻을 잘 따르고 형제간에도 두터운 우애를 보였던 매우 정의로운 인물이라는 내용이다. 여기까지가 우리들이 대개 알고 있는 백이와 숙제에 관한 이야기이다.

이들 백이와 숙제의 이야기는 마치 조선朝鮮의 세종世宗이 등극하는 과정과도 매우 닮았다. 조선 건국에 지대한 공훈을 세웠던 이방원李芳遠이 형제의 난을 거듭 일으켜서 왕권을 잡고 나라의 기틀을 세우고는 후계자로 첫째아들 양녕대군讓寧大君보다는 셋째아들인 충녕대군忠寧

大君을 세우고 싶어 했다. 양녕대군이 특별히 흠이 있어서는 아니었고, 다만 태종과 같이 무인적인 기질을 너무 많이 닮았기 때문에 앞으로는 무인보다는 총명하고 어진 셋째가 왕위를 이어나갔으면 하는 바람을 마음속으로 가지고 있었다.

예술과 무인의 기질이 다분하였던 첫째 양녕대군은 그러한 태종의 마음을 알아챘고, 스스로 세자의 자리에서 폐위당하기 위하여 궁궐에서 몰래 빠져나와서 기생집에서 밤새워 놀다가 궁으로 들어가는 등 방탕한 짓을 자행하였다고 한다. 결국, 자연스레 첫째 양녕대군은 세자에서 폐위되고, 셋째인 충녕대군이 왕위를 잇게 되었으니, 이 분이 세종世宗으로서 우리나라에서 가장 위대한 업적을 남기시게 되었던 것은 형님의 배려가 아니었으면 불가능했다는 야사가 있다. 만약에 당시 세종이 형님과의 의리만을 내세워 세자의 자리에 오르지 않았었다면 우리 역사에서 세종이 이룬 위대한 여러 업적들을 그 누가 해낼 수 있었을까?

그런데 원래 백이와 숙제가 자신들의 고향인 고죽국을 떠나서 수양산首陽山으로 바로 간 것이 아니었다. 당시 은의 마지막 왕인 주왕紂王의 폭정에 대항하여 혁명을 준비하던 한 무리가 있었는데, 그들이 서쪽지방에서 세력을 키우던 서백西伯 희창姬昌의 아들 희발姬發과 희단姬旦 등이었다. 이들은 혁명 준비를 위해서 인재를 두루 초빙하고 있었는데, 이때는 이미 아비였던 희창은 혁명을 완수하지 못한 상태에서 죽었고, 아들인 희발과 희단이 아버지의 뜻을 이어서 혁명의 대망을 완수하고자 군대를 출정할 준비를 하고 있었다.

이때 백이와 숙제는 그와 같은 자세한 사정은 모른 채 인재를 구한다는 말만 듣고 그들에게 일단 갔던 것이다. 그러니 결벽증에 가까울 정도로 정의로웠던 백이와 숙제의 눈에는 희발과 희단이 아버지가 돌아가신지도 얼마 되지 않았고, 게다가 신하의 처지에서 군대를 이끌고 왕을 친다는 것 역시 옳지 못한 일이라고 여겼던 것이다.

신하의 도리는 모름지기 왕이 제아무리 못되더라도 끝까지 올바른 길로 나아가도록 해야 하는 것이지, 그것을 빌미로 혁명을 시도한다는 것은 결코 신하의 바른 도리가 아니라고 여겼다. 자신들이야 혁명이라고 하지만, 이 역시 반란일 뿐이라고 여겼던 것이다. 그래서 백이와 숙제는 막 출정하려는 혁명군의 말고삐를 붙잡고 가지 못하도록 길을 막아섰다. 이에 주위의 다른 장수들은 불길하다고 하여 두 형제를 죽이자고 했지만, 희발은 그들의 뜻이 가상하다고 하여서 살려주었고, 백이와 숙제는 은나라를 물리치고, 주周나라를 세운 희발의 행위가 자식과 신하의 도리를 저버리고 인의仁義에 위배되는 것이라 하여 주나라의 곡식을 먹기를 거부하고, 수양산首陽山에 들어가 몸을 숨기고 고사리를 캐어 먹다가 굶어 죽었다고 한다.

이처럼 왕조사회에서 끝까지 왕의 권위를 지켜야 한다고 했던 백이와 숙제의 충정은 참으로 고마운 것이 아닐 수 없었기 때문에 유가儒家에서는 이들을 청절지사淸節之士로 크게 높였던 것이고, 사마천司馬遷은 『사기史記』에서 그들이 참으로 정의로웠다고 칭찬하고는, 예나 지금이나 세상이 정의롭지 못한 것에 대하여 한탄하는 논평을 싣기도 하였다.

이들의 행위는 진정 아버지에 대한 효성과 신하로서 의리를 다하고자 했다고 하지만, 은나라 마지막 왕인 주왕紂王이 폭정을 일삼는데 오로지 간언諫言을 통해서 바로 잡아야 한다고 했던 것이 과연 현실적으로 가능했던 것일까? 변화하는 시대상을 제대로 따르지 못한 것은 아닐까?

4. 죽음을 무릅쓴 비간(比干)과 기자(箕子)

상商나라와 주周나라의 교체기에 우리에게는 또 다른 흥미로운 이야기가 있으니, 기자조선箕子朝鮮에 관한 것이다. 앞에서 우리 고조선의 건국신화가 요임금의 시기에 해당한다는 설이 『삼국유사三國遺事』에 전한다고 하였다. 여기에서의 고조선은 당연히 조선朝鮮인데, 이후 이성계의 조선과 구분하기 위해서 '예 고古'자를 붙인 것이며, 고조선은 단군檀君의 통치를 받아왔다. 여기에서의 단군檀君이 특정한 왕이 아니라 임금이라는 뜻의 보통명사일 것으로 추정한다.

여하튼 1,200여 년 동안 별다른 기록이 보이지 않다가 이 시기에 고조선은 은殷나라 왕족인 기자箕子가 은殷이 망하고 주周나라가 들어서자 자신의 무리를 이끌고 와서 단군조선의 정권을 계승하여 이로부터 기자조선이 탄생하게 되었다는 것이 대강의 줄거리이다. 만약에 이 내용이 사실이라면 우리 역사에 커다란 흠이 아닐 수 없다.

기자는 은나라 마지막 왕인 주왕紂王의 폭정에 항거하여 거듭 간언하다가 옥에 갇히고 만다. 그런데 이 시기 비간比干이라는 충신이 주왕에게 간언하다가 뱃속에 무엇이 들어있기에 왕에게 그다지도 말이 많으냐며 배가 갈리는 형벌을 받았던 것에 비하면 기자는 어찌 된 영문인지 다행히도 감옥에 갇히는 가벼운 형벌에 그쳤다. 결국 희발에 의해 은나라는 멸망하고, 희발은 무왕에 오르고서 기자가 충직하다는 것을 알고는 기자에게 새로운 왕조에 참여하라고 제안했다.

그런데 기자는 앞서 백이와 숙제가 그랬던 것처럼 무왕의 혁명이 옳은 것만은 아니며, 임금을 끝까지 섬겨야 하는 신하의 도리도 아니라고 말하고, 무왕의 제안을 거절하였다. 그리고 기자는 자신의 무리를 이끌고 동쪽으로 떠나 조선朝鮮에 가서 기자조선箕子朝鮮을 열었다는 것이다.

이것이 흔히 사마천의 『사기史記』에 나오는 '기자동래箕子東來'설이다. 그렇지만, 이처럼 기자가 당시 고조선에 와서 단군조선의 왕권을 계승하였다는 내용은 한漢나라 이전의 기록에는 보이지 않는다. 그런데 이후에 허구의 살점이 마치 역사사실인 것처럼 하나하나 보태지면서 은나라의 성인聖人인 기자께서 고조선에 오시어 다스려 주셨다는 것이 그토록 영광이 된다고 하여 중국을 받드는 사대주의事大主義의 중화사상中華思想에 푹 빠져있던 우리네 조상들에게는 더없이 감격적인 일이 없다고 여겨졌던 것이다.

그렇지만 기자조선이 정말 존재했다면, 우리 민족의 정통성에 커다란 상처가 아닐 수 없다. 우리는 이제껏 수천 년의 역사를 통해서 수많은 외침을 받고 위험한 순간을 수없이 겪어오면서 일제 식민지와 같은 일시적인 외래 민족의 통치를 받은 적은 있지만, 다른 민족이 우리나라의 정통 왕조를 멸망시키고 새로운 왕조로 대체한 적은 없었다는 사실을 작으나마 자긍심으로 여겨왔던 것인데, 기자조선이 사실이라면 우리 역사에 커다란 흠집이 아닐 수 없다.

이와 같은 기자조선의 실존에 대하여 우리나 북한의 학계에서는 철저하게 부정하는 입장이다. 물론 우리의 민족적 자존심을 지키기 위해서 무턱대고 부정하는 것은 아니다. 역사는 어디까지나 기록이나 유물을 통해서 과학적인 검증을 통해야 하는 학문이어야 하기 때문이다. 기자가 고조선으로 갔다는 기록은 한漢대 이후의 기록에 보이던 것이 점차 이야기가 확대되어 그리된 것일 뿐이다.

그렇다면, 어째서 한漢대 이후에 그러한 역사 왜곡이 이루어진 것일까? 사마천의 『사기史記』가 쓰인 시기가 한漢 무제武帝 때인데, 당시 무제가 고조선을 멸망시키고, 한사군漢四郡이라는 통치기구를 만들었다고 한다. 이것 역시 논란이 있기는 한데, 이것은 다음의 논의로 미루어 두자.

이처럼 한 무제가 통치 영역을 넓히는 과정에서 한반도 북부 만주滿洲 지역까지 도달했다면 군사적으로 점령하여 통치하는 것 이외에도 한나라에서는 만주지역이 옛날부터 중국이 다스리던 지역이었다는 역사 사실을 앞세워서 자신들의 통치에 정당성을 부여할 필요가 있었다.

사마천은 이에 부응하기 위해서 옛날 기자가 동쪽으로 갔다는 이야기를 부풀려서 만주지역이 본래 주나라 건국 때부터 통치하던 영역이었다는 정당성을 담보해 두고자 했던 것이 아닐까 추정할 수 있다. 이것은 마치 지금 중국이 만주지역에서 '동북공정東北工程'이라는 이름으로 중국의 입맛에 알맞게 역사를 재편하려는 작업이 이미 한漢나라 당시부터 진행되었던 것이라고 할 수 있다.

그렇다면, 기자조선의 존재를 부정할 만한 근거는 있는가? 안타깝게도 우리나라에 역사기록이 남아 있지는 않지만, 유물로는 기자조선을 인정하는 중국 측 기록이 허구라는 것을 알 수 있다. 은나라가 멸망하고 기자가 주 왕조에 참여하지 않고 동쪽 고조선으로 가서 단군조선의 왕권을 대체하였다면, 당시 고조선을 다스리고 있던 단군이 흔쾌히 왕권을 내어주었을까?

당시 여러모로 선진적인 문명을 이루었다고 하는 은나라의 훌륭한 성자聖子인 기자가 오셨다고 하여도 단군이 기꺼이 자신의 왕권을 양도해 주었을 리는 없다. 게다가 기자가 혼자 고조선으로 가지도 않았을 것이다 그를 추종하는 여러 무리들이 당시로서는 선진적인 청동기靑銅器 무기와 같은 여러 문물을 가지고 고조선에 가서 단군을 압도하여 왕권을 탈취하였을 가능성이 높다.

만약에 이것이 사실이라면 현재 고조선 지역에서 많은 청동기 유물이 발견되고 있으니, 당연히 은대의 청동기를 닮은 유물이 나와야 하는 것은 아닐까? 하남성河南省 안양安陽에서 출토된 은나라의 여러 청동기 유물이나 오늘날 한자漢字의 원형인 갑골문자甲骨文字가 새겨진 거북의 껍질이나 소뼈 등도 함께 발견되어야 하는 것이 매우 상식적인 일이다.

그렇지만, 현재 만주지역에서 발견되는 유물들은 형태뿐만 아니라 청동기의 성분에 이르기까지 은 왕조의 청동기와는 다르다. 만주지역에서 발굴되는 청동기는 오히려 중앙아시아 계열의 것과 성분이 일치한다. 이것은 우리의 언어가 알타이어 계열이라는 것과 더불어서 본디 우리 민족은 중국과 달리 중앙아시아에서 왔다는 것을 증명해 주는 대목이기도 하다.

이것만 보더라도 은나라의 기자箕子가 고조선에 와서 단군의 왕조를 이어주었다는 식의 이야기는 허구라는 것이 분명하다. 요즈음 동북공정을 반박하는 학술 연구가 한창 진행되는데, 고구려나 발해와 함께 그 이전의 고조선까지 연구 영역을 확대할 필요가 있을 듯하다.

06

주(周), 인간의 시대를 향하여

1. 인문(人文)주의 시대로
2. 형님 우선 전통의 종법제(宗法制)
3. 핏줄 중심의 봉건제도(封建制度)
4. 백성의 입을 막아 멸망의 조짐을 드러내다
5. 서서히 저물어간 주(周)왕실
6. 춘추전국시대(春秋戰國時代), 제자백가(諸子百家)의 전성기

중국
역사와 문화
들여다보기

주(周), 인간의 시대를 향하여

서구의 르네상스가 중세의 기독교에서 벗어나서 그리스시대의 인문정신으로 돌아가자는 운동이었듯이, 주周나라도 상商나라 신정神政 중심의 시대에서 인간중심으로 옮겨가려는 인문정신이 당시 사회의 새로운 면모를 형성하게 되었다. 이러한 주나라의 사회문화를 특징짓는 데에 큰 역할을 한 사람은 공자孔子이다. 공자는 일찍이 『논어論語』에서 "사람이 우주 만물의 운행 질서인 도道를 주재主宰할 수 있는 것이지, 그 원리가 인간을 주재하는 것이 아니다.人能弘道, 非道弘人."라고 선언하였다. 이것은 실로 하늘로부터 벗어나고자 한 인간의 자주성을 선언한 매우 의미 있는 발언이 아닐 수 없다. 이 시기에 비로소 인간의 참된 가치를 깨닫기 시작하였다는 의미이기도 하다.

1. 인문(人文)주의 시대로

소크라테스Socrates, B.C. 469?~B.C. 399가 "너 자신을 알라."라고 했던 말을 흔히 우리는 친구에게 네 꼬락서니를 잘 파악하라는 식으로 장난

삼아 말하곤 하지만, 이 말이 데카르트René Descartes, 1596~1650가 "나는 생각한다. 그러므로 존재한다."라고 한 말과 함께 인간이 자신의 정체성을 깨달을 때 진정으로 인간다운 것임을 지적한 것이다.

공자의 하늘에 대한 새로운 인식은 이전까지 중국 사회에서 숭배의 대상이었던 하늘帝에 대하여 직접적이며 도발적이었다. 이와 같은 인식이 이후 중국의 사회 성격을 규정하는 중요한 계기가 되었으며, 이 시대에 이루어진 여러 문화기반들이 이후 중국적인 것을 이루는 데에 많은 작용을 하게 된다. 즉, 이후 진秦과 한漢나라를 지나면서 중국적인 문화의 특성이 확정되는 발단을 이루었다고 할 수 있다.

하늘의 제帝를 섬기던 종교적인 관념이 역시 이 시기에 변화가 일어났다. 흔히 우리는 고대 중국에는 종교가 없었다고 평가한다. 종교宗教라는 단어가 옛날 중국에서는 쓰지 않던 것이니, 종교라는 개념 역시 없었던 것으로 추정할 수 있다. 그렇다면 지금 말하는 종교宗教는 한자 단어가 아니고 무엇이냐고 반문할 수도 있을 것이다.

한자漢字는 상대商代 갑골문자로부터 생겨나서 한漢나라로부터 오늘에 이르기까지 그야말로 3,500년 이상 굳건히 쓰여 온 문자이지만, 격동하던 근대近代를 맞으면서 그 이전 중국에는 없었던 개념과 물건들이 중국에 물밀 듯이 밀려들어 오면서 중국 사회도 커다란 변동을 맞아야만 했다. 서구로부터 들어온 자연과학이나 사회과학과 같은 학문 분야는 물론 이전 중국에서는 보지도 듣지도 못하던 것들이 중국에 넘쳐났고, 이것들에 대한 한자식 이름을 붙여주는 문제가 매우 시급하게 되었다.

1840년 아편전쟁阿片戰爭 이후 중국이 근대로 내몰릴 당시 중국에서는 외세로부터의 침략에 허덕이며 한편으로는 공산당과 국민당이 나뉘어서 권력다툼을 하고 있던 형편이었으니, 근대식 개념이나 물품에 대한 이름 붙이기 작업에 몰두할 입장도 아니었다. 근대 이후 그러한 작업에 적극적으로 매진하였던 것은 오히려 일본이었다. 같은 한자문화권의 일원으로서 조선朝鮮 다음의 막내뻘 밖에 되지 않는다고 할 수 있었던 일본이 진작 근대화에 성공하고는 근대라는 새 시대가 요구하는 이름 짓기 작업에 책임을 다하고자 하였다.

오늘날 우리가 흔히 쓰는 국가國家 · 정치政治 · 경제經濟 · 과학科學 · 사회社會 · 민족民族 등 한자 어휘의 대부분이 일본식 한자용어를 쓰게 된 것이다. 그 가운데에서 종교宗教라는 용어 역시 근대 이전에 중국에서는 쓰지 않던 것이다. 이것은 다시 말해서 옛날 중국에는 오늘날 우리가 인식하고 있는 종교라는 개념이 없었던 것이라는 말이기도 하다.

종교의 개념을 정의하자면, 신神이나 초자연적인 절대자 또는 그의 힘에 대한 믿음을 통하여 인간의 고뇌를 해결하고 삶의 구원을 추구하는 문화 체계라고 할 때, 일단 고대 중국에서는 기독교처럼 신이나 초자연적인 절대자의 존재를 인정하지 않았으니, 종교라는 개념이 없었다고 해도 크게 틀리지 않을 듯하다. 그러나 종교란 그 대상 · 교리 · 행사의 차이에 따라 여러 가지가 있는 것으로 애니미즘 · 토테미즘 · 물신숭배 등 원초적인 신앙형태나 샤머니즘에서 불교 · 기독교 · 이슬람교 등의 종교에 이르기까지 그 형태는 다양하다고 할 수 있다.

그래서 말인데, 앞서 상商나라 때에 만들어진 중국문자의 원형인 갑골문자가 본디 인간들끼리 의사소통을 하기 위해서 만들어진 것이 아니라 권력의 담당자들이 신의 계시를 받는다는 것을 빌미로 고안해 낸 것이라고 하였다. 그래서 제사장祭司長의 역할을 겸했던 왕 자신이 시행할 정치행사나 안건을 거북의 배딱지나 소의 뼈에 적어서 하늘에 매일 제사를 올려 계시를 받아서 정사를 폈다고 하였다.

이러한 주술적인 정치행사를 치른 것을 보면, 상나라 때까지는 중국에도 종교가 있었던 것이라고 여길 수 있다. 그런데 상대의 이러한 행위를 과연 종교라고 할 수 있는지 규정하는 것 역시 간단하지만은 않다.

흔히 종교가 사회 정의正義를 통한 인간에 대한 구원救援을 목적으로 해야 하는 것이라는 기준에서 볼 때, 정치적인 목적을 가지고 제물을 바치고 신의 계시를 듣고자 했던 상대商代 집권자들의 정치적인 의식儀式을 종교행위라고 할 수는 없을 것이다.

이러한 의식조차도 주대周代에 들어서면서 인간의 합리적인 통치 질서가 확립되면서 하늘에 대한 원초적인 숭배의식도 자연히 변화하였다. 이처럼 주나라가 제정한 온갖 문물제도가 이후 시대에도 중국적인 요소로 오늘날까지 줄곧 인식되었으니, 그 가운데 하나가 종교에 대한 의식이다.

우리는 흔히 공자孔子의 유가사상과 유교儒教를 혼동하는 경향이 있다. 유가儒家는 사상의 방면에서 말하는 것이고, 유교儒教는 종교적인 측면에서 말하는 것이다. 마치 노자老子의 도가道家가 한漢대 이후 도교道教로 발전하였고, 남북조南北朝시대 이후 불가佛家가 전해지고 불교佛教로 이어지며 발전하였던 것과 유사한 정황이다.

흔히 사상思想이라고 하면 어떠한 사물이나 대상에 대하여 가지고 있는 구체적인 사고나 생각이 주의主義나 주장처럼 논리적인 정합성을 가진 통일된 판단 체계를 말한다. 그러므로 사상은 과학적인 증명을 필요로 하지 않으면서, 영적靈的 영역인 종교와도 다르다. 그런데 중국에서는 유가 · 도가 · 불가가 종교적인 색채를 띠면서 변하여 유교 · 도교 · 불교로 변화하여 발전하였다고 하지만, 역시 기독교와 같은 내세관과 전지전능한 조물주에 대한 의식이 없었기 때문에 딱히 종교적이라고 할 수도 없다.

그런 면에서 기독교 이전에 '기독가'가 존재하지 않았던 것을 보아도 기독교는 처음부터 종교적인 색채를 가지고 태생하였다는 것을 알 수 있다. 그런데 근대 이후에 자연과학의 발전과 더불어서 기독교에서는 거꾸로 영적인 세계를 학문적으로 연구하는 신학神學이 나타나서 기독교라는 종교를 학문으로 연구하기 시작하였으며, 근래에는 사람들의 과학적인 욕구를 해결해 주기 위해서 과학적인 검증을 내세우며 '창조과학'이라는 학문영역도 생겨났다. 그런데 종교에 무지한 나로서도 종교를 과학적인 학문으로 연구한다는 것이 가능한 것인지 좀 의아하다.

그렇다면 유교儒教는 종교라고 볼 수 있는 것인가? 유가가 종교적인 색채를 띠고 발전한 것이 유교라고 했지만, 유교에서는 내세나 조물주의 존재를 인정하지 않기 때문에 종교일 수 없다고 한다. 그런데 종교宗教의 종宗자는 '마루 종'이라고 풀이하는데, 여기에서 마루는 '으뜸'이라는 뜻이다. 즉 종교라는 단어를 그대로 풀면, '으뜸이 되는 가르침'이라는 말이다. 사람들이 심정적으로 무엇인가를 스스로 믿고 따르는 으뜸이 되는 가르침으로 여긴다면 역시 넓은 의미에서 종교가 될 수 있는 것은 아닐까 싶기도 하다. 게다가 유교에서도 조상신에 대한 제례를 중시하는 만큼 영적인 세계를 완전히 부정한 것도 아니다.

'마루 종宗' 자가 '집 면宀' 자와 하늘에 예禮를 올린다는 의미가 있는 '보일 시示'가 합하여 만들어졌듯이, 종宗은 본디 '하늘에 제사를 올리는 집'이라는 뜻이다. 그래서 오늘날 우리들이 추석이나 설날을 반드시 종가宗家에서 보내야 한다고 여기듯이, 중국이나 우리나라와 같은 농경 국가에서는 한 해 동안 먹고 살게 해주고 다가올 한 해를 대비하도록 농작물을 내려주신 하늘과 조상신에게 대한 보답과 감사를 보이는 취지의 제사의식과 관련이 매우 깊은 글자에는 어김없이 '보일 시示'가 들어 있다.

예를 들어 보면, 조상의 '조祖' 자는 조상 무덤의 비석에 제사를 올린다는 의미이고, '복福'자는 제사를 올림으로써 받게 되는 것이라는 의미이고, '축祝' 자 역시 제사를 올리며 축원한다는 뜻이다. 게다가 축祝자는 보일 시示와 형兄자가 합하여져 있으니, 제사의 주체가 바로 형兄이라는 의미도 담고 있다.

이렇듯 유가에서는 자연만물의 창조주로서 조물주造物主를 인정하는 것은 아니었지만, 우주 만물의 운행 원리로서의 천도天道와 자신의 뿌리인 조상신의 존재는 긍정하였다고 볼 수 있다. 이것에 대하여 공자 자신의 성향이 실증적이고 합리적이었던 만큼 죽음에 대한 제자의 질문에 확실하게 대답해주지 않았다.

실제로 경험하지 않았거나 확증하지 못하는 사실에 대하여 공자는 죽어서 천당이든 극락이든 저세상으로 간다는 식의 내세관來世觀을 말하지 않았다. 다만 하늘에 무엇인가가 만물의 운행을 주재하는 것이 있을 것이라는 믿음에서 하늘에 도道가 있고 그 도가 실현되게끔 부여되는 명命에 의해 자연만물이 운행된다고 여겼을 뿐이다.

『논어 · 술이述而』편에서 공자의 제자들이 "선생님께서는 괴이한 것, 힘으로 억지로 하려는 것, 세상을 어지럽히는 것, 신비스러운 일은 말씀하지 않으셨다.子不語怪力亂神."라고 기술하였는데, 여기에서 공자가 말하지 않았다는 '신神'이란 우리가 흔히 일컫는 God이라는 의미가 아니다. 여기에서 '신神'은 조물주의 의미가 아니라 형용사로서 신비神秘하여 검증되지 않는 것이라는 의미로 보아야 한다.

그렇지만 공자가 창조주인 조물주를 인정하지 않았기 때문에 유교를 종교로 인정하지 못한다고 단정하여 말할 수도 없다. 공자가 내세를 완전히 부정했다고도 할 수 없다. 「선진先進」편에서 계로季路가 공자에게 귀신에 대해서 여쭙자, 공자는 "사람도 섬길 수 없는데 어찌 귀신을 섬길 수 있겠느냐? 未能事人, 焉能事鬼?"라고 하였고, 이어서 죽음에 대해서 여쭙자, "삶도 아직 모르는데, 어찌 죽음에 대해서 알겠느냐?未知生, 焉知死?"라고 하였다는 대목이 나온다.

흔히 이 대목을 가지고 공자가 내세를 부정했다고 하는 근거로 내세우곤 하는데, 실제로 여기에서도 공자가 내세를 완전히 부정했다고 할 수는 없다. 왜냐하면 죽은 다음의 세계를 알 수 없다고 한 것은 일종의 '불가지론不可知論'이지, 조물주가 없다고 완전히 부정한 무신론無神論은 아니기 때문이다.

공자 역시 하늘의 운명運命을 믿었고, 하늘을 빌 대상으로 여겼으며, 또 "귀신을 공경하되 멀리한다.敬鬼神而遠之."라고도 말한 것처럼, 예배를 올려 축원을 하는 대상으로서의 귀신은 인정했다고 할 수 있다.

그렇지만 인문주의를 열었다고 할 수 있는 공자 사상의 요체는 현실 사회 속에서 온전한 인간이 되기 위한 도덕의 수양을 중시하면서, 그것의 절대적인 보편성은 하늘의 도리 즉 천도天道를 따르는 데에 있다고 볼 수 있다. 공자에게는 하늘이 창조주 혹은 조물주라는 식의 오늘날과 같은 종교적인 입장에서 받아들인 것이 아니라, 다만 알 수 없는 '불가지不可知'의 존재라고 여겼던 것이며, 하늘에는 변하지 않는 천지만물의 운행 원리가 있어서 인간 역시 그러한 도리를 깨닫고 실천해야 한다고 보았던 것으로 평가할 수 있다.

주周나라는 건국하면서 그들이 나라를 세워야만 했던 정당성을 거듭 내세울 필요가 있었으며, 그와 같은 건국의 정당성을 인정하는 하늘의 계시를 백성들에게서 찾으려고 하였다. 그러므로 주나라는 상商나라 때 숭배하던 하늘의 제帝를 거부하되, 우주만물의 운행을 주재하는 하늘인 천天은 부정하지 못하던 시대라고 할 수 있다. 유가의 여러 경전經典들을 보더라도, 공자에게 하늘은 우주만물 생성의 근원이면서 주재자로 여겼다는 것을 알 수 있다.

이렇듯, 상商나라 때까지도 제帝가 딱히 인격화한 조물주의 형상이었다고 볼 수는 없지만, 주나라 건국의 이념적 근거가 된 '천天'은 사람의 형상을 그린 '큰 대大'자에다가 머리 위에 둥근 점 혹은 기다란 가로 획만을 그은 형태로 바뀌면서 하늘은 자연계를 지칭하는 명사가 되었고, 자연에서 생성되는 천문天文 · 천기天氣 · 천연天然 등과 같은 사물을 통틀어서 일컫게 되었다. 주나라 때에는 하늘을 인간 세상의 위에 존재하는 자연계라는 의미로서 하늘을 객관적으로 보기 시작했다는 것을 알 수 있다.

그렇지만, 공자가 조물주나 내세의 존재를 믿지는 않았지만, 제사만큼은 마치 선조가 살아있는 인격체처럼 응대하라고 하였던 것은 일종의 현실적인 필요성 때문에 윤리사상을 유지하기 위한 수단으로 삼았던 것이고, 공자는 하늘을 끊임없이 운행하는 자연 만물의 원리가 드러난 표상表象으로 보았다고 할 수 있으며, 이로부터 주나라 이후 중국인들의 하늘에 대한 의식이 서서히 달라지기 시작하였던 것이다.

2. 형님 우선 전통의 종법제(宗法制)

중국이나 우리나라의 전통적인 사회 문화의 주요 특징으로 굳어진 가부장적家父長的인 사회질서가 공고하게 된 것은 주대周代 이후부터이다. 어째서 이 시대에 이처럼 가부장家父長 즉 형님을 우선시하는 질서가 굳어진 것일까? 중국과 우리의 가족전통에 있어서 형兄의 의미는 어떠한가? 형兄 자는 '입 구口' 자와 '사람 인儿'자가 합쳐진 글자이니, 형은 '입이 큰 사람'으로서 집안에서 발언권이 센 사람이라는 뜻이다. 형이 제사祭祀에서 조상신에게 소원을 비는 것을 주문呪文이라고 하는데,

이때 주문한다는 뜻의 주呪자가 '입 구口'와 '형兄' 자를 합하여진 것이며, 고기를 두 손에 받쳐 들고 예를 올리는 행위를 '제례祭禮'라고 하듯이, 제사를 지내는 집인 종가宗家에서 조상祖上에게 주문呪文을 외워 복福을 내려달라고 축원祝願하는 것을 가족 구성원 가운데 맏형이 주도하는 것임을 의미하는 것이다.

이러한 종법제도宗法制度가 주나라 예법의 근간이다. 종법제도를 세운 것은 형제간의 왕위 다툼을 피하기 위하여 제정한 것이었다. 앞서 중국이나 우리 역사에서 정치권력을 차지하려고 갈등을 빚는 요소로 작용하는 것 가운데 형제끼리의 다툼이 그 하나였다. 같은 부모의 핏줄을 타고났으면서도 그 갈등은 매우 처절할 때가 종종 있다.

같은 부모의 유전자를 타고난 형제만큼 생물학적으로 그보다 가까운 존재는 없을 것이다. 그런데도 일반 백성이나 왕실에서도 형제끼리 빚는 갈등의 사례를 자주 본다. 요순堯舜 시절에 순임금이 그의 배 다른 동생인 상象과의 갈등을 잘 극복하여서 임금이 될 수 있었고, 끝까지 형제애를 보여 주었던 백이伯夷와 숙제叔齊도 있었고, 주나라를 세운 무왕의 동생인 주공 단旦의 경우 형을 잘 도와 나라의 기틀을 세웠고, 형이 죽자 그의 조카를 잘 보필하였지만, 정작 자신의 동생들과는 치열하게 투쟁하였다. 우리나라에서는 양녕대군讓寧大君과 세종世宗, 문종文宗과 세조世祖 등 형제간의 갈등은 어느 시대에서나 단골메뉴로 끼지 않는 대목이 없을 정도이다.

우리는 흔히 물보다 피가 진하다고 하면서 형제애를 강조하곤 한다. 그런데 늘 보듯이, 무언가 도가 지나칠 정도로 강조하는 것은 역설적인 경우가 많다. 세상이 마냥 평화롭다면, 목 놓아 세계평화를 외칠 필요도 없을 것이다. 세상사를 보면 같은 핏줄을 타고난 형제만큼 생각이 다른 존재도 없는 듯싶다.

흔히 하는 말 가운데에 형 만한 동생이 없다고 하는 것 역시 그 같은 취지에서 하는 말이 아닌가 싶다. 앞에서도 보았듯이, 예로부터 형제간에 그토록 많은 갈등이 빚어졌던 것은 형 만한 아우가 너무 많아서가 아닌가 싶다. 그와 같은 갈등의 원인을 한 마디로 콕 집어서 설명할 수는 없지만, 아마도 동생의 능력이 형보다 넘치는 데에서부터 비롯되었으며, 그로부터 형제간의 갈등이 너무 많으니까 동생이 형 만해서는 안 된다고 억지로 규정한 것이라고 볼 수 있다.

이렇게 된 것은 아마도 태생적인 환경 때문이라는 분석할 수 있다. 형은 태어날 당시부터 주변에 여러 어른들의 사랑을 독차지하는 것에 익숙하다. 형이 태어날 때에는 당연히 같은 또래의 형제가 없었기 때문에 형은 태어났다는 그 자체만으로도 가족들로부터 관심과 사랑을 얻기에 충분한 조건이었다. 때만 되면 반가운 얼굴로 들여다보는 어른들을 향해서 포대기에 쌓인 형은 그냥 아주 가끔씩 살짝 웃어주는 것만으로도 어른들이 마냥 행복해 한다는 것을 일찍부터 알게 되기 마련이다.

형들은 대개 어른들로부터 자신을 사랑해 달라고 억지로 애쓸 필요가 없는 환경에 익숙해 있으니, 형의 성격은 자연스럽게 보수적일 수밖에 없다. 이에 반해서 동생은 자신이 태어날 당시부터 자기보다 체격도 크고 힘도 센 형이 이미 가족들의 사랑을 독차지하고 있는 상황을 깨닫는 데에 그다지 많은 시간이 필요치 않다.

그러므로 동생은 어려서부터 형에게로 쏠려 있던 어른들의 사랑을 자기에게로 당겨 오기 위해서 가족들의 관심을 끌 만한 재롱을 부려야만 한다는 것을 절실하게 느껴야 했을 것이다. 동생들은 성격이 형보다는 적극적이면서 때로는 반항적으로 형성되기 십상이다. 그래서 세계사에서 이름을 날리던 혁명가 가운데 형은 거의 없다는 통계가 있다고 한다. 그만큼 형이 보수적이다 보니, 무언가 늘 지키는 것에 열중하는 성격이 되었고, 동생은 형보다는 상대적으로 진취적이며 때론 반항에다가 혁명까지 궁리하는 처지가 되었다고 추정하는 것이다.

이런 이유 때문에라도 형제는 같은 핏줄이라는 이유로 매우 친밀한 것 같지만, 결국에는 같은 부모의 것을 나누어야 하는 처지가 되기 때문에 피 터지게 악을 쓰며 싸우는 사이가 되기도 하는 것 같다.

3. 핏줄 중심의 봉건제도(封建制度)

만약에 왕자의 능력만을 보고 왕위 계승자를 결정한다면, 궁중은 왕위 계승문제로 왕자 형제끼리 늘 싸우는 아귀다툼의 아수라장을 영영 벗어나지 못하였을 것이다. 이런 고민을 해결하고자 고안한 제도가 주나라의 종법宗法제도라고 했다. 주나라는 건국 이후 나라의 통치를 위해서 건국에 공이 컸던 무왕의 동생 주공周公 단旦의 주도 아래 제도를 정비하기 시작하였으니, 그것의 내용이 혈연중심의 종법제도宗法制度였다.

중국과 같은 농경전통의 국가에서는, 집안에서는 부모와 형제간에, 사회에서는 왕과 신하 혹은 친구들끼리의 규범을 정하여 질서를 지키며 사는 것이 무엇보다 중요한 덕목이었다. 자기가 맡은 본분을 다한다는 뜻의 정명正明사상도 이것의 범주와 통하는 것이다.

이처럼 미우나 고우나 어찌 되었건 왕위 계승의 우선권은 형에게 있다고 규정한 종법제도와 함께 주나라 건국의 기틀을 마련해 준 것은 봉건제도封建制度이다. 봉건封建이란 봉토封土와 건국建國의 줄임 표현으로서 왕으로부터 땅을 분봉 받은 각 제후들이 나라國를 세우는 제도이다.

여기에서 '나라 국國' 자의 개념이 지금과는 좀 다르다. 지금은 중국中國이나 한국韓國이 각각 하나의 나라國이지만, 수신修身 · 제가齊家 · 치국治國 · 평천하平天下라는 말에서 알 수 있듯이, 온 세상이라는 천하天下가 당시의 전체 중국이었으며, 국國은 오늘날 지방의 자치단위 정도를 말하는 것이었다. 즉, 봉건제도란 중앙의 왕王이 여러 제후諸侯에게 토지를 봉封해 주어, 제후가 각자 맡은 지역에 대하여 전적인 권한을 가지는 일종의 지방자치제라고 할 수 있다.

중세 유럽에서의 왕王은 영주領主에게 영지領地를 분봉하고, 영주는 다시 가신家臣들이나 기사騎士를 고용하고, 농노農奴들이 그 봉토에서 농사지어 먹고 살게 하되, 군역軍役과 세금을 꼬박꼬박 바치게 하며, 영주 역시 왕에게 세금을 부담하고 전쟁이 나면 농민들을 동원하는 주종관계를 기본으로 한 통치제도가 봉건제도이다. 이처럼 서구 중세의 봉건제도에서는 영지領地를 매개로 하여 왕과 제후의 계약관계에 충실한 것이었다면, 주나라에서는 왕의 가족이나 개국공신들을 제후로 삼아 파견하는 핏줄 중심이었다는 것이 다르다.

당시 중국 왕조의 공식 국호는 주周였으니, 주周가 곧 '천하'이며, 각 제후들이 각각 다스리는 지방의 분봉 받은 지역을 '나라國'라고 하였으며, 이들 나라의 책임자가 바로 제후諸侯들이었다. 이들은 대개 주 왕실의 가족이나 개국공신들이 맡았으며, 각 나라의 제후는 왕실을 종가宗家로 받들어서 세금의 공납과 부역을 부담하였다. 그러므로 제후들이 다스리는 제후국諸侯國은 마치 오늘날의 지방정부와도 같다고 볼 수 있으며, 주나라 당시 제후국이 180여 국國이나 되던 때도 있었다.

이처럼 주周나라의 봉건제도는 종법제宗法制에 근거하여 가족중심의 정치체제를 세웠던 것이니, 어디까지나 중앙에 자리 잡은 왕의 권력이 지방에까지 원활하게 도달할 수 없었기 때문에 생겨난 제도이다. 그러므로 농경전통이 강했던 당시로서는 왕실에서도 그나마 믿을 것은 가족뿐이라는 의식에서 혈연중심의 봉건제와 같은 정치제도를 실행하게 되었던 것이다.

위와 같은 주나라 왕실의 형님 중심의 신분질서를 세운 이가 주공周公 단旦이다. 형인 무왕武王이 나라를 건국하고 얼마 되지 않아 죽자 나이 어린 조카 성왕成王이 왕위를 계승하게 되었다. 주공 단은 주나라 건국에 절대적인 공훈을 세웠으며, 이전 왕조인 상나라 때에는 형제끼리 왕권을 상속하는 일도 많았으니, 주공 자신이 왕에 오를 수도 있었던 명분이 충분하였지만, 조카를 물리치고 왕위에 오를 수 없었던 것은 왕실의 평안을 위해서 큰형을 우선으로 하는 부자상속의 왕위계승 전통을 세우고자 했던 속사정 때문이었다.

주공 단은 형인 무왕이 죽자 주변으로부터 직접 왕위에 오르라고 권유도 많이 받았지만, 주 왕실의 안정을 위해서 자신이 만든 장자長子 상속의 종법제 전통을 깨지 않고 어린 조카를 잘 보필하였던 것인데, 이와 같은 속사정에도 불구하고 동란의 시대를 산 공자에게는 주공 단이 아버지 문왕의 아들로서, 형인 무왕의 동생으로서, 조카인 성왕의 삼촌으로서 예법 질서를 잘 준수한 참 모델이라고 여겼고, 이것을 대대적으로 내세울 필요가 있었던 것이다.

우리가 일상에서 봉건封建이라는 의미를 보태서 '봉건사회封建社會', '봉건국가封建國家', '왕조봉건王朝封建사회'라는 말을 쓰곤 하는데, 이때 '봉건封建'이란 대체로 옛날 왕조시대의 가치를 담고 있다는 의미이다. 중국에는 청淸나라 때까지, 우리나라에는 조선朝鮮시대까지의 왕조시대를 일컫는다고 할 수 있다. 그런데 중국은 진秦나라 때 일종의 중앙집권제인 군현제郡縣制가 쓰인 이래 봉건제도를 채택한 적이 없다. 우리나라의 경우에는 봉건제도가 시행된 적이 아예 없다고 할 수 있다.

중국과 우리나라는 과거제도를 통한 일종의 관료제였다고 할 수 있다. 그런데 어째서 흔히 고대 왕조시대를 뭉뚱그려서 봉건시대라고 부르는 것일까?

그것은 근대 이후 역사를 보는 관점에 있어서 약간의 편견과 오해가 작용했기 때문이다. 본래 봉건사회라는 용어는 마르크스가 역사의 시기구분을 원시공산사회 → 노예제사회 → 봉건제사회 → 자본주의사회 → 사회주의사회로 구분하였는데, 이것은 서구 유럽의 역사를 생산주체 및 생산수단이 무엇인가를 기준으로 정한 것이다. 우리가 일반적으로 왕조를 중심으로 역사의 시대를 구분하는 것과는 사뭇 다르다.

중국의 경우 사회주의국가를 세워놓고 보니, 그들 사회주의국가가 어떻게 발원하였는지, 그 연원을 밝힐 필요가 있었다. 그래서 원시공산사회는 석기시대로부터 왕조가 막 형성되기 전까지이니, 중국과 서구 유럽의 역사에 그다지 문제가 되지 않았지만, 중국에 서구적인 의미의 노예제, 봉건제, 자본주의라는 사회가 존재하였는지를 규정하기에는 여러모로 곤란한 점이 많았다.

노예란 로마법에서 인격을 가진 재물財物로서, 소유 · 양도讓渡 · 매매賣買의 대상이며 노예 자신은 재산권의 주체가 될 수 없으며, 합법적인 결혼도 할 수 없으며, 정치적인 능력 역시 인정되지 않았던 이들이라고 규정하는데, 중국에서는 그런 이들을 흔히 노비奴婢라고 불렀다. 게다가 중국에서의 생산주체는 일반 민民이라고 할 수 있다는 점이 당시 중국을 노예제사회라고 할 수 있는지 논란거리이다.

중국에서는 봉건이라는 제도가 주나라 때만 시행되었고, 이후 진나라 때부터 청나라 때까지도 봉건제도가 시행되었다고 하기에는 아무래도 적절치 않았다. 게다가 중국에서 명明나라 때 약간의 상공업이 발달했었다고 해서 자본주의의 맹아기萌芽期가 있었다고 보기도 하지만,

중국에 진정한 의미에서 자본주의 시기라고 할 만한 때가 있었다고 할 수 없으니, 마르크스가 말한 역사발전의 5단계를 적용하는 것이 더더욱 애매하다.

아무리 그러하더라도, 오늘날 중국에서는 중국사의 시대 구분을, 원시공산사회(B.C.170만년~B.C.21C) → 노예제사회(B.C.21C~B.C.771년) → 봉건제사회(封建制社會, B.C.770년~A.D.1840년) → 반식민지반봉건사회(半殖民地半封建社會, 1840년~1949년) → 사회주의사회(1949년~현재)로 하고 있다.

이것은 곽말약郭沫若이 1928년에 발표한 『중국고대사회연구中國古代社會硏究』(18쪽)에서 중국 역사 발전단계를 원시공사제原始公社制, 西周以前 → 노예제奴隸制, 西周時代 → 봉건제封建制, 春秋以後 → 자본제資本制, 最近百年라고 제시한 것을 근간으로 삼은 것이다.

이렇듯 중국의 역사 발전단계를 서구 유럽식으로 억지로 끌어대어서 설명하려 했던 이유는 무엇일까? 그것은 중국도 서구 유럽처럼 역사가 체계적으로 발전해 왔다는 것을 밝히고 싶은 희망에서 그렇게 하였다고 할 수 있다. 그래야만 오늘날 중국이 사회주의국가가 된 정통성도 설명할 수 있다고 본 것이다. 중국이 서구 유럽과 역사발전 단계가 엄연히 다른데도 말이다.

4. 백성의 입을 막아 멸망의 조짐을 드러내다

주周나라는 일찍이 혁명 과업을 완수하여 건국하고는 하늘로부터 천명天命을 새로이 계승했다고 자처하며, 인간 사회의 법도로서 여러 문물제도와 종법宗法을 중심으로 한 봉건제도를 통해서 통치 질서를 세웠지만, 역시 세월이라는 장애물을 비껴갈 수는 없었다. 주나라 건국 이후 약 200년이 지난 제10대 여왕厲王, ?~B.C. 841 때에 이르자, 나라의 기강이 흐트러지기 시작하였다.

게다가 여왕厲王이 포악하고 사치스러운데다가 교만하다 보니, 백성들이 왕을 비방하기까지 하였다. 그래서 소공召公이 여왕厲王에게 백성들이 포악한 정치에 견디지 못한다고 간언하자, 여왕은 자신을 비방하는 이들을 감시하고 처형하기까지 하였다. 이렇듯 엄하게 백성들을 단속하자 왕을 비방하는 자들이 줄어들게 되었고, 여왕은 몹시 기뻐하였다. 그러자 소공은 다음과 같이 직언하였다.

> 백성들의 입을 막는 것은 물을 막는 것보다 위험한 것입니다. 물이 막혔다가 터지면 그 피해는 이루 헤아릴 수 없는 것이니, 백성들도 마찬가지입니다. 그러므로 물은 수로를 열어서 흐르게 하여 다스리듯이, 백성을 다스리는 것 역시 그들을 이끌어서 하고자 하는 말을 하게 하여야 합니다.是障之也. 防民之口, 甚于防水. 水壅而潰, 傷人必多, 民亦如之. 是故爲水者決之使導, 爲民者宣之使言.

그러나 여왕은 이 간언을 듣지 않았고, 이후로는 왕에게 바른말을 올리는 자가 없게 되었다. 3년이 지나자 여왕의 폭정에 더 이상 견디지 못하게 된 백성들은 결국 난을 일으켜서 여왕을 쫓아냈다. 그리하여 주공周公 단旦의 후손인 주공周公과 소공召公 두 사람이 정사를 합의하여 관리하였다고 하여서 이 시기를 '공화共和'라고 부른다. 14년이 지난 후 여왕의 아들인 정靜이 커서 선왕宣王으로 즉위하였다. 이것을 두고 공화정치共和政治가 중국에서 처음으로 시행된 것이라고 말한다.

공화정치란 두 사람 이상이 공동으로 화합하여 정무政務를 시행하는 제도로서 민주정치의 시발이라고 할 수 있는 제도이다. 아무튼, 이 시기가 오늘날과 같은 민주공화정치 체제는 아니었지만, 아마도 중국 역사에서 처음으로 백성들이 봉기를 일으켜서 왕을 쫓아내어 왕조체제가 일시 정지되고 협의에 따른 공화정치가 이루어졌다는 점에서 매우 의미 있는 시기였다고 할 수 있다. 예나 지금이나 백성들의 입을 막아서 성공하는 정치는 있을 수 없다는 교훈을 얻을 수 있는 대목이다.

주나라가 멸망의 조짐을 확연히 드러낸 것은 선왕宣王의 아들인 유왕幽王이 즉위하면서부터이다. 유왕幽王의 곁에도 어김없이 여시 같은 포사褒姒라는 미녀가 있었다. 예전에도 그랬던 것처럼, 유왕과 포사에게도 여러 흥미로운 일화가 전한다. 포사는 매우 아름다운 외모를 가졌었는데, 좀체 웃지 않았다고 한다. 유왕은 늘 그것을 못내 아쉬워했었다. 그런데 어느 날인가 포사가 비단 찢어지는 소리를 듣고는 살짝 웃어주자 유왕은 포사의 웃는 얼굴을 보고 싶을 때면 비단을 찢게 하여 포사의 미모를 즐기곤 하였다.

참으로 독특한 취미가 아닐 수 없지만, 이 정도 사치는 유왕이 그래도 왕이니, 그만한 비단 값을 치르는 데에 경제적으로 아무런 문제가 되지 않았다. 그러다가 비단 찢어지는 소리만으로 포사를 즐겁게 하여 웃길 수 있는 약발이 떨어질 즈음 북방에서 견융犬戎족이 쳐들어온다는 봉홧불이 잘못 피워지는 일이 있었다. 이것에 놀란 장군과 제후들이 조정에서 우왕좌왕하며 허둥대는 것을 포사가 보고는 까르르 웃었다. 유왕은 북방의 이민족이 쳐들어온 것이 아니라는 사실보다는 자신에게 웃는 얼굴을 보이지 않아 그토록 애태우던 포사의 웃음소리를 한바탕 즐긴 것에 매우 만족하였다.

그래서 유왕이 포사의 웃음 띤 얼굴을 보고 싶을 때면 몰래 거짓으로 봉화를 올리라고 명령하였다. 그때마다 유왕의 장난에 한동안 장군과 제후들이 놀아날 수밖에 없었다. 그러다가 장군과 제후들이 유왕의 놀이에 더 이상 놀아나지 않게 될 즈음, 북방의 견융犬戎족이 정말 쳐들어왔고, 이제는 더 이상 장군과 제후들도 군사를 출동하지 않았다. 결국, 멍하니 있다가 주나라는 한순간에 멸망하게 되었다. 참으로 어처구니없는 일이 아닐 수 없었다.

이것은 마치 늑대가 나타났다고 장난삼아 외치던 소년의 이야기를 떠오르게 한다. 예나 지금이나 얼마나 많은 영웅호걸들이 미녀의 웃음을 사기 위해서 또 얼마나 많은 피와 땀을 흘렸을까? 포사의 웃음과 나라를 바꾼 유왕이 참으로 어리석다고 비난하기도 하지만, 어찌 그 포사라는 여인 하나 때문에 주周나라가 망했다고 할 수 있을까?

이때 유왕은 죽었지만, 그의 아들이 동쪽으로 도망쳐서 도읍을 낙양洛陽으로 옮기고 평왕平王으로 즉위하여 주周 왕조를 다시 일으켰다. 평왕이 동천東遷하기까지 도읍이 지금의 서안西安 근처인 호경鎬京에 있었다고 해서 서주西周라 부르고, 그 이후 낙양洛陽으로 도읍을 옮겨온 이 시기를 동주東周라고 불러서 구분한다. 그런데 동주 역시 안타깝게도 평화로운 부흥의 길로 나아가지 못하고 다시 혼란의 시대를 맞아야만 했다. 동주시기를 다시 두 시기로 나누어서 전반부를 춘추시대春秋時代라고 하고, 후반기를 전국시대戰國時代라고 부른다.

동주東周 즉, 춘추와 전국시대는 그야말로 동란의 시대였다. 그 원인은 주나라 초기에 세웠던 혈연중심의 봉건제도 때문에 벌어진 일이라고 할 수 있다. 주나라 초기에는 혈연血緣을 매개로 하였던 봉건제도 때문에 친족끼리 중앙과 지방정치를 사이좋게 꾸려갈 수 있었지만, 세월이 점점 흐를수록 중앙에 있는 왕과 지방에 분봉 받아 나간 제후 간의 유대관계가 점점 약해지기 마련이었다.

주나라 초창기에 왕실로부터 제후들이 작위를 받아서 지방에 내려가 그곳의 우두머리가 되었던 것은 오로지 왕의 친척이었다는 이유 때문이었으니, 처음에는 그것이 고마워서라도 주 왕실에 대한 충성을 다하였지만, 세월이 수백 년 이상 지난 마당에 서로 친척이라는 의식이 점점 약해졌던 것이다. 그러니 당연히 주 왕실에 세금을 바치는 일이나 군대를 동원하는 일에 소홀해질 수밖에 없었던 것이며, 그런 이유로 해서 유왕과 포사가 아니었더라도 주周나라는 점점 나약해져서 망하게 되어 있었다고 해도 지나치지 않다.

이렇듯 중앙의 왕과 지방 제후들과의 관계가 점점 멀어져 틀어지게 되었고, 주나라 왕실은 견융犬戎족의 침략을 피해서 낙양洛陽으로 도읍을 옮겨 온 이후에는 더욱 극렬해진 혼란 상황을 맞아야만 했다. 이 시대의 역사를 공자孔子가 정리하여『춘추春秋』를 편찬하였다. 이 책의 체례가 봄-여름-가을-겨울의 순서로 쓰인 편년체編年體인데, 이것을 줄여서『춘추春秋』라고 부른다. 그래서 이 시기를 춘추春秋시대라고 한다. 오늘날 춘추가 나라의 역사이면서 개인적으로는 나이의 의미로 쓰이는 이유이기도 하다. 오늘날 청와대의 프레스센터를 춘추관春秋館이라고 부르는 것도 이것과 관련이 있다.

동주시기의 전반기에 해당하는 춘추시대에는 각 제후국 간에 전쟁과 회맹會盟이 끊이지 않았다. 때로는 제齊나라의 환공桓公처럼 제후 중에서 힘이 가장 셌던 자가 나타났는데, 이들이 당시 정치권력을 주도하였다고 해서 그를 패자覇者라고 불렀다. 이들은 존왕양이尊王攘夷, 즉 중앙의 왕을 보필하고 이를 거역하는 자들을 처단한다는 명분을 내세웠지만, 실제로는 당시 정치를 제멋대로 주무르곤 하였다. 이 패자들의 본래 신분은 옛날 주周 왕실로부터 분봉을 받았던 제후에 지나지 않았기 때문에 명목상으로는 주 왕실의 권위를 존중하는 시늉을 하였던 것이다.

그러다가 B.C. 403년에 위열왕威烈王이 진晉의 실력자였던 한韓·위魏·조趙 세 가문을 제후로 격상시키는 것을 인정하면서 나머지 진秦·초楚·제齊·연燕과 함께 전국칠웅戰國七雄을 형성하여 서로 쟁패하는 전국시대戰國時代를 열게 되었고, 주 왕실은 이제 수도인 낙양洛陽지방만을 겨우 관할하는 제후만도 못한 처지로 격하되었다.

이 시기의 정황을 한漢나라 때 유향劉向이 『전국책戰國策』으로 펴냈기 때문에 책 이름을 따서 전국시대戰國時代라고 부른다. 이 시기를 전국戰國이라고 하였던 것만 보더라도 이 시기는 춘추시기에 비해서 좀 더 극렬한 양상의 전쟁이 난무하던 때라는 것을 알 수 있다. B.C. 221년에 주周 왕실은 물론 나머지 6개의 제후국들도 완전히 멸망하고, 비로소 통일제국 진秦이 탄생하게 되었다.

5. 춘추전국시대(春秋戰國時代), 제자백가(諸子百家)의 전성기

주周 왕조는 방대해진 영토와 주민들을 효율적으로 다스리기 위해서 새로운 제도로서 혈연적인 특색을 가미한 봉건제도를 제정하였다고 했다. 이것은 왕이 직접 다스리던 직할지를 제외한 각 지방에 왕실의 혈족이나 공신을 제후로 임명하여 다스리게 하는 제도로서 제후는 해마다 공물을 바치고 전쟁이 발생하기라도 하면 병력을 지원하였지만, 각 지역을 다스리는 것에는 간섭을 받지 않았다.

이로써 주周나라는 지역 분립을 극복하고 왕실의 지배력을 공고히 할 수 있었었고, 왕실과 제후국의 관계도 단순한 군신의 관계뿐만 아니라 본가本家와 분가分家의 관계 즉 한 조상을 공동으로 모시는 한 대규모의 가족관계를 형성하게 되었다.

아울러서 천명天命사상이라는 이데올로기를 통해서 주 왕실의 정통성을 강조했다. 즉 은 왕조를 교체한 것은 하늘의 뜻이라는 것이다. 그래서 은 왕조에서 거행하였던 대규모 종교적인 행사가 없어졌다.

주周나라의 문화는 은나라에 비하여 질박하고 합리적이었다. 그러므로 주 왕실은 은나라 때까지의 제정일치祭政一致의 신정神政시대를 마감하고 인간중심의 문화를 열어갔다는 의미에서 인문人文시대가 비로소 꽃피우기 시작했다는 평가를 받는다.

그런데 주나라의 통치 근간인 봉건제도가 세월의 무게를 이기지 못하고 그만 운명을 다하는 국면을 맞이하게 되었다. 주周는 B.C. 771년에 북방 유목민의 침입을 받아 도읍을 낙양洛陽으로 옮겨 동주東周로서 겨우 명목만 유지하게 되었고, 이름이나마 지켜오던 동주東周는 춘추시대에 이어 전국戰國시대에 이르러서는 더욱 혼란이 거듭되게 되었으며, 점차 주 왕실은 제후국들이 서로 치고받는 싸움의 소용돌이 속에서 힘을 잃어갔다.

춘추시대에 주 왕실은 점점 나약해 갔지만, 오히려 각 제후국들은 안으로는 학문을 숭상하고 새로운 정책을 추진하는 등 부국강병책에 힘을 기울였고, 밖으로는 권모술수와 책략을 구사하면서 자신의 이권을 추구해 나아갔다. 이때는 기존의 사회질서가 무너지기 시작한 전쟁의 혼란시기인데도 불구하고 오히려 학문과 사상은 발전하는 양상을 보인 때이기도 하다.

아울러서 이때는 철기시대에 본격적으로 접어들면서 생산이 늘어나고 수공업과 상업이 발달하면서 이전에 낮은 귀족계급이었던 사士계층이 새로운 지식계층으로 부상하게 되었다. 철기시대는 이미 주나라 초기에 시작되었다고 할 수 있지만, 일반인들에게까지 그 사용층이 확대된 것은 춘추와 전국시대에 이르면서부터라고 할 수 있다. 즉 철기로 된 무기가 일반화하면서 전쟁의 양상이 극심해지고 이로부터 전쟁이 대형화하였지만, 이제는 전쟁의 승부가 곧바로 갈리어 강자와 약자가 확연히 구분되는 약육강식의 양상이 전개되면서 지방제후국들이 하나둘씩 통폐합되어갔다.

이밖에 또 일반 백성들도 철기로 된 농기구를 쓰면서 이전보다는 훨씬 풍족한 수확을 얻을 수 있게 되고, 이 때문에 새로운 귀족계층이 발생하는 등 사회구조 역시 급격히 변모해 갔다. 이 격변의 시기는 전란 때문에 피폐한 상태였지만, 또 다른 기회를 예고하는 측면이 있었다. 위기가 기회이고, 난세에 영웅이 난다고 할까. 사회가 혼란스러우니까 왕의 절대권위가 도전을 받게 되고 학자들은 자신의 사상을 마음껏 펼 수 있는 자유로운 학문적 풍토를 얻을 수 있게 되었다. 이때 등장한 학자들이 바로 사士 계급이다.

이들 사士들은 『춘추좌전春秋左傳』에서 "천자는 실권을 상실하고 학문은 네 오랑캐 지역으로 넘어갔다.天子失官, 學在四夷."라고 한 것에서 알 수 있듯이, 육예(六藝 : 禮·樂·射·御·書·數)에 밝고, 글과 무예에 뛰어났기 때문에 각국 제후들에게 의탁하여 정치방면에서 권력을 얻어 통치계급이 되어서 자기의 정치적인 이상을 펴는 것에 열심이었다.

그리하여 사士 계급들은 '상세하교上說下教' 즉, 위로는 각 지방국 통치자의 신임을 얻어 그들의 정치주장을 실행하고, 아래로는 제자들을 모아 가르치며, 자신의 정치이념을 널리 폈는데, 이러한 양상이 자연스레 학파로 형성되었다. 이들 학파 사이에는 격렬한 의견대립이 있었으니, 그들은 자신의 사상과 이념을 가지고 당시의 혼란한 사회를 개혁하여 세상을 바꾸고자 하였다. 이들을 흔히 '여러 선생님의 온갖 학파'라는 뜻에서 제자백가諸子百家라고 부른다.

이처럼 기원전 500년을 전후한 이 시기에 그리스에서 소크라테스, 인도에서 석가모니, 그리고 중국에서는 공자와 같은 사상가와 철학자들이 동서양에서 동시에 나온 것이 결코 우연한 일이 아니다. 이것은 철기문화의 보급으로 정치적으로나 경제적으로 급속하게 변화된 사회현실 속에서 새로운 인간사회 가치나 이념을 세우고자 했던 결과였다고 볼 수 있다.

이처럼 춘추전국시대에는 갖가지 학설과 사상이 난무하는 시대가 전개되었으니, 이 시대를 여러 학파들이 서로 나서서 다투듯이 자신들의 학술주장을 폈다는 의미에서 백가쟁명百家爭鳴의 시대라고 한다. 이 백가쟁명은 당시 학술사상의 발전을 크게 촉진하여 많은 학파를 출현시켰다. 사마천의 아버지인 사마담司馬談에 의하면, 이 시대의 여러 학파들을 크게 유가儒家 · 묵가墨家 · 명가名家 · 법가法家 · 음양가陰陽家 · 도덕가道德家의 여섯 학파로 분류했다.

이들이 논의한 것을 흔히 '철학哲學'이라고도 하고, 이들의 시대에 중국의 철학이 시작되었다고도 한다. 그런데 엄밀히 말해서 철학哲學이라는 용어가 중국에는 없었다. 현재 우리가 흔히 쓰는 한자 용어 가운데 많은 것이 근대 이후 일본에서 만들어 쓴 것들이 많다. 철학이란 서양의 필라소피philosophy 즉, 지식을 아낀다는 의미를 옮긴 말인데, 중국에서는 '앎'에 관한 문제보다는 '어떻게 살아야 바른 삶인가'라는 문제인 윤리도덕의 문제에 더욱 집중하고 있었다.

우리는 흔히 진선미眞善美를 가치기준으로 삼곤 한다. 진眞은 어떤 사실이 옳다는 의미로서 학문적인 진리를 탐구의 대상으로 삼으며, 선善은 윤리도덕 방면에서 훌륭함을 추구하는 사상의 덕목이고, 미美는 예술방면에서 아름다움을 추구하는 가치기준을 말하는 것인데, 중국의 전통적인 관념에서 보자면 지식방면의 진眞보다는 윤리사상방면의 선善과 예술방면의 미美에 더욱 치중하였다고 할 수 있다. 그런데 근대 서구적인 과학이나 논리적인 사고를 중시하는 경향 때문에 진眞을 중시하게 된 것이다.

춘추전국시대와 비슷한 시기의 그리스에서 소크라테스가 '너 자신을 알라'고 외쳤던 것처럼, 인간이란 나 자신은 누구이며, 이 우주의 생성원리가 무엇이며, 이 우주와 나의 상관관계는 또 어떠한가라는 학문지식 방면에서의 진리를 탐구하였다면, 이 시기 중국에 나타난 공자나 노자 등은 어떻게 살아야만 진정 인간다운 것인가에 관심이 깊었다고 할 수 있으니, 이 시대 중국의 제자백가들은 철학자哲學者라고 하기보다는 사상가思想家라고 보아야 한다. 즉 인간에게는 누구나 주관적인 생각으로서 의지意志, will와 객관적으로 생겨난 생각인 감정感情, feeling을 갖기 마련인데, 이 가운데 무엇을 어찌해야 한다는 의지를 학술사상으로 세운 것을 사상思想이라 하고 그러한 사상을 확립한 이들을 사상가라고 부르는 것이다.

예를 들어서 공자는 사람이 착한 존재인지 아닌지를 학문적으로 탐구한 것이라기보다는 다만 인간이 착하게 살아야 진정 인간다운 것이라는 문제를 가지고 사상을 확립하였던 것이다. 그러므로 공자는 서구적인 의미에서의 철학자라고 하기보다는 사상가라고 보아야 한다.

07 법치주의(法治主義)로 일군 통일제국 진(秦)

중국
역사와 문화
들여다보기

법치주의(法治主義)로 일군 통일제국 진(秦)

중원中原 밖 서쪽 변방에 위치해 있다고 해서 야만스럽다고 조롱을 받던 진나라는 척박한 자연조건에 처해 있었기 때문에 오히려 이것을 극복하기 위해서 상앙商鞅에 이어서 진왕秦王 영정嬴政은 개혁정치를 단행하여 부국강병을 도모하고 결국 명실상부한 통일제국을 건설할 수 있었다. 진의 중국통일은 일종의 '헝그리 정신'의 승리라고 할 수 있다. 중국의 역사에서 15년이라는 가장 짧은 기간 동안 왕조를 유지하였으면서도 이야깃거리가 가장 많은 왕조가 진나라이다. 한 마디로 진나라는 법으로 흥하여 역시 법으로 망했다.

1. 제국(帝國)의 시황제(始皇帝)

사마천司馬遷의 『사기史記』에는 진시황이 진秦나라 왕조의 혈통이 아니라 상인 출신이었다가 재상에 올랐던 여불위呂不韋의 자손인 것처럼 묘사되어 있지만, 이것이 사실인지 아닌지를 따지기보다는 그가 중국 역사에서 이루어낸 여러 업적에 대한 잘잘못과 교훈을 살펴보는 것이

더욱 중요할 것이다.

흔히 진시황은 '위대한 폭군' 정도로 알려져 있는데, 위대한 폭군이란 용어가 좀 어색할 수 있다. 위대한 것과 폭군이 언뜻 보기에 어울리지 않는 것처럼 보인다. 그에게 위대했던 면과 난폭한 두 면을 다 가진 군주였다는 뜻일 터인데 그의 어떤 점을 두고 그렇게 일컬은 것일까?

진시황은 통일제국을 이루고 나서 새로운 나라에 새로운 통치 질서를 세울 필요가 있다고 생각했다. 우선 왕王이라는 자신의 호칭을 바꾸었다. 이전 전국시대戰國時代까지는 주周나라가 봉건제도를 시행하다 보니, 중앙에 왕王이 있고, 왕자王子의 등급이나 개국공신들이 공작公爵이 되고, 지방의 제후국에는 주로 후작侯爵들이 파견되어 나갔기 때문에 '여러諸 후작侯爵'이라는 의미에서 그 제후국의 책임자를 제후諸侯라고 한다고 했다.

그런데 전국시대에 이르러서 세상이 어지러워지니까 이른바 전국칠웅戰國七雄의 제후들이 제멋대로 왕王이라고 스스로를 부르게 되었다. 이들 가운데 진왕秦王 영정嬴政은 법가法家를 바탕으로 부국강병에 힘써 결국 진이 나머지 여섯 나라를 물리치고 통일제국을 이루게 되었던 것이다. 그러니 통일제국 진나라는 이제 스스로를 왕王이라고 부르기에는 격이 맞지 않게 되었던 것이다.

그래서 새로이 고안해 낸 칭호가 황제皇帝이다. 황제는 앞서 중국의 신화와 전설의 시대에 있었던 삼황三皇과 오제五帝에서 따온 것이다. 황皇은 '빛나다'의 뜻이고, 제帝는 우주 만물의 이치를 주재하는 조물주와 같은 존재라는 의미이다. 그러므로 황제는 '위대한 조물주'라는 뜻이라고 보면 된다. 오늘날의 제국帝國이 힘으로 약소국을 정치적으로나 경제적으로 침탈하는 나라라는 뜻과는 좀 다르다.

전국시대를 통일한 진시황은 자신이 이 세상에서 할 수 있는 일을 다 했다고 여겼다. 그러므로 옛날 신화神話시대에나 있었던 제帝를 끌어내어 스스로를 황제라고 하였는데, 첫 시작이니 '시황제始皇帝'라고 부른 것이다. 그리고 이후부터는 새로이 황제의 이름을 따로 짓지 말고 그냥 2세世, 3세, 4세 … 하는 식으로 만세萬世까지 이어지도록 하라고 하였다. 그런데 시황제의 이런 바람은 2세 황제 호해胡亥와 3세 황제 자영子嬰을 끝으로 마감하게 되었다.

2. 군현제(郡縣制)와 만리장성(萬里長城)

진나라의 정치제도는 이전의 주周나라에서 실시하였던 일종의 지방자치제인 봉건제도에서 군현제郡縣制로 바뀌었다. 군현제는 중앙집권적 지방행정제도로서 전국을 군郡이라는 행정구역단위로 나누고 황제가 직접 임명한 지방관을 파견하여 다스리게 하는 제도이다. 진시황은 주나라가 혼란에 빠져 분열하게 된 것은 봉건제도 때문이라고 보았다. 그래서 전국을 36군郡으로 나누고 군 밑에 현縣을 설치하였다. 이 제도는 이후 중국과 우리나라의 지방 행정제도로 자리 잡았던 만큼 매우 의미 있는 행정제도를 열었던 것이라고 평가할 수 있다.

시황제는 중앙에서 지방을 효율적으로 다스릴 수 있게 하려고 일종의 고속도로인 치도馳道와 운하運河의 건설에도 매진하였다. 그리고 북방의 유목민족들이 때만 되면 침략해 들어오는 것을 막기 위해서 만리장성萬里長城을 본격적으로 건설하기 시작하였다.

흔히 현재 수천 킬로미터나 뻗어있는 만리장성을 진시황이 건설한 것이라고 알고 있지만, 이때부터 중국의 북방에 있었던 성곽을 보수하여 본격적으로 짓기 시작하였을 뿐이다. 진시황제가 통일 이후 즉위한 기간이 10여 년에 불과한데, 어찌 그 긴 성곽을 다 지을 수 있었을까? 만리장성은 길이뿐만 아니라 그것이 산등성마루의 지형을 이용하여서 지어진 것으로 산꼭대기에 수천 킬로미터에 걸쳐 있으며, 그 폭은 수레 한 대가 지나다닐 정도이다. 마치 연립주택 정도 되는 크기의 성곽이 산꼭대기에 쭉 줄지어 있다고 여기면 될 듯하다.

그래서 또 이것을 두고 과장하기 좋아하는 중국인들은 만리장성이 달에서도 맨눈으로 보인다는 말을 하곤 하는데, 그것은 절대로 가능한 일이 아니다. 만리장성이 중국 북방에 한 줄로 길게 늘어서 있다는 것일 뿐이지 그것의 크기가 엄청나게 크다는 뜻은 아니니 말이다. 달에서 지구를 보면 마치 우리가 지구에서 달을 보는 것처럼, 파란 탁구공처럼 보일 뿐이라고 하던데, 그 안에 만리장성이 아무리 길게 늘어서 있다고 하더라도 30만 킬로미터나 떨어져 있는 달에서 지구의 만리장성 같은 건조물을 맨눈으로는 결코 볼 수 없다.

게다가 현재 남아 있는 대부분의 만리장성은 진나라 때가 아닌 명明나라 때 지어진 것이다. 명나라는 만리장성을 쌓느라 국력이 너무 소모되어서 발전하는 데에 커다란 장애요소가 되었고, 이 때문에 중국이 근대 이후 서구 유럽보다 발전이 뒤지게 되었던 요소 가운데 하나가 되었으니, 1840년 아편전쟁 이후 서구 열강에게 침탈을 당하며 굴욕적인 근대화의 길을 걸어야만 했던 가슴 아픈 역사의 발단이 된 큰 원인 가운데 하나가 만리장성 때문이라고 할 수 있다.

중국의 옛 민가民歌 가운데 만리장성을 소재로 한 노래에 맹강녀孟姜女라는 여인이 나온다. 그녀의 남편이 장성을 쌓는 데에 부역을 나갔는데, 남편이 도무지 집으로 돌아올 줄 몰라서 이 여인이 직접 찾아 나섰더니, 남편은 이미 어디론가 가버리고 없었다. 그 공사 현장에 아무도 그녀의 남편 소식을 아는 이가 없었다. 하는 수 없이 그녀는 서럽게 통곡을 하며 눈물을 흘리자 이미 굳건히 쌓여 있던 성곽이 열리며 남편의 해골이 나오더라 하는 내용이다.

어떤 이유에서인지 모르지만, 남편이 일하다가 죽자 가족들에게 알리지도 않고 성곽 밑에 파묻어 버렸던 것이다. 하기야 산 아래에서부터 돌을 들고 와서 장성을 쌓아야 했는데, 일하던 인부가 죽었다고 해서 제대로 장례를 치르지도 않았을 것은 뻔한 일이다. 동료 인부들이 그 자리에다가 그냥 묻어 버렸던 것이다.

당시 얼마나 많은 백성들이 그 험난한 공사의 현장에서 남모르게 죽어갔을까? 고향에서 눈물을 흘리며 남편이 돌아오기를 기다리던 여인네와 그의 가족들은 또 얼마나 더 많았을까? 참으로 참혹한 시절을 고통스레 견디며 살아야만 했던 보통 백성들의 한이 서린 곳이 바로 만리장성이다. 장성에 서서 바람을 맞노라면 진나라 이후 그 자리에서 일하다가 억울하게 죽어간 당시 인부들의 원혼이 서글피 우짖는 듯한 것에는 다 이유가 있는 것이다.

그렇다면, 어째서 진시황은 그토록 잔혹한 공사를 본격적으로 진행해야만 했을까? 북방 너머에 있던 유목遊牧민족인 흉노匈奴족의 침략을 막기 위해서였다. 당시 흉노족의 유적지에서 나오는 유물들을 보면 견직물 · 칠기 · 옥기 등의 중국제품과 이란계의 동식물 무늬와 인물상을 수놓은 모직물 등이 출토되고 있는 것으로 미루어 보면, 그들은 중국과 서방의 고대 문화를 전달하는 역할도 하였음을 엿볼 수 있다.

아무리 그들이 문화의 전령사 역할을 하여서 중국의 문화를 풍요롭게 해주었다 하더라도, 중국에서는 일찍부터 이들 유목민족으로부터 생명과 곡식을 지키기 위해서 만리장성을 축조하기 시작하였던 것이다. 이제 시황제가 전국을 통일하고 나니, 흉노족을 막아야 하는 국방의 의무도 함께 지워지게 되었던 것이다. 만리장성은 이미 춘추春秋와 전국시대戰國時代 이래 군데군데 쌓기 시작했던 것을 시황제가 중국을 통일하고는 이후 줄곧 증축하였고, 각 시대마다 거듭 성을 쌓아서 흉노족에 대한 방어선을 늘려나갔던 것이다. 당시 중국이 북방 유목민족을 얼마나 두려워했다는 것을 잘 알 수 있다.

이후 만리장성은 자연히 중국과 북방 유목민족의 국경선이 되었으며, 북방의 유목문화와 남방 농경문화의 경계선이 되었다. 그런데 오늘날 중국의 영토가 만리장성 너머 중앙아시아 신강성, 내몽골과 만주 지방까지 이어 있는 것은 역사적으로 볼 때, 중국이라는 정통성과는 배치되는 것이 아닌가 싶다. 어찌 되었건 만리장성이 오늘날 중국 관광사업의 효자 역할을 톡톡히 하고 있는 것도 중국 조상의 피와 땀의 결실이라고 할 수 있다.

그렇지만 정작 몽골족이 중국에 쳐들어왔을 때에는 말을 타고 장성을 넘었던 것이 아니라 장성을 돌아서 우회하여 쳐들어왔던 것처럼, 중국 역사에서 만리장성은 외적을 막는 데에 그다지 큰 역할을 하지 못했다는 평도 있다. 그토록 오랜 세월 동안 중국의 많은 백성들이 죄 없이 고통을 겪으며 지어야만 했던 장성인데도 말이다. 만리장성에 가거든 지난 수천 년 동안 쓸쓸히 죽어간 영혼들을 위해서 잠시나마 숙연해지자.

3. 문자와 도량형(度量衡)의 통일

일찍이 상대商代에 오늘날 한자의 원형인 갑골문자甲骨文字가 고안되어서 문자로 쓰이기 시작하였다고 했는데, 춘추와 전국의 대혼란기를 지나면서 세월도 점점 흐르고 지역도 점점 넓어지면서 문자의 형태와 중국어의 소리가 달라지기 시작하였다. 당시로서는 신문이나 방송 같은 것이 없었으니, 중국어와 문자는 하루가 다르게 달라져만 갔던 것이다. 마치 오늘날 유럽의 여러 나라들이 로마자를 가지고 이런저런 언어와 문자로 분화되어서 살아가고 있는 것처럼 중국도 진나라의 통일이 아니었다면, 오늘날 중국에는 유사한 문자를 쓰는 나라가 여럿으로 나누어졌을 가능성이 높다.

진시황은 통일을 이루고 효율적인 통치를 위해서 문자와 도량형을 통일할 필요가 있었다. 이미 형태와 소리가 많이 달라진 문자를 가지고는 지방 구석구석까지 명령서를 전달하여 황제의 뜻을 전할 수가 없었는데, 그 황제의 명령 가운데 가장 중요한 것은 물론 원활하게 세금을 거두는 것과 군대를 모아 올리는 것이었다.

그런데 지방의 관리들이 그 명령서를 알아보지 못한다거나, 세금으로 곡식 1,000가마를 올리라고 했더니, 가마가 아니라 그보다 훨씬 작은 자루에다가 싣고 와서는 이것이 자기네 지방에서는 한 가마라고 우긴다면 이처럼 난감한 일도 없었을 것이다. 그리고 전쟁에 쓰이는 창과 칼은 물론 수레와 같이 늘 수리해서 써야 하는 소모품들의 규격이 각기 다르다면 그처럼 비효율적인 것도 없었을 것이다.

이처럼 문자와 도량형을 통일한 것이 너무나 넓어진 중국을 효율적인 통치를 위해서 실행한 측면이 강했지만, 결국 이후로도 중국이 여러 번 분열과 통일을 반복하면서 여러 나라로 나누어질 뻔한 상황을 맞았으면서도 끝내 하나인 채로 오늘날과 같은 거대국가로 남아 있을 수 있게 한 것 역시 진시황 때 문자와 도량형의 통일이 그 문화적 바탕이 된 것이라고 평가할 수 있다.

이것을 두고 진시황이 위대하다고 한다면 그다지 틀린 표현이 아니다. 그렇다고 해서 진시황의 지리적인 통일과 문화적인 방면에서 문자와 도량형의 통일이 중국의 역사에 긍정적인 역할만 했다고 평가할 수 있을까?

진시황의 통일 사업이 정말 대단한 일이기는 했지만, 그 자체가 중국의 역사에서 결코 긍정적이지는 못했다는 평가를 받기도 한다. 그리고 이웃인 우리나라의 입장에서도 중국이 너무나 큰 덩치로 버티고 있다 보니, 중국의 통일은 우리 민족에게 늘 압박으로 다가왔던 것도 사실이다.

한대漢代 무제武帝가 우리의 고조선을 멸망시킨 것이나, 수隋나라가 통일 후 100만 대군을 동원해서 고구려를 대대적으로 침공한 것이나, 당唐 태종太宗 역시 당나라 건국 이후 고구려를 견제하기 위해서 침공해 왔었고, 결국 신라와 연합하여 고구려와 백제를 멸망시켜 신라의 반쪽짜리 삼국통일을 도왔던 것이나, 몽골의 원元 제국이 100여 년 동안 고려를 속국으로 만들어 약탈과 핍박을 그치지 않았던 것이나, 조선시대 병자호란丙子胡亂 때에는 남한산성으로 피신한 조선 국왕 인조仁祖는 청清에 패해 머리를 땅바닥에 9번을 찧으며 조아리는 굴욕적인 항복 의식을 치러야 했던 것이나, 최근의 일로는 625전쟁 당시 중국군의 참전으로 어찌 되었건 우리로서는 한반도 통일의 기회를 놓치게 되었던 것들이 모두 중국에 강력한 왕조나 정권이 들어서면서 이웃에 있던 우리가 겪어야 했던 아픈 역사의 장면들이었다.

아무리 그래도 중국의 입장에서는 지난 춘추와 전국의 수백 년 동안 지루하게 이어졌던 전란의 시대를 통일시킨 것이 뭐가 그리 잘못이냐고 여길 수도 있을 것이다. 전체 규모가 비슷한 유럽과 비교해 보면, 진시황의 통일이 중국 역사 발전에 있어서 반드시 바람직하였던 것만은 아니라고 하는 이유를 알 수 있다.

유럽은 중세 때까지만 해도 봉건 영주 중심의 작은 도시 국가들이 각각 나뉘어서 살아왔다. 그래서 우리들이 흔히 보는 유럽의 동화에는 여러 왕들과 그들의 왕자와 공주들이 많이 나오는 이유이기도 하다. 중국의 전국시대에 제후들이 스스로 왕이라고 했던 것처럼 말이다. 그랬던 것이 근대 이후에야 일정한 영역을 확보한 근대국가들이 나타나기 시작하였다. 이 근대국가들도 제각기 분열의 양상을 보였지만, 그 덕분에 여러 분야에서 서로 경쟁하며 결국 근대적인 의미에서 민주주의와 산업화에 성공하였다.

중국에서도 주周나라 말기 춘추전국의 혼란시대에 오히려 학문과 사상이 발전할 수 있었다고 했던 것처럼, 전쟁이 잔혹하고 혼란스러운 만큼 거꾸로 학문을 비롯한 사회의 발전에도 일정 정도 기여한다고 볼 수 있다. 대표적인 사례가 2차 세계대전을 계기로 미국이 30년대 대공황에서 벗어날 수 있었던 것이며, 좀 더 잔혹한 전쟁무기를 제조하기 위해서 아이러니하게도 과학기술이 급격히 발전하는 계기가 되었다.

유럽도 중국처럼 고대 로마제국과 같은 절대 강자인 거대국가 체제가 계속 이어져서 통일된 단일 제국으로 있었다면, 중국처럼 안정된 통치 질서를 유지는 할 수 있었을지 모르지만, 중세 이후 발전을 거듭하며 근대로 나아가기는 수월치 않았을 가능성도 있다. 우리말에 아이들은 싸우면서 큰다고 하듯이, 나라는 전쟁하면서 발전해 왔다고도 할 수 있으니 말이다.

중국은 한漢나라가 망하고 위진남북조魏晉南北朝의 혼란시대를 맞고, 당唐나라 이후 오대십국五代十國의 대혼란기가 있었으면서도 결국에는 당송唐宋이나 명청明淸과 같이 새로이 대제국으로 통일되어 제국의 위용을 갖추고 살아왔다. 그렇게 중국이 아무리 분열이 되었다가도 결국 하나로 다시 통일이 되게 한 바탕에는 한자漢字와 도량형처럼 중국은 본디 하나의 기준을 가지고 살아가는 나라라는 의식이 강하게 작용하였기 때문이다.

그렇다면 제국의 위용으로 살아가는 것이 어째서 그리도 나쁘다고 하는 것일까? 대국大國이라고 뻐기고 이웃의 작은 나라들을 쩔쩔매게 할 수 있으니, 폼도 나고 얼마나 좋은데, … 중국은 정말 그래 왔다. 오늘날도 중국의 전통적인 외교자세가 계속 이어지고 있다고 해도 지나치지 않다. 상황이 불리하거나 역량이 모자랄 때에는 속으로 힘을 키운다는 뜻에서 도광양회韜光養晦의 전략을 펴다가도 상황이 호전되거나 기회가 왔다 싶으면 중국 자신이 할 일은 한다는 의미인 유소작위有所作爲를 표방하는 것이 중국의 전통적인 외교 전략이기도 하다. 진한秦漢대 이후 중국이 거대 제국으로서 이웃과 경쟁할 줄 모르고, 안주하여 살아오다 보니, 더 이상의 경쟁도 없고 발전하지도 못하는 정체된 역사를 맴돌아야만 했던 측면을 부정할 수 없다.

유럽을 근대화로 이끈 주요 발명품을 꼽으라면, 종이 · 인쇄술 · 화약 · 나침반 등이다. 문자文字가 인류의 문화와 문명을 발전시킨 가장 위대한 정신유산이라면, 종이는 인류의 생각과 기술 등 모든 것을 간편하게 적어 놓을 수 있던 가장 중요한 유형의 유산 가운데 하나라고 할 수 있다. 종이와 인쇄술은 근대 유럽의 지식인들을 깨이게 하는 데도 커다란 역할을 하였다.

유럽에서는 중세 때까지 종이가 없었기 때문에 양의 가죽에 글을 썼다. 하긴 중세의 유럽에서는 글을 쓸 일이 그다지 많지 않았다. 왜냐하면 중국처럼 과거제도를 통해서 관리를 뽑은 것이 아니고, 관직은 대개 귀족들이 세습하였기 때문에 교회에서 수도승들이 성경聖經을 베끼는 일 말고는 글을 쓸 일이 많지 않았다. 그나마 교회의 성직자들 가운데에도 까막눈들이 많았다고 하니, 중세 유럽이 얼마나 암흑의 기간이었는지 알 수 있다. 이처럼 중세 유럽은 학문적으로 암흑의 세월이었다.

이에 비하여 중국은 서구문명이 근대화로 발전하기 위한 디딤돌이 되었던 주요 발명품들을 진작부터 발명해 두었을 만큼 뛰어난 재능을 가지고 있었지만, 정작 그것들을 실용적으로 이용하여 근대화와 산업화의 방향으로 발전시키지는 못했다.

고대 중국이 거대 제국의 위용에 안주하는 데에 익숙하였던 것도 주요 원인 가운데 하나이다. 그래서도 진시황의 중국 통일 이후 한漢대를 거쳐 명청明清 대에 이르기까지 2,000여 년 이상 큰 변화 없이 살아갔다고 할 수 있다. 이런 점이 진시황의 중국 통일을 위대한 업적이라고 볼 수만 없는 이유이다.

4. 책을 불태우고 학자를 파묻은 분서갱유(焚書坑儒)

법가사상에 대한 절대적인 신념을 가지고 있었던 진시황은 이전에 한 지역의 지방제후국이었던 때와는 달리 더욱 강력한 통치권을 행사하기 위해서 일종의 지방자치제인 봉건제도가 아닌 중앙집권제인 군현제郡縣制를 채택하여 체계적으로 나라의 기강을 세우려고 하였다. 진시황은 특히 유가儒家 이념이 나라의 기강을 세우는 데에 가장 큰 걸림돌이 된다고 여겼다. 진시황은 유가의 인의仁義와 같은 이상적인 이념이 통일제국으로 거듭난 진나라에서는 도움이 되지 않으며, 오히려 사회질서를 어지럽힌다고 여겼다.

언뜻 보기에는 남을 이해하고 용서하며 너그러운 도덕정치를 강조한 유가가 매우 바람직한 정치제도인 것 같지만, 성악설性惡說을 주장하는 한비자韓非子의 법가사상의 입장에서 보자면, 실제로 인간은 타고

난 품성이 착하지도 않으며, 인간이 오로지 이익을 추구하는 존재이기 때문에 추악해질 수 있다고 여겼던 것이니, 유가儒家야말로 세상 사람들의 가치관을 흔들고 사회질서를 어지럽히는 주요 요인이라고 여겼다. 그래서 진시황은 나라의 혼란을 조장하는 유가 경전들을 불태우고 유학자들을 땅에 파묻어 죽일 것을 명령하였던 것이다.

제자백가 사상 가운데 주요 학파였던 유가의 서적을 불태우고, 그것을 열심히 공부하였다는 이유로 유가 학자들을 파묻어 죽였다는 것이 얼마나 충격적인가? 이처럼 진시황은 책을 태우고 학자들을 묻어 죽였다는 '분서갱유焚書坑儒'를 저지른 폭군이라는 불명예의 딱지를 지난 2천 년의 세월 동안 뒤집어쓰고 있었다. 그렇지만 단순히 진시황이 책을 보기 싫다고 해서 욱하는 심정으로 책들을 불태워버리라고 했던 것은 아니며, 진시황 자신이 단순무식한 폭군이라서 그런 짓을 저질렀다고 이해하여서도 더더욱 안 된다.

인간의 문화적 역량이 모두 담겨있는 책과 인간이란 모름지기 배움을 통해야 인간다워질 수 있으니, 그러한 생각을 실제 정치에서 실현하여 행복한 사회를 이루자고 하던 유학자儒學者들이 무슨 죄를 지었다고 그들에게 그토록 가혹한 형벌을 내려야 했는지 모두들 의아하게 여길 것이다. 게다가 진나라가 합리적이며 이성적인 법가사상을 정립하여 신분의 차별 없이 신상필벌信賞必罰의 원칙이 법으로 보장되어 있었다고 하였는데도 말이다.

진나라가 강성해진 것이 강력한 법치주의法治主義 정책 때문에 가능하였다고 하였다. 사마천의 『사기史記』에는 진나라가 법을 세웠다고만 하였지, 구체적으로 그 법률 조항을 밝힌 대목은 없었다. 그런데 1975년에 호북성湖北省 운몽현雲夢縣에서 진나라 당시 법 조항을 알 수 있는 죽간竹簡들이 발견되었다. 이들 죽간을 통해서 진나라 당시 법률 체계를 엿볼 수 있다. 몇 가지를 예로 들어보면 다음과 같다.

* 남편이 1,000전을 훔쳤는데, 아내가 그 가운데 300전을 숨겼다면 아내를 어떻게 처벌할 것인가? 아내가 남편이 도둑질한 것을 알고 받았다면 마땅히 아내도 처벌하며, 몰랐다면, 돈만 회수한다. (夫盜千錢, 妻所匿三百, 何以論妻? 妻知夫盜而匿之, 當以三百論爲盜, 不知, 爲收.)

* 봄 3월에는 산림의 나무를 베어서는 안 된다. 여름이 되지 않았는데 함부로 밭에 풀을 베어서 퇴비로 써서는 안 된다. 다만 불행히도 집에 누가 죽어서 관으로 쓰기 위해서라면 때를 가리지 않아도 된다. (春三月, 毋敢伐材木山林, 不夏月, 毋敢夜草爲灰. 唯不幸死而伐棺槨者, 是不用時.)

* 무릇 관리의 도리는 반드시 깨끗하며 바른 것을 일삼으며, 신중하고 굳세야 한다. … 모든 일은 반드시 문서로 사건을 기록해 두어야 한다. 고문을 하지 말 것이며, 고분고분 타일러서 알아내는 것이 가장 좋다. … 보고할 일 있으면 반드시 글로 해야지 말로 해서는 안 되며, 대리인을 세워도 안 된다. (凡爲吏之道, 必精潔正道, 愼謹堅固. … 能以書從迹其言, 毋笞掠而得人情爲上. … 有事請也, 必以書, 毋口請, 毋羈請.)

앞의 두 항목은 일반 백성들의 일상생활에서 있을 수 있는 일을 적은 것이고, 아래 항목은 관리들의 수칙을 적은 것이다. 이처럼 진나라 때의 법은 일상생활의 사사로운 것에서부터 매우 세밀하고도 합리적으로 짜여 있다는 것을 알 수 있다. 그러므로 법가의 입장에서 보자면, 유가사상은 새로이 건립된 진나라의 건국이념에는 맞지 않고 지나치게 이상적이라고 여겼다.

그렇다고 해도 이런 정도의 이유로 어째서 유가의 책을 태우고 그다지도 가혹하게 땅에 묻어 죽이는 분서갱유라는 정책을 실시한 것일까? 진시황이 약간 미치지 않고서는 도무지 그럴 수는 없다고 생각하면 문제는 비교적 간단하다.

분서갱유는 처음부터 유가儒家 학자들과 그 사상을 말살하기 위해서 시행된 것은 아니었다. 분서焚書는 아무런 분별이 없이 마구잡이로 책을 불태웠던 것이 아니었다. 분서焚書의 대상에서 법가法家나 실용적인 서적으로 천문, 기술, 농업에 관련한 책들은 제외되었으며, 특히 진시황이 유난히 미워했던 유가경전의 하나인 『주역周易』은 실용서적으로 분류되어서 역시 제외되었다. 이런 사실만 보더라도 분서갱유는 진시황이 정신이상 증상을 보여서 마구 책을 불태운 것이 아니라 일정한 기준을 두고 감행한 개혁정책의 하나로 이해해야 한다.

진시황제가 군현제郡縣制를 시행한 것은 중앙집권을 강화하기 위해서였다. 그런데 당시 조정에서는 중앙집권제를 반기지 않던 이들도 있었다. 예나 지금이나 정치인들에게는 일정한 자리가 늘 보장되지 않는 형편이라서 평상시에는 말만 앞세우는 골칫덩이 같은 자들이기도 하다. 좋게 말하면 정객政客 또는 빈객賓客인데, 이들 정객들에게는 진나라 통일 이전의 전국시대戰國時代처럼 나라가 어지러워 여럿으로 나뉜 상태를 좋아하게 마련이다.

왜냐하면, 각 지방 제후국들이 각각 살아남기 위해서 전국 여기저기에서 몰려오는 정객들을 모셔다가는 조정의 주요 자리를 맡겼기 때문에 당시 정객들은 자신들의 정치적인 이상을 펴거나 개인적인 명예를 채울 기회가 그만큼 많았다. 그러므로 혼란스런 전쟁이 참혹하기는 하지만, 오히려 정객들에게는 그런 양상이 계속 지속되기를 은근히 바라기 마련이다. 그래야만 그들에게 그만큼 일할 자리로서 밥줄이 쭉 보장되는 것이기도 하기 때문이다.

그런데 진이 통일제국을 이루고 보니, 정치인들의 일거리가 많이 없어져 버린 것이다. 황제가 나라를 직접 통치한다는 것을 명목으로 내세워 정사를 직접 챙기다 보니, 정객들로서는 일자리가 그만큼 더 줄어들게 되었다. 그래서 정객들은 진시황제에게 통일된 진나라가 이토록 너무나도 큰데 어찌 직접 다스리시겠느냐고 하면서 이전 주周나라 때처럼 지방자치제 형식인 봉건제로 돌아가야 한다는 상소를 올리는 일이 잦아졌다.

진시황은 이러한 상소의 이면에는 결국 진나라를 예전처럼 혼란의 시대로 몰고 가려는 의도가 있는 것이라고 여기고 있었다. 그래서 당시 이런 주장을 하는 정객들을 처벌해야겠다는 마음을 먹고 있었고, 결국 이들이 나라를 어지럽히는 자들이라는 죄명으로 땅에 파묻히는 형벌을 받은 것이다. 그러므로 이때 땅에 묻힌 자들은 보통의 유가儒家 학자들이 아니라 지방분권의 봉건제를 주장하던 정치인들이었다.

그런데 한漢나라 때 이런 배경은 언급하지 않고 단지 진시황이 책을 태우고 학자를 죽였다는 사실만을 내세우며 사실을 왜곡하였던 것이다. 왜냐하면 진나라의 정통성을 훼손하기 위해서였다. 그리고 그때 묻혀 죽었던 이들은 대개 정치인들이 아니라 신선사상神仙思想에 탐닉하여 불사약不死藥을 만들 수 있다고 진시황에게 거짓말을 하였던 당시 방사方士들이었다.

5. 진시황, 불나는 약을 먹다

진시황은 통일제국을 이룬 이후 자신이 이 세상에서 이룰 수 있는 것은 다 이루었다고 여겼기 때문에 '빛나는 신'이 되고자 했고, 그래서 호칭도 황제皇帝로 바꾸었다고 했다. 신神이라면 당연히 우주 만물을 창조하고, 역시 당연히 죽어서는 안 되는 존재라고 여겼다. 그렇기 때문에 진시황은 자신의 힘으로 이 세상을 통일하였으니 이 지상에서는 더 이상 이룰 것이 없으며, 이제는 신으로서 죽으면 안 된다고 여겼다.

진시황은 죽지 않기 위해서 여러 방법을 찾고 있었는데, 당시 방사方士들이 만들던 죽음을 모면케 한다는 불사약不死藥에 빠져들었다. 그리고 어떤 자들은 늙지 않는다는 불로초不老草를 구해 오겠다고 하며 황제를 속이는 일이 잦아졌다. 인간의 영원한 꿈인 불로불사不老不死의 유혹에 진시황이 놀아났던 것이다. 먹으면 바로 죽는 약은 얼마든지 검증이 바로 가능하지만, 죽지 않는 약이라면 그 약을 먹고 죽는지 안 죽는지를 어떻게 확인할 수가 있단 말인가?

방사들은 이런 점을 이용하여 진시황을 속였다. 아무리 그렇더라도 그들 방사들이 아무런 성분이 없는 물이나 귀한 약초로만 약을 만들었다면 오히려 진시황의 몸에 그다지 탈은 없었을 것인데, 진시황으로부터 큰돈을 받고 만든 불사약이다 보니, 그들 약이 좀 특별하다는 것을 보이기 위해서 중금속이나 마약 성분을 첨가하였다. 나중에야 어찌 되든지 간에 극적인 치료 효과가 있는 것처럼 보이기 위해서 일단 불사약을 먹으면 정신이 알딸딸해지면서 공중에 붕붕 뜨는 것과 같이 느끼게 하여 마치 신선神仙이 되어 하늘로 곧 오를 것 같은 환각작용을 일으키게 하였던 것이다.

그런데 여기서 또 아이러니하게도, 이렇듯 이것저것 좋다는 성분을 마구 섞어서 불사약을 만들던 과정에서 부산물로 만들어진 것이 '불나는 약'이라는 뜻의 화약火藥이다. 물론 화약이 진시황 시절 누가 만들었는지 분명하게 알려진 것은 아니며, 아마도 오늘날 다이너마이트의 시초가 여기에서 만들어졌다고 알려져 있을 뿐이다.

황홀경을 맛보게 해주는 방사들의 불사약을 복용하면서 진시황은 곧 완벽한 불사약이 만들어질 것이라고 여겼다. 그렇지만 어찌 된 일인지 날이 갈수록 불사약을 먹으면 먹을수록 몸에서 이상 증상을 느끼게 되면서 진시황은 불사약을 만들어 바친 방사方士들이 혹시 자신을 속이고 있는 것이 아닌지 차츰 의심하기 시작했다. 그래서 그들 방사들을 한번 잡아다가 다그쳐야겠다는 생각이 들었고, 이러한 황제의 마음을 알아차린 방사들은 일제히 도망을 쳤다.

진시황은 그들을 잡아들였고, 이들은 황제를 속인 죄를 명목으로 땅에 파묻히는 형벌에 처해졌던 것이다. 전하기로는 이때 땅에 묻힌 자들이 460명 정도라고 한다. 이때 갱유坑儒의 실제 대상들은 주로 이들 방사들이었고, 이들 가운데 앞서 진시황의 군현제를 반대하였던 정치인들인 유학자들이 몇 명 끼어 있었을 뿐이다.

분서갱유의 정황을 좀 더 살펴보자면, 『사기史記』의 시황제始皇帝 본기本紀 34년年 조에 이사李斯가 다음과 같이 진시황에게 주청을 올렸다.

> 신이 청하옵건대, 사관들에게 명하여 진(秦)나라 기록이 아닌 것은 모두 불태우고, 박사관에 소장 되어 있는 것을 제외하고, 세상에 수장되어 있는 시(詩) · 서(書) · 제자백가(諸子百家)의 서적들을 모두 지방관에 보내어서 태우게 하며, … 없애지 말아야 할 것은 의약(醫藥) · 복서(卜筮) · 나무 심는 책(種樹)입니다.(臣請史官非秦記皆燒之. 非博士官所職, 天下敢有藏詩 · 書 · 百家語者, 悉詣守 · 尉雜燒之. … 所不去者, 醫藥卜筮種樹之書.)

이후의 『사기』 기록에는 "시경과 서경을 불태우고, 술사術士들을 묻었다. 焚詩書, 坑術士."라고만 되어 있는 것으로 보아서 이사가 주청한 대로 분서갱유가 전격적으로 이루어진 것이 아님을 알 수 있다. 그리고 '분서갱유'라는 말 역시 처음 나온 것은 후대에 지어진 『위고문상서僞古文尚書』의 서문序文이다. 여기에서는 "진시황 때에 이르러서 이전 시대의 전적을 없앴으니, 책을 불태우고 유학자들을 묻어 죽였다. 세상의 학자들이 모두 여기저기로 도망쳐 흩어졌다. 及秦始皇, 滅先代典籍, 焚書坑儒, 天下學士, 逃難解散."라고 하여 『사기』의 내용보다 훨씬 과장되게 서술하고 있다.

『위고문상서』는 믿을 수 있는 책이 아니라고 줄곧 의심받아오다가 청淸나라 때 검증된 것이기도 하다. 즉, 진시황 때 불태운 책은 유가 경전 가운데 『시경』과 『서경』뿐이며, 당시 묻혀 죽은 이들은 유학자儒學者들이 아니라 진시황에게 거짓으로 불사약을 만들 수 있다고 한 술사術士 즉 방사方士들이었다.

그리고 『주역』이 당시 불태워지지 않은 이유는 이사가 말한 대로 그것이 점치는 복서卜筮이기 때문이다. 『한서漢書 · 예문지藝文志』에서도 "진나라에서 책을 불사를 때 『주역』은 점치는 일을 하는 것이라 전해져서 끊이지 않은 것이다. 及秦燔書, 而易爲筮卜之事, 傳者不絶."라고 해설한 것만 보더라도 그런 사실을 알 수 있다. 오늘날까지도 그러하지만, 점치는 일이 일상생활에서 매우 중시되었다는 것을 알 수 있다.

형벌로서 분서갱유란 것이 얼마나 끔찍한 짓인가? 그런데 우리들에게는 어째서 이때 오로지 유학자들만이 땅에 묻혔다고 알려진 것일까? 그것은 한漢왕조에서 진시황의 폭정이 얼마나 가혹했는지를 지나치게 확대 선전하고, 한漢나라 건국의 정통성을 찾는 데에 이보다 더 좋은 소재도 없었기 때문이다. 그리고 한漢 무제武帝 때 동중서董仲舒의 건의로 유가가 나라의 이념으로 채택된 이후로는 당시 유가 경전과 유가학자들이 받은 수난은 마치 지난 시절 포악한 학정의 시대에서 살아남은 순교자와 같은 존재로 인식되었던 것이다.

결국, 진시황은 50세에 죽는다. 그의 병명은 분명 약물중독이었을 것이다. 만약에 앞으로 진시황릉을 발굴하게 되어 혹시 시황제의 시신이라도 나온다면 미국의 과학수사대인 CSI가 아니더라도 진시황의 병명 정도는 쉽게 증명이 될 수 있을 것이다. 근래에 진시황릉의 주변을 조사해 본 결과, 수은이 다량 함유되어 있다는 것을 밝힌 보고가 있기도 하다. 통일전쟁을 수행하면서 너무나 많은 사람을 죽이고도 정작 자신은 죽지 않으려고 발버둥질 치며 불사약을 먹어댄 것 때문에 하늘의 섭리를 어긴 것에 대한 벌을 받은 것일까? 진나라가 서서히 망하는 길목으로 접어드는 순간이다.

6. 멸망의 조짐은 진시황으로부터

분서갱유가 단순한 폭압 정치의 수단만이 아니었으며, 제아무리 나라의 질서를 세우기 위한 조처였다고 하지만, 진시황이 죽지 않으려고 불사약을 먹어대기 시작하면서 이미 진나라는 멸망의 조짐을 보였다.

진시황은 봉건제도가 나라를 어지럽게 한다고 하여서 황제 자신이 직접 통치하는 체제인 군현제郡縣制를 시행하였다고 하였다. 그러기 위해서 진시황은 자신이 지방에 내려 보낸 관리들이 정치를 잘 하고 있는지를 살피기 위해서 10여 년의 재위기간 동안 5차례나 지방순시를 하였다. 진시황이 이처럼 지방순시를 자주 나갔던 것은 자신이 이루어 놓은 통일의 위업을 과시하고자 한 측면도 있었다. 황제가 지방 정치를 직접 챙긴다는 자체는 바람직하였지만, 진시황이 그간 멸망시킨 다른 여섯 나라들의 왕족과 귀족들의 입장에서 진시황의 지방순시는 그를 암살하여 복수할 수 있는 더없이 좋은 기회이기도 하였다.

진시황을 죽이려는 음모가 여러 차례 있었다. 그 가운데에서 진시황의 암살을 내용으로 하는 영화 가운데 우리에게 잘 알려진 것으로는 2002년에 나온 장예모張藝謨 감독, 이연걸李連杰 주연의 영웅英雄이 있었다. 이 영화는 그저 이연걸의 화려한 액션과 양조위梁朝偉나 장만옥張曼玉 같은 몇몇 유명 배우들이 나온 중국식 '뻥 시네마'로 한가히 시간 보내기에 딱 알맞은 영화쯤으로 기억하는 이가 많다.

그런데 이 영화는 당시 진秦나라에게 멸망당한 연燕나라의 왕자였던 단丹이 형가荊軻라는 자객을 고용하여 진시황을 죽이려고 하였던 실제 사건을 재미나게 뻥 튀겨서 꾸며낸 것이다. 영화에서 무명無名이라는 자객이 진시황을 죽이려고 했던 자객들을 찾아가서 자신이 진시황을 죽이기 위해서는 진시황 가까이에 가야 하는데, 그러기 위해서는 거짓으로라도 앞서 황제를 죽이려고 하였던 자객들을 자기가 처치하였다는 것을 증명해 보일 필요가 있다고 한다. 결국, 진시황은 자기를 죽이려고 하였던 자객들을 처치했다는 무명에게 상을 내리기 위해서 황제의 자리에서 10보 앞까지 오는 것을 허락한다. 그런데 이때 황제는 무명이 자신에게 거짓말을 하였고, 이제 무명이 그의 필살기로 점프 한 번 떠서 휘익 칼을 휘두르면 자신이 죽게 된다는 것을 알아차린다. 여기에서 진시황은 더 이상 피할 수 없다는 것을 알고는 순순히 그리고 의젓하게 자신의 칼을 내주며 무명에게 자신을 죽이라고 하지만, 무명은 진시황을 죽이지 않고 돌아선다. 이에 진나라 병사들은 황제를 죽이려고 했던 자를 용서할 수 없다고 하여 무명을 죽일 것을 명령하라고 황제에게 요구한다. 황제는 자신을 살려준 무명을 살려주고 싶었지만, 황제라고 해서 법을 어길 수가 없었기 때문에 무명은 장렬하게 죽고 만다.

이 이야기는 사마천 『사기史記』의 열전列傳에 자세히 나오는 내용을 패러디한 것인데, 두어 시간짜리 영화 내용을 단 몇 줄로 설명하려니 좀 쪼그라드는 느낌이긴 하다. 여기에서 문제는 이 영화의 제목이 '영웅'인데, 이 영웅은 도대체 누구일까? 언뜻 보기에 무예의 절대지존인 이연걸일 것이라고 여기기 쉽지만, 이 영화에서 영웅은 진시황이다. 어째서일까? 이 영화에는 오늘날 중국이 처한 예민한 정치문제를 우회적으로 반영하고 있다.

지난 수백 년 동안 이어오던 전란의 혼란기를 종결시킬 자가 과연 진왕이라고 하면서 마땅히 중국은 통일제국의 길로 가야 하는 당위성을 선전하고 있는 것이다. 이것은 오늘날 중국 정부에서 조화로운諧和 통일국가를 지향하고 있는 당위성을 반영한 것이기도 하다.

진시황이 실제로도 죽을 뻔한 극적인 위기를 여러 차례 넘기긴 하였지만, 그 역시 인간인지라 죽음을 비껴가지는 못했다. 물론 진시황에게 거짓말로 돈을 갈취해간 방사方士들의 가짜 불사약不死藥이 진시황의 죽음에 치명적인 작용을 하였을 것이라고 추측할 수 있다. 지금처럼 도로 포장이 잘 된 것도 아니었던 당시 진시황이 암살의 위험을 무릅쓰고, 황제에 즉위한 이후 10여 년 동안 지방을 순시한 것은 매우 고된 여정이었을 것이다. 그런 탓이었는지 다섯 번째 순시에서 진시황은 50세의 나이로 죽었다.

불사약만 먹지 않았더라도 좀 더 살 수 있었을 텐데, 좀 일찍 죽었다고 할 수도 있지만, 인간이 태어나 누구도 어쩌지 못하는 마지막의 순간을 진시황도 맞아야만 했던 것이다. 또 혹시라도 진시황이 10년 아니면 20년쯤 더 살았다면 중국의 역사가 또 어찌 변했을지 모를 일이다.

7. 진나라 멸망을 재촉한 조고(趙高)와 이사(李斯)

일반적인 경우 황제가 지방을 순시하던 길에서 죽음을 맞았다면, 순시 일정을 바로 접고 수도 함양咸陽으로 돌아와서 뒤를 이을 태자太子를 중심으로 장례절차를 준비하고, 새로운 황제를 맞아야만 할 것이다. 그런데 이때 진시황의 장남 부소扶蘇는 만리장성에 가 있었다. 부소는 진시황만큼 과격하지 않아서 분서갱유를 실시하려고 했던 아버지에게 좀 지나친 처사라고 반대하였다. 진시황은 자신의 뜻을 거역하였던 장남을 어찌 처벌할 수는 없어서 고생 좀 하고 오라는 뜻으로 만리장성으로 보내 흉노족의 침입에 대비하라고 했던 것이다. 그렇다면 이제 황제가 죽었으니, 당연히 장남을 수도로 불러와서 진시황의 장례를 치르고 2세 황제에 오를 준비를 했어야 했는데, 이때 진시황을 측근에서 모시던 조고趙高라는 환관宦官에 의해서 다른 음모가 벌어지고 있었다.

조고는 부소가 돌아와서 황제에 오르면 지금까지 자신이 누렸던 모든 권력이 하루아침에 수포로 돌아갈 것을 걱정했다. 그리고 자신의 권력을 그대로 유지하고자 한 음모가 혼자만의 힘으로는 실현되기 어렵다는 것도 잘 알고 있었다. 그래서 진나라의 통일과 이후 펼쳐진 대부분의 통일사업을 주도하였던 승상丞相 이사李斯를 끌어들이기로 하였다. 조고는 이사에게 부소가 황제에 오르면 이제까지의 모든 권력구조가 새 황제를 중심으로 다시 짜일 것이니, 그렇게 되면 자기나 이사 모두 권력에서 떨려나는 신세가 될 것이라고 하고는 자신들의 권력을 연장하기 위해서는 무언가 계략이 필요하다고 하면서 이사를 꼬드겼다. 자기 친구인 한비자韓非子의 능력을 시샘하여서 진왕에게 죽여 달라고 요청하였던 이사가 얼마나 정치권력에 목을 매고 있는지 조고는 잘 알고 있었던 것이다.

조고는 일단 황제의 죽음을 알리지 않고 거짓으로 부소에게 황제의 명령서를 보내어 부소가 아버지의 뜻을 어긴 불효자이기 때문에 죽어 마땅하니, 부소에게 스스로 목숨을 끊으라고 하였다. 이때 부소 주변 사람들이 무언가 낌새가 이상하니 좀 더 사정을 알아보자고 하였지만, 부소는 아버지의 명령을 거역할 수 없다고 하여 스스로 죽음을 받아들였다.

다음 수순으로 조고는 왕자 가운데 자신이 어린 시절부터 교육을 맡아 가까이 지냈던 왕자 호해胡亥를 태자로 세워 2세 황제에 오르게 하였고, 조정의 권력을 거머쥐게 되었다. 이후 조고는 이사와 권력다툼을 벌인 끝에 모든 권력을 장악하였다. 이때 이사는 수레에 매달려 온몸이 찢기는 거열형車裂刑을 받고 처참한 최후를 맞았다. 자신의 정치적인 야욕을 이루기 위해서 순자荀子 밑에서 동문수학하던 친구인 한비자韓非子까지 죽게 하고 이루었던 자신의 위업이 한번에 무너지는 순간이었다. 이제 조고는 진나라의 모든 권력을 장악하게 되었고, 그 잘못된 권력을 유지하기 위해서 백성들에 대한 형벌은 더욱 가혹해졌다.

이사가 조고의 꾐에 넘어가지 않았어야 하는데, 이사가 중국의 역사에서 진나라의 통일과 문자, 도량형의 정비 등 수많은 업적을 남기고도 그다지 잘 알려지지 못한 이유가 이처럼 뒤끝에서 처신을 잘못해서이다. 예나 지금이나 정치인은 나아가는 것뿐만 아니라 때가 되면 물러나는 데에 더욱 현명하게 처신해야 한다는 교훈을 주는 것이 아닌가 싶다.

어느 날 조고는 자신이 다루기 껄끄러운 상대였던 이사까지 해치우고 나서 스스로 승상丞相에 올라서는 자신의 권력이 얼마나 공고한지를 시험해 보기로 하였다. 어느 날 조정 회의에서 조고는 2세 황제에게 사슴을 한 마리를 보여주면서 매우 영험한 말馬이라고 슬쩍 떠보았다. 2세 황제는 의아하게 여기며 주위의 신하들에게 승상 조고가 농담을 한다고 하면서 말이 아니라 사슴이라는 사실에 동의해 줄 것을 기대하였다. 신하들 가운데 어떤 이는 이번 일에 반드시 승상 조고의 음모가 있을 것이라고 눈치를 채고는 아무 말도 안 하였다. 그런데 신하 가운데 눈치 없는 이들은 2세 황제가 옳다고 한마디를 거드는 자도 있었다. 물론 이때 조고 역시 이것이 말이라고 우길 수는 없는 노릇이었다. 다만, 이때 황제에게 동의하였던 눈치 없는 자들을 마음속으로 찍어두었다가 나중에 기회를 보아서 처치하였다.

이 이야기가 사슴을 가리켜서 말이라고 한다는 내용의 지록위마指鹿爲馬라는 고사성어의 내용이다. 누군가 모욕을 주기 위해서 농락한다는 의미이다. 이렇듯 조정에서 환관 출신이 승상이 되었고, 그런 자가 황제를 얕보는 지경에까지 다다랐으니, 진나라가 망하지 않고는 배기지 못할 지경이었다고 하면 지나칠까?

이 이야기는 아마도 일본어로 '빠가야로우'라는 말의 어원인 듯싶다. 이 말이 일본어의 욕이라는 것은 다 알 것이다. '빠가야로우'는 '바보자식'이라는 뜻의 일본어로 'ばかやろう'라고 쓰는데, 그것의 한자어가 '馬鹿野郎'이다. 즉 말과 사슴도 구분 못 하는 멍청한 놈이라는 뜻이다. 나는 이 일본어 욕을 볼 때마다 일본어 욕이 중국 역사에 나오는 이야기를 잘 활용하여 만들었다는 생각이 들곤 한다.

우리나라의 '개××'나, 중국어의 욕말에서 '개가 기른 놈'이라는 뜻에서 '고우양더狗養的' 같은 것이 대개는 혈통의 순수성을 중시하는 것에 비하여 좀 색다른 욕이 아닌가 싶다. 여기에서도 중국이나 우리나라에서 전통적으로 혈통의 순수성을 매우 중시한다는 것을 알 수 있다.

그나마 분서갱유와 같은 가혹한 형벌을 반대할 줄 알고, 아버지의 말에 순종할 줄 알았던 부소扶蘇가 혹시라도 2세 황제에 올랐으면 중국의 이후 역사는 또 어찌 진행되었을까? 역사에서 무슨 가정을 하는 것은 부질없는 짓일 것이다.

그런데 조고는 하필이면 다른 동물도 많은데, 어째서 사슴을 가져다가 말이라고 했을까? 중원축록中原逐鹿은 제왕의 자리를 얻고자 치열하게 다툰다는 뜻이다. 축록逐鹿, 즉 사슴을 다툰다고 하는데, 이때 사슴은 왕권을 상징한다고 할 수 있다. 기원전 6세기부터 기원후 3세기까지 유라시아 지역에서 유목 활동을 하던 스키타이Scythia 족들이 나무와 사슴을 숭배하던 토템의식이 있었고, 우리나라 신라新羅시대의 왕관에도 사슴뿔과 나무의 형상을 장식하고 있는 것에서 우리 민족의 기원을 중앙아시아라고 하는 주장과도 관계가 있는 것이 아닌가 싶다. 즉, 왕권을 상징하는 사슴을 가리키면서 말이라고 했다는 것은 2세 황제를 은근히 농락하는 암시라고 볼 수 있다. 좀 모자란 2세 황제와 정권을 마구 휘두른 조고 때문에 나라는 안팎으로 점점 어지러워져만 갔다. 진나라 멸망의 조짐이 성큼 다가오는 순간이었다.

08

한(漢) 문화의 기틀을 세운 한(漢) 제국

1. 왕후장상(王侯將相)의 씨가 따로 있나
2. 물러날 줄 알았던 장량(張良)
3. 내조의 황후(皇后), 여태후(呂太后)
4. 여태후, 질투의 화신으로
5. 무제(武帝), 한나라의 흥성에서 몰락까지
6. 외척(外戚)에 휘둘리면서 망하다

중국 역사와 문화 들여다보기

한(漢)문화의 기틀을 세운 한(漢) 제국

어느 왕조이든 중요하지 않고, 의의가 없었던 때가 있었을까 싶지만, 오늘날 중국을 의미하는 여러 중국적인 요소들을 한자漢字 · 한문漢文 · 한어漢語 · 한족漢族 · 한인漢人이라고 하듯이, 한漢나라는 중국 역사에서 특히 중요한 시기라고 하였다. 그렇지만 정작 진나라가 영토의 통일뿐만 아니라 문자나 도량형의 통일을 이루었고, 한나라 때 진행한 사업들은 진나라 때 밑그림을 그려두었던 것이라고 해도 지나치지 않다. 그만큼 진나라와 한나라는 여러모로 닮은 구석이 많다고 하여서 역사에서는 이 시기를 한데 뭉뚱그려 진한秦漢시대라고 한다. 게다가 이후 청淸나라 때까지 중국 왕조시대의 성격은 대부분 이 시기에 정해진 것이라고도 했다. 그런데 그토록 강성하였고, 합리적인 법질서 체계를 가졌던 진나라가 어째 그리도 일찍 망했던 것일까?

1. 왕후장상(王侯將相)의 씨가 따로 있나

진시황이 죽고 조고趙高의 말을 잘 듣던 호해胡亥가 2세 황제에 오른 이후 궁중에서는 조고가 정권을 제멋대로 휘둘러댔고, 민간의 백성들은 진나라의 가혹한 법치주의에 점점 힘들어하였다. 세상인심이란 것이 혹시 무엇 하나 잘못하더라도 슬쩍 눈감아 주는 아량도 있어야 했는데, 당시 진나라의 법이 너무 가혹했던 것에 문제가 있었다. 이 때문에 전국 곳곳에서 민란이 일어났고, 진나라는 이제 회생할 수 없게 되었다.

진나라 멸망의 원인이 민란이었다는 것은 중국 역사에서 매우 의미 있는 일이라고 할 수 있다. 이전에도 민란이 일어나기는 하였지만, 이것이 나라를 망하게 하는 데까지 이르지는 못했었는데, 드디어 민란의 힘으로 나라가 망할 수 있다는 것을 처음으로 보여주었던 것이다.

진나라는 통일 이후 너무 많은 건설사업을 벌였다. 만리장성을 보수하고 연장하여 계속 쌓았던 것은 물론이고, 전국을 효율적으로 다스리기 위하여 치도馳道라는 고속도로를 건설하였고, 진시황 자신의 죽음을 대비해서 일찍부터 만들기 시작하였던 황제의 무덤인 여산릉廬山陵과 병마용兵馬俑 등 이 모든 사업은 백성들의 엄청난 노역과 세금으로 치러져야 했다. 그러기 위해서는 더욱 혹독한 법으로 백성들을 쥐어짜는 수밖에 없었다. 이제 백성들의 가벼운 범죄도 무겁게 형벌을 매기거나 그것을 돈으로 대신 물게 하는 일도 잦아졌다. 드디어 백성들의 불만이 민란을 통해서 터져 나왔다.

초楚지방에 진승陳勝과 오광吳廣이라는 하급관리가 있었다. 이들은 죄수를 호송해서 변방의 경비를 맡으라는 명령을 받고 북쪽 국경으로 가는 중이었다. 그런데 가는 도중에 비가 쏟아져서 개울물이 불어나 길이 막혀서 도저히 정해진 기일 안에 국경에 도달할 수가 없었다. 진나라의 엄격한 법률에 의하면 비가 와서 길이 막혀 늦었다는 식의 변명은 통하지 않았다. 그들은 이래 죽나 저래 죽나 마찬가지인 처지가 되었다. 그래서 진승과 오광은 자신들이 이제는 국경까지 정해진 날짜

안에 맞추어 도착하는 것은 그른 것이고, 그렇다고 다시 고향으로 돌아갈 수도 없는 노릇이 되었다. 이러한 사정을 일행들에게 설명하고는, "왕후장상의 씨가 따로 있느냐! 王侯將相寧有種乎!"며 봉기할 것을 제의하였다.

이에 백성들이 함성을 지르며 따랐다. 이 일이 곳곳에 알려지면서 전국 각지의 백성들이 봉기의 대열에 합류하였다. 당시 백성들은 이처럼 누군가가 깃발만 들고 나서면 봉기할 준비가 되어 있었을 만큼 진나라의 가혹한 형벌제도와 여러 건설사업에 동원되었던 것에 지쳐있었던 것이다.

어느새 진승은 세력이 커져서 국호를 장초張楚라고 정하고 스스로 왕위에 오르기까지 하였다. 그런데 실전 경험이 없었던 진승의 농민군은 진나라의 주력부대에게 패한 후에 갑자기 힘을 잃은 데다가 내부 동요까지 일어나 결국 진승과 오광은 살해되고 민란은 종결되는 듯했다. 진승과 오광의 농민 반란은 6개월 만에 몰락하기는 하였지만, 이후 진나라가 전국적으로 농민 반란의 물결에 휩싸여 나라가 점점 혼란스러운 지경에 빠져들게 된 계기가 되었다.

왕후장상의 씨가 따로 있느냐는 말은 우리나라 고려 때에 노비들의 반란에서 너도나도 구호로 삼았을 만큼 이후 민란에서 자주 쓰이는 말이었으니, 그것은 바로 진승과 오광 때부터 부르짖었던 것이었다.

농민출신으로 민란을 승리로 이끌고 결국 왕후장상의 꿈을 이룬 이가 나타났다. 그가 바로 한漢나라를 세운 고조高祖 유방劉邦이었다. 유방 역시 초楚지방 출신의 농민이었는데, 유방이 민란에 가담하게 된 경위는 진승과 비슷하다. 유방은 고향에서 마을 이장里長 정도의 말단 관리로서 죄수들을 인솔하여 황제의 릉陵을 축조하는 데에 동원되었다. 그런데 죄수 가운데 중간에 도망가는 자가 많아서 자신도 처벌을 면하기 어렵게 되었다. 그래서 아예 나머지 죄수들도 풀어주고 민란의 대열에 가담하였던 것이다.

당시 진나라에 대한 항거抗拒를 주도한 이는 우리에게 천하장사로 알려진 항우項羽였다. 항우의 집안은 유방과 달리 초楚지방에서 대대로 장군이었던 명문 집안 출신이었다. 그런데 항우는 어려서부터 무예에 뛰어났지만, 사내대장부란 자신의 이름만 쓸 줄만 알면 된다면서 학문을 닦는 데에는 게을리하였다.

이때 유방은 진나라에 대항한 반군의 주도세력인 항우의 밑에 들어가서 진나라 수도를 공략하는 길에 나섰다. 항우는 반군의 주력부대를 이끌고 진나라 군대 20만을 몰살시키는 전과를 거두며 수도로 진군하는 사이에 유방은 우회의 길을 택해 일찍이 진나라의 수도 함양咸陽에 도달하였다. 이즈음 진나라 조정에서 조고는 진나라가 민란으로 어지러워진 것이 2세 황제의 책임이라고 하면서 2세 황제를 멋대로 폐하고 자영子嬰을 3세 황제로 삼았다. 이에 3세 황제는 즉위하여 기회를 틈타 조고를 죽였고, 반군이 오기만을 기다렸다가, 유방의 부대가 도착하자마자 바로 성문을 열고 항복하였다. 이처럼 유방은 진나라 수도를 간단하고도 평화적으로 접수하였다.

유방은 진나라 백성들이 진나라의 가혹한 법 때문에 고통스러워한다는 것을 잘 알고 있었다. 그래서 진나라 법을 모두 폐기하고, 다만 살인하지 말고 다른 사람과 싸워서 다치게 하지 말고 도둑질을 하지 말라는 식으로 약법約法 3조항만을 남겨두고 진나라의 모든 법을 폐기하였다. 이러한 조치는 진나라 도성 사람들로부터 환영을 받았으니, 유방은 백성들이 진나라의 가혹한 법에 고통스러워한다는 것을 잘 알았기 때문에 그런 조처를 내린 것이었다.

나중에 주력부대를 이끌고 도성에 도착한 항우는 자신이 먼저 함양에 입성했어야 명분이 서는 것이었는데, 유방이 이미 수도에 들어와서 그곳 사람들로부터 호감을 산 것을 보고 유방이 혹시 자신의 자리를 탐내는 것이 아닌가 싶어서 경계하기 시작하였다. 그래서 진나라를 완전히 멸망시킨 다음에 부하 장수들에게 상을 내릴 때 유방에게는 주요한 지역에서 배제하고 척박한 사천성四川省 지역으로 가라고 명령을 내렸다. 유방으로서는 자신이 진나라를 멸망시킨 공훈이 매우 큰데도, 이렇듯 푸대접을 받는 것에 불만이 있었고, 유방은 자신의 뜻에 동조하는 장수들을 규합하여 항우에게 대항하였다.

처음에는 항우의 군대에 비하여 세력이 보잘것없었던 유방의 군대는 거듭 패하면서도 마침내 해하垓下의 마지막 전투에서 항우의 부대를 완전히 포위하기에 이르렀다. 이때의 상황을 사면초가四面楚歌라고 하는데, 포위당한 초나라 출신의 항우 병사들에게 고향의 노래를 들려주어서 사기를 떨어뜨리는 작전이었다. 결국, 항우는 자신의 애첩인 우虞미인과 마지막 밤을 보내고 기병 800명만을 데리고 포위망을 뚫고 도망쳤지만, 더 이상 도망할 데가 없게 되자 자기만 살아서 고향에 돌아갈 면목이 없다 싶어서 장렬하게 자살하고 만다.

항우는 훌륭한 장군감이었지만, 유능한 정치가나 행정가의 자질은 아니었다. 당시 3년 동안 유방은 항우와 100번 싸웠는데 99번을 지고 있다가 마지막 해하의 싸움에서 승기를 잡아 대역전극을 이룬 것이었다. 유방은 늘 패하고 도망치느라고 바빴지만, 끝내 희망의 끈을 놓지 않았고, 마침내 항우를 꺾고 중국 역사에서 처음으로 평민출신의 황제가 되었다.

이 내용이 경극京劇을 소재로 하는 영화로 유명한 패왕별희霸王別姬이다. 여기에서 패왕霸王은 항우를 가리키고, 희姬는 항우의 애첩이었던 우虞미인이다. 패왕은 진시황의 황제라는 호칭을 따르지 않고, 세상을 재패한 왕이라는 의미로 항우가 지어 쓴 호칭이다. 영화에서는 항우가 탈출하는 데에 자신이 방해가 될까봐 우미인이 자결하는 것처럼 나오는데, 실제로 『사기』에서는 우미인이 어떻게 죽었는지에 대해서는 별다른 언급이 없다. 이때 항우는 「해하가垓下歌」로 잘 알려진 시구 한 편을 읊어대고는 포위망을 뚫고 달아나다가 장렬하게 자살하고 만다는 내용이다.

力拔山兮氣蓋世, 내 힘은 산을 뽑아 온 세상을 뒤덮을 만한데,
時不利兮騅不逝, 시절이 불리해서 나의 애마가 내달리지 못하는구나.
騅不逝兮可柰何, 나의 애마가 내달리지 못하니, 참으로 이를 어찌하랴.
虞兮虞兮奈若何. 우야, 우야, 참으로 이를 어찌하랴.

항우가 죽고 이어서 유방은 중국 역사에서 최초로 농민 출신으로 한漢나라를 세워 황제의 자리에 오른 인물이 되었다. 전하기로는, 이때 유방 역시 「대풍가大風歌」라는 노래를 지어 불러서 새로운 황제로서의 위용을 드러냈다고 한다.

大風起兮風雲飛. 큰바람이 부니, 바람과 구름 날리고,
威加海內兮歸故鄕. 나의 위엄 세상에 떨치고, 고향에 돌아왔도다.
安得猛士兮守四方! 어찌 세상의 용맹한 병사 얻어서 나라를 지킬까!

위에서 항우가 불렀다는 「해하가」나 유방의 「대풍가」 모두 그들이 직접 지었는지는 확실하지 않지만, 그들이 처해 있었던 시대 상황을 잘 빗대어 읊었다고 할 수 있다.

권력의 배경도 학식도 없던 유방이 황제의 자리에 오를 수 있었던 원인은 무엇이었을까? 좀 역설적이지만, 유방이 황제에 오를 수 있었던 것은 유방에게 아무것도 가진 것이 없었기 때문에 오히려 늘 다른

사람의 말을 잘 듣고 포용하는 지도자적인 자질을 발휘하였던 것이다. 당시 영웅호걸들이 자신을 인정해 주는 유방을 중심으로 모여들어 그들의 능력을 극대화하여 당시 전력상 비교할 수도 없을 만큼 막강한 항우의 무리를 물리칠 수 있었던 것이다.

이러한 정황은 마치 1940년대 미국과 지주들로부터 전폭적인 지원을 받던 장개석蔣介石의 국민당國民黨과 외부로부터 별다른 지원도 없이 농민들의 마음을 사로잡아 혁명에 성공하여 사회주의국가 중국을 이루어낸 모택동毛澤東의 공산당이 대결했던 구도와 닮았다고 평가하기도 한다. 어느 시대이건 백성들을 뒤로 하고 성공하는 왕조나 정권은 없다는 교훈을 일깨운 것이라고 할 수 있다.

2. 물러날 줄 알았던 장량(張良)

유방이 황제의 자리에 오를 수 있었던 다른 자질을 하나 더 든다면, 항우가 자신의 집안과 뛰어난 무예에 자만하였던 것에 반하여 유방은 자신의 결점을 잘 알고 있었고, 그런 점을 최대한 활용하여 항우 주변에 있던 불만 세력들과 여러 인재들을 끌어모아 두루 포용하였다는 점이다. 그 가운데 유방에게 가장 큰 힘이 되었던 이가 장량張良과 한신韓信이다. 장량은 지략가로서 유방의 머리가 되어 주었고, 한신은 장군으로서 항우를 물리치는 데에 절대적인 공훈을 세웠다.

장량은 본래 한韓나라 귀족출신으로서 젊은 시절 진시황의 통일 전쟁으로 나라를 잃고 떠돌면서 한때는 무사武士를 고용하여 진시황을 암살하려고 하였다. 이때 장량이 고용한 무사는 120근짜리 철퇴로 지방을 순시하던 진시황의 수레를 내리쳤는데, 진시황이 거기에 타고 있지 않아서 목숨을 보전할 수 있었다. 이 때문에 장량은 황제를 암살하려고 했던 배후라는 혐의를 받고 도망 다니던 신세가 되었다.

장량은 어느 날 하비下邳라는 곳의 다리를 지나가고 있었다. 이때 웬 허름한 차림의 노인이 장량을 보고는 신고 있던 신발을 다리 아래로 떨어뜨리더니, 장량에게 주워오라고 하였다. 장량은 불쾌했지만, 노인의 부탁이고 해서 신발을 주워왔더니, 이번에는 자기에게 그 신을 신기라고 하였다. 장량은 기왕에 노인이 부탁하는 것이니, 들어주자 싶어서 신발을 신겨 주었다. 그랬더니 노인은 만족해하면서 닷새 뒤 새벽에 보자며 그냥 가버렸다.

닷새 뒤 장량이 가보았더니, 그 노인이 벌써 와 있었다. 그리고는 장량에게 노인을 기다리게 하는 예의 없는 젊은이라며 닷새 뒤에 다시 오라고 하고는 가버렸다. 닷새 뒤에 다시 가보니 역시 노인이 먼저 나와 있었다. 이번에도 노인은 장량이 늦었다고 타박을 놓으며, 예의를 모른다고 하고는 다시 닷새 뒤에 보자고 말하고 가버렸다.

이제는 아예 장량이 밤에 미리 와서 그 노인을 기다리고 있었더니, 노인이 새벽 어스름에 나타나서는 흡족해하며 책 한 권을 주면서 이 책을 잘 공부하면 제왕帝王의 스승이 될 것이라는 말만 남기고 훌쩍 떠났다. 이 책이 바로 『태공병법太公兵法』이었다. 그 후 장량은 이 책을 늘 가까이 지니고 다니면서 익혔다. 그리고 10년 후 장량은 유방을 만나 자신의 능력을 인정받았고, 유방이 항우를 물리치고 한漢나라를 개국하는 데에 결정적인 공훈을 세웠다.

장량의 이 이야기는 '전설의 고향'의 한 대목을 보는 것 같기는 한데, 이것 역시 정사正史에 나오는 대목이다. 인생에서 누구에게나 행운의 기회는 오기 마련이라고 하는데, 그것이 언제 어떻게 스치듯이 우리에게 다가오는지를 일깨워 주는 이야기인 듯싶다.

그런데 정작 오늘날 우리가 장량에게서 본받을 만한 것이라면, 그가 유방을 도와 나라를 세우고 이제는 그동안 목숨을 걸고 싸워 이루었던 것에 대한 보답을 받을 수 있을 때 모든 것을 버리고 세상을 등진 점이다. 장량은 나라를 창업創業하는 것과 나라를 지켜내는 수성守成은 성격이 다르다고 보았다. 그래서 유방이 나라를 세우는 데에 큰 힘이 된 것만으로도 스스로 만족해하고 미련 없이 수도를 떠나면서 전설에 나오는 신선인 적송자赤松子를 따라 고고하게 노닐고자 한다는 말을 남기고 중앙 정치에서 물러났다. 앞에서 이사李斯가 진시황이 죽고 나서도 권력을 조금 더 연장하고 싶어서 조고의 꾐에 빠져 중국 역사의 죄인이 되었듯이, 정치인은 세상에 나서기도 어렵지만 물러나는 시기를 적절하게 잘 택하기 더욱 어렵다는 것을 보여주는 대목이다.

그리고 우리는 장량의 넓은 아량과 깊은 통찰력을 배울 필요가 있을 듯하다. 우리는 흔히 남이 나에게 고의이든 아니든 무례하게 굴면 그것에 대하여 즉각 얼굴을 붉히며 화를 내는 등 극단적으로 대처하곤 한다. 그렇지만 장량은 그런 사소한 일에 얽매이지 않고 노인을 잘 공경하여서 기회를 잡아 큰 성공을 이룰 수 있었다. 그리고는 자기가 할 일을 다 했다고 싶어지자 정계에서 미련 없이 물러났던 것이다.

장량의 호가 자방子房이다. 장량이 유방을 도와 한나라를 세우는 데에 큰 공훈을 세웠던 것을 본받고자 했던 이로 우리나라에서는 이성계李成桂를 도와 조선을 건국하는 데에 절대적인 공훈을 세운 정도전鄭道傳이 있었다. 정도전이 없었다면 이성계가 조선을 개국하는 위업도 없었을 것이다. 그런 면에서 정도전은 그런 자신을 늘 장량과 비교하였다. 그런데 정도전 역시 나중에 태종太宗이 되는 이방원李芳遠에게 비운의 죽음을 당한다.

왜냐하면 정도전은 조선 개국 이후 여전히 권력을 유지하기 위하여 이방원처럼 능력이 있고, 정통성이 있는 이성계의 자식을 배제시키고, 이성계의 후비인 강씨姜氏의 어린 아들 방석芳碩을 세자로 올리고, 자신과 같이 능력 있는 신하가 정치를 주도해야 한다는 일종의 철인哲人정치를 실현하고자 기획하였다. 그러기 위해서 문무에 뛰어났고 조선 건국에 큰 공을 세운 이방원을 내치고자 했으니, 이것은 정도전이 제명에 죽지 못하게 된 화근이었다.

이방원이 보기에 정도전은 자신이 할 수 있는 몫 이상으로 정치적인 욕심을 부렸던 것이 문제였다. 이것은 정도전 자신이 늘 본받고자 했던 장량의 뒤를 따르지 못한 잘못을 저지른 것이기도 하였다.

실제로 유방을 도와 한나라를 세우는 데에 공훈이 있던 이들이 한나라 개국 이후 대부분 서로 공훈을 다투다가 혹은 이러저러한 일에 연루되어서 숙청을 당해서 제명에 죽지 못한 것만 보더라도 장량의 선택은 매우 현명하였다고 할 수 있다.

3. 내조의 황후(皇后), 여태후(呂太后)

어느 왕조를 세운 황제이건 처음부터 '황제'라는 직인이 엉덩이에라도 콕 찍힌 채 태어난 이는 없다고 하더라도 유방의 황제 등극은 중국사에서 참으로 획기적인 사건이 아닐 수 없다. 게다가 이후 명明나라를 세운 주원장朱元璋이나 오늘날 사회주의국가 중화인민공화국을 세운 모택동毛澤東 역시 농민출신이었다고 볼 수 있는데, 이처럼 중국 역사에서는 밑바닥에서 최고의 자리에 오르는 극적인 상황이 나타나곤 하는데, 이것 역시 중국적인 특징이 아닌가 싶다.

유방의 한나라 건국에 공로자를 한 명 더 꼽자면, 그의 아내 여태후

呂太后가 마땅히 거론되어야 한다. 여태후는 유방이 민란의 대열에 참여였을 때는 물론이고, 건국 이후 한나라를 안정된 기반에 오르게 하는 데에 결정적인 내조를 하였고, 유방이 죽고 나서 이후 조정의 권력을 장악하여 개국공신들을 견제하고 자기 친정 식구들을 대거 등용하였지만, 결과적으로 황실의 권위를 굳건히 하는 데에 한몫을 하였다.

더구나 이제껏 앞의 몇 왕조에서는 웬 미녀들이 나타나 왕들을 홀려서 나라를 망하게 하는 데에 주역이 되었던 부정적인 여성들뿐이었는데, 여태후는 그야말로 황후의 자리에 올라 진나라와 한나라가 교체하는 격변기 속에서 한漢 왕조를 굳건히 한 공적을 세웠다고 할 수 있다. 여태후야말로 진정 '내조의 황후'라고 할 만하다.

사마천司馬遷이 『사기史記』에서 그녀를 평가한 것만 보더라도 여태후의 그와 같은 능력을 잘 알 수 있다. 사마천은 『사기』 첫 부분에 황제에 대한 전기傳記로서 본기本紀 편을 두고 있는데, 여기에는 신화神話시대의 오제五帝 본기에서부터 시작하여 진시황秦始皇 본기, 항우項羽 본기, 유방劉邦의 고조高祖 본기에 이어서 제9편에 여태후呂太后본기를 두고 있다. 이 본기에는 사마천의 독특한 사실주의적인 역사관이 나타나 있다. 항우나 여태후는 실제로 황제에 등극한 적은 없지만, 그들이 당시 황제에 버금가는 역량을 발휘했던 것을 인정하여서 항우와 여태후를 황제의 전기인 본기本紀에 두었던 것이다.

여태후는 당唐나라 측천무후則天武后, 청淸나라 서태후西太后와 함께 중국 역사에서 여자로서 황제皇帝에 버금가는 능력을 인정받은 인물이다. 물론 그녀가 자기 집안사람들을 불러 모아 정권을 장악하는 데에 힘을 쏟았던 것이라고 할 수도 있지만, 결과적으로 한漢나라 개국 이후 어수선한 정국을 평정하는 역할을 하였던 것만은 인정해 줄 수 있다.

여태후의 이름은 치雉인데, 남편인 고조高祖 유방이 죽은 후 어린 아들

혜제(惠帝 : B.C. 195~188 재위)를 제위에 오르게 하고, 유劉씨 황족들을 제치고 친정식구들을 궁실의 주요자리에 앉혀 자신의 위상을 강화했다. 자신이 낳은 아들인 혜제가 황제에 올랐다가 병치레를 하다가 곧 죽자, 그녀가 낳지 않은 다른 비妃의 아들 가운데 자신의 마음에 드는 왕자를 골라 황제에 앉히는 것을 거듭하면서 권력을 공고히 하였다.

결국, 그녀가 죽은 뒤, 그녀의 정책에 불만을 품었던 유劉씨 황족들과 개국공신들은 그녀가 뽑아 놓았던 외척들을 제거하였다. 그리고 고조의 아들 중 가장 나이가 많았던 문제文帝가 제위를 계승하면서 한나라 황권이 차츰 안정되게 되었으니, 이 시기부터 이른바 '문경의 치文景之治'를 이루어 한나라가 발전의 기틀을 세웠다고 평가한다.

여태후는 본래 미인인데다가 탁월한 관상을 가지고 있었다고 한다. 그래서 아버지는 대단한 재목의 사윗감이 나타날 때까지 시집을 보내지 않겠다고 하는 바람에 여치呂雉는 서른 살이 다 되도록 노처녀로 있었다. 어느 날 여치의 아버지는 자신의 친구인 현령縣令이 벌인 잔치에서 배짱이 두둑하고 풍모가 뛰어난 유방을 본 순간 심상치 않은 기운을 느껴서 자기 딸과 결혼해 달라고 부탁하여 유방을 사위로 삼았다.

유방이 민란에 나서기 전까지만 해도 여태후는 마음씨 고운 시골 아줌마였다. 유방 역시 마을에서 이장 정도의 직책에 만족하며 건들건들 놀기 좋아하는 한량에 지나지 않았다. 그런데 여태후는 그래도 남편이 앞으로 반드시 큰일을 할 것이라는 믿음을 갖고 남편을 늘 독려하여 앞으로 큰 인물이 될 것이라고 일깨워 주곤 하였다.

어느 날 허름한 차림의 노인네가 찾아와서 여태후에게 물을 좀 달라고 하였다. 그런데 노인의 행색이 남루하였지만, 여태후는 그 노인에게 먹을 것을 내주기까지 하였다. 그랬더니, 나중에 한漢나라의 2대 황제에 오르게 될 어린 혜제惠帝의 관상을 보고는 대단한 상이라며 놀라워하였다는 이야기도 전한다.

그 이후 유방이 여산廬山의 황제릉을 축조하러 가던 죄수들을 호송하는 일을 맡았다가 오히려 죄수들을 풀어주고 자신은 도망 다니던 시절이 있었다. 이때 여태후는 용케도 유방의 행방을 찾아내서 먹을 것도 가져와 남편 유방이 잘 지내는지를 묻곤 하였는데, 유방은 아내가 자신이 숨어 있는 곳을 어찌 그리 잘 찾아오는지 궁금해서 물었다. 그랬더니, 여태후는 당신이 가는 곳에는 상서로운 구름이 항상 떠 있기 때문에 금방 찾을 수 있다고 대답하여서 유방 자신이 보통 인물이 아니라는 신념을 주었다고 한다.

이것은 여태후가 남편이 호탕하며 과단성이 있고, 의리를 중시하면서 사람들과도 두루 잘 사귀는 것을 효과적으로 격려하고, 기회가 될 때마다 남편에게 용기와 희망을 주기 위해 여태후가 꾸며서 한 말이었다. 이만큼 여태후는 인정 많고 착한 아낙으로 남편을 내조할 줄 알며 살고 있었는데, 남편인 유방이 민란에 뛰어들고, 항우와의 싸움에서 승리하고는 마침내 황제에 오르자 그녀의 정치가다운 본색을 차츰 드러내었다. 여자의 변신은 진정 무죄라고 누구 그랬던 것일까?

여태후의 정치적인 역량을 유감없이 발휘한 것은 1등 개국공신인 한신韓信 장군을 처치한 것을 들 수 있다. 진작부터 한신에게 유방을 떠나 독자적인 길을 모색하라고 주변에서 권고하는 이가 있었다. 그런데도 한신은 애초에 사람을 부릴 줄 모르던 항우에게서 떠나왔을 때 자신을 인정해 주었던 유방에게 의리를 지킨답시고 목숨을 바쳐 싸웠는데, 늘 불리한 전황 속에서도 배수의 진背水之陣을 치고 최선을 다하여 유방을 도왔다. 그렇지만 한나라 건국 이후 함께 싸웠던 개국공신들이 하나둘씩 숙청당하는 것을 보고는 한신도 그제야 뒤늦게 모반을 모색하다가 들통이 나서 잡히고 말았다.

유방은 그때 반란을 진압하러 지방에 나가 있었는데, 여태후는 한신이 모반을 꾀하고 있다는 첩보를 듣고는 한신에게 사람을 보내어서 거짓으로 유방이 반란군을 성공적으로 진압하고 돌아오고 있는 중이니, 미리 축하 준비를 하자고 하여 한신을 장락궁長樂宮으로 불러들였고, 한신은 아무 낌새도 못 차리고 궁에 들어갔다가 바로 체포되었던 것이다. 여태후는 한신에게 처형당하기 전에 마지막으로 한 마디를 하라고 하였고, 한신은 "교활한 토끼가 죽으니, 선량한 개도 삶아 죽게 되었네.狡免死, 良狗烹"라는 말을 남기고는 처형당했다.

한신의 이 말이 그 유명한 토사구팽兎死狗烹이다. 즉, 산에 토끼와 같은 사냥감이 없어지니, 자기와 같은 사냥개는 더 이상 쓸모가 없게 되어 용도폐기 당하는 신세가 되었다는 탄식을 한 것이다.

한나라 건국에 절대적인 공훈을 세웠던 한신이 반란을 꾀하였기 때문에 죽인다고 남편에게 알리지도 않고 어째 그리도 신속하게 한신을 죽였던 것일까? 여태후는 우유부단한 성격의 유방이 의리 때문에 한신을 죽이지 못할 것이라 여기고, 유방이 수도로 돌아오기 전에 한신을 미리 죽였던 것이다. 역시 여태후는 남편이 하기 어려운 일을 처리해 주는 역할을 톡톡히 해내었다고 할 수 있다.

한나라 건국 이후에 생긴 고민거리 가운데 하나가 개국공신들이었다. 그들 가운데 많은 이들이 본디 유방처럼 평민의 신분으로서 유방과 민란의 대열에 참여하여 삶과 죽음을 함께 넘나들며 싸웠고, 끝내 새 왕조를 건설하였던 혁명동지들이었다. 그러니 그들은 한나라 건국 이후 당연히 혁명의 대가를 기대하였고, 유방은 그들의 요구를 외면할 수 없는 처지였다. 그러므로 그들과 같은 개국공신들은 안정기에 들어서야 할 한漢나라 조정의 입장에서는 어찌 처리할 수 없는 골칫거리가 되고 말았던 것이다. 혁명가들은 나라의 안정에는 도움이 되지 않는 부류라고 여겼기 때문이었다. 그렇다고 해서 이제 혁명이 완수되었으니, 그만 고향이 돌아가서 농사나 지으라고 할 수도 없는 노릇이었다. 그래서 기회만 있으면 하나둘씩 숙청하고 있던 참이었다.

그런데 유방은 워낙 성격이 유순하다 보니, 그의 친구이자 혁명동지들을 가볍게 내칠 만큼 비정함을 보이지 못하였다. 여태후는 이런 사정을 누구보다 잘 알고 있었고, 스스로 남편을 대신해서 자신의 손에 피를 묻힐 각오가 되어 있었던 것이다.

한신 이전에 개국공신 가운데 팽월彭越이 반란을 꾀한다는 죄목으로 체포되었을 때에도, 유방은 증거가 부족하다며 차마 죽이지 못하고 유배를 보내는 것으로 마무리 지으려고 하였다. 그런데 팽월이 유배 가는 도중에 마침 장안長安에서 낙양洛陽으로 가던 여태후를 만나자 팽월은 자신의 억울함을 눈물로 호소하고 이제는 고향으로 돌아가 평민으로 조용히 살 수 있게 해달라고 간청했다.

이때 여태후는 팽월을 안심시키고 낙양으로 데려갔다. 그리고는 남편에게 바로 가서 팽월이라는 자는 워낙에 성격이 강인한 자인데, 이번에 죽이지 않고 유배만 보냈다가는 분명 걱정거리가 될 것이니, 이번 기회에 반드시 죽이는 것이 나을 듯하여서 일부러 데리고 왔다고 하고는 팽월은 물론 그의 가족까지 모두 처형해 버렸다. 남편이 도무지 할 수 없는 것을 대신 해주는 내조자다운 지혜를 다시 한 번 발휘한 순간이었다.

그리고 한신, 팽월과 함께 개국공신 가운데 경포黥布도 매우 세력이 컸었는데, 여태후는 경포에게 모반을 부추기고는 이를 빌미로 그의 가족도 함께 죽이는 교활함도 있었다.

오늘날 우리나라 국회에서 종종 있는 씁쓸한 볼거리 가운데 하나가 장관님들과 같은 고위공직자의 임명과 관련한 청문회를 보는 것이다.

이때 국회의원들이 신나게 들추어내는 것 가운데 하나가 장관 임용후보자 가족들의 비리들이다. 논문을 베끼고 재탕했네, 세금을 안 냈네, 자식을 부정 전입시켰네, 땅 투기를 하였네 하며 이것저것 꼬리에 꼬리를 물고 비리가 쏟아지기 마련이다.

이런 것들을 지적받을 때, 임용후보자들은 대개 아내가 한 일로서 자기는 잘 모른다고 발뺌하는 경우가 흔하다. 과연 그들의 아내들은 고위공직자가 될 남편을 깔끔하게 보호하기 위해서 온갖 부정과 비리를 다 감수한 '내조의 여왕'들이었을까? 마치 여태후처럼 남편을 대신해서 남편의 껄끄러운 업무를 잘 처리해준 본보기를 잘 따랐다고 할 수 있는 것일까?

4. 여태후, 질투의 화신으로

항우가 영웅호걸을 자처하였으니, 여자관계가 매우 복잡할 것 같지만, 패왕별희霸王別姬에서 나오는 우미인虞美人만을 사랑했다고 알려져 있는 데 비해서 유방은 젊은 시절부터 학식과 권력은 없었지만, 빼어난 외모와 호탕한 성격으로 여인네들의 마음을 사로잡곤 하였다고 알려져 있다. 게다가 유방은 미녀를 유난히 밝혀서 어디를 가나 궁녀의 시중을 꼭 받으려는 습성이 있었다.

유방은 자신이 아끼는 궁녀를 데리고 다니곤 하였다. 그렇지만 유방은 황제에 올라서 조강지처인 아내를 바로 황후로 임명하여 남편으로서 최소한의 신의는 지켰다. 그렇지만 남편이 방탕하게 구는 행태를 좋아할 아내는 없을 것이다.

여러 여인네 가운데에서 유방이 특히 아끼던 이는 척희戚姬였다. 그녀는 춤과 노래에도 뛰어났고, 여의如意라는 아들까지 낳았고, 성격도 순종적이었기 때문에 본처인 여태후와는 사뭇 다른 여성적인 부드러운 면모를 가지고 있었다. 유방은 이런 척희를 몹시 총애하였다.

유방의 총애를 한몸에 받던 척희의 세도 역시 만만치 않았다. 마침 유방이 평민 시절 여태후가 낳은 태자인 유영劉盈이 유약하다는 이유로 못마땅하게 여기던 참이라서 척희는 기회가 있을 때마다 자신의 아들을 태자로 올려 달라고 줄기차게 요구했다. 유방 역시 태자를 교체하려고 시도는 하였지만, 그때마다 신하들이 정실의 자식인 태자를 폐하고 후궁의 아들을 올린다는 것이 명분에 어긋난다고 반대하여 유방도 어쩌지 못하다가 결국 죽고 말았다.

이때 여태후는 아들의 태자 자리를 지키기 위해서 당시 덕망이 높았던 상산사호商山四皓라고 불리던 은자隱者들을 불러다가 고조 유방이 태자를 바꾸려고 하는 것이 옳지 못하다는 것을 누차 일깨워주었다. 그렇다 보니 유방도 더 이상 태자를 바꾸려 하지 못하였던 것이다. 여태후의 꾀가 또 한 번 빛나는 순간이었다.

여태후는 남편이 그동안 자신의 공을 알아주지 않으며, 황제랍시고 자신을 푸대접한 것을 서운하게 여겼지만, 황제인 남편이 살아 있는 동안만은 그녀도 어쩌지 못하고 꾹 참을 수밖에 없었다. 오로지 아들이 태자 자리를 온전히 지키고 있다가, 남편이 죽고 난 다음 나중에 황제 자리에 오를 수 있기만을 고대하는 수밖에 없었다. 그야말로 어미가 살아가는 이유는 오로지 아들뿐이라는 절박한 심정으로 십여 년을 보내야만 했다. 결국, 유방은 죽고 여태후의 아들인 유영이 2대 황제 혜제惠帝로 등극하였다.

그런 그녀에게 남편의 죽음은 그동안 자신이 조마조마하게 가슴 졸이며 겪어야 했던 처지에서 완전히 벗어날 수 있게 되었다는 의미이기도 했다. 여태후는 우선 척희의 아들인 여의如意를 독살하고, 척희는 잡아다가 손과 발을 자르고 눈과 귀를 멀게 하고 목청을 끊은 다음에 뒷간에 처박아 두고는, '돼지새끼人彘'라고 불렀다. 여인네가 한을 품으면 오뉴월에도 서리가 내린다는 속담은 오히려 낭만적이다. 여태후가 그동안 척희와 그녀의 아들 때문에 얼마나 마음을 삭이고 있었는지 알 듯하다.

여태후는 그녀의 아들이자 2대 황제인 혜제에게 뒷간에 가서 처박혀 있는 척희를 보게 하였다. 혜제는 척희의 아들인 여의와도 형제로서 잘 지내고 있었는데, 여태후가 독살한데다가 그의 어미인 척희까지 그렇게 처참하게 죽인 것을 보고는 황제의 어미가 그런 짓을 해서는 안 된다고 하며 통곡하였다. 그 이후로 혜제는 마음의 병을 얻어 1년 동안 앓다가 나랏일을 돌보지 않고 주색에 빠져 지내다가 즉위한 지 7년 만에 죽고 말았다.

여태후는 자신의 존재 근거라고 여겼던 선량한 아들까지 죽게 하였던 것이다. 그런데 이런 일에 마음 상할 여태후가 아니었다. 황실에는 아직까지 살아 있는 개국공신들이 자신을 물리치고 정권을 장악하려고 한다고 여긴 여태후는 죽은 혜제의 아들 가운데 자기가 부릴 만한 왕자들을 골라 황제로 즉위시켰다가 마음에 들지 않거나 반항하면 바로 교체시키는 정치력을 발휘하면서 자신의 친정식구들을 대거 등용하여 자신의 권력을 강화하였다.

여태후는 권력을 장악하는 과정에서 유劉씨를 배제하여 황실에 풍파를 일으키고 개인적인 복수를 하느라 엽기적인 짓을 저지르기도 하였지만, 『사기』에서는 여태후가 기백이 있고 강인하여서 한나라 초기 어지러운 정황에서 정권을 안정시키는 데에 나름대로 공헌을 하였다고 평가하였다. 특히 대외적으로 늘 한나라의 위협이 되었던 흉노匈奴

족과의 관계를 부드럽게 유지시켜 나라 안팎으로 안정을 도모할 수 있었던 것도 여태후의 공이라고 긍정적으로 평가하였다.

사마천이 『사기』에서 황제에 버금가는 권세를 누렸다고 하여서 그녀를 황제의 전기인 본기本紀에 올렸다고 했듯이, 여태후는 죽을 때까지 황제다운 권세를 누리다가 죽음을 맞이하였다. 그제서야 개국공신인 주발周鉢과 진평陳平에 의해서 여태후 일가들은 숙청당하고 고조 유방의 후손에게 황실의 권력이 돌아가게 되었다. 여태후가 죽은 이후 고조의 아들인 문제文帝 항恒이 옹립되면서 한나라도 이제는 서서히 평온한 발전의 궤도를 찾아가게 되었고, 문제의 손자인 무제武帝 때에 이르러서 한나라는 비로소 제국帝國으로서의 위용을 갖출 만큼 발전하게 되었다.

5. 무제(武帝), 한나라의 흥성에서 몰락까지

무제(武帝: B.C. 141~B.C. 87)는 우리나라의 역사와도 관련이 깊은 인물이다. 무제는 당시까지 한반도의 왕조였던 고조선을 멸망시키고 한사군漢四郡을 설치했다고 알려져 있다. 한사군이란 한나라가 고조선을 멸하고 한반도에 세운 네 군郡이라는 뜻인데, 한나라는 B.C. 108년에 고조선의 옛 땅에 낙랑樂浪 · 진번眞蕃 · 임둔臨屯의 3군郡을 설치했고, 이어 다음해에는 현도군玄菟郡을 설치하여 한 무제가 동쪽 지역을 다스리는 전진기지로 삼았다고 한다.

한사군은 예전의 교과서에서는 버젓이 나오던 용어인데, 2006년 국사편찬위원회에서 나온 고등학교 국사책(34쪽)에는 한사군이라는 항목이 아예 빠져 있고, 다만 한나라가 고조선을 멸망시키고, 일부 지역에 군현을 설치하고자 하였으나, 토착민의 강력한 반발로 곧 약화되었거나 고구려의 공격을 받아 소멸되었다고 쓰여 있다. 어째서 이렇게 된 것일까?

이전의 국사책에는 우리 한반도에 있던 역대 왕조가 다른 민족으로부터 침략을 당하고 식민통치를 받아야만 했다는 일종의 식민사관植民史觀이 채 가시지 않았었는데, 이제는 깔끔히 정리되었나 싶기도 하다. 당시 우리 한반도 역사의 정황을 일러주는 우리의 역사 기록은 아쉽게도 남아 있지 않다. 그나마 사마천의 『사기』에는 친절하게도(?) 당시 우리나라 고조선의 역사를 「조선열전朝鮮列傳」에 상세히 싣고 있다.

이 기록에 의하면, 진시황이 통일제국 진秦나라를 건국할 즈음 혼란스런 중국을 떠나서 한반도 쪽으로 이주하는 중국인 유민들이 많았다고 한다. 이때 고조선의 이웃 나라였던 연燕나라 출신의 위만衛滿이 자신의 무리 1,000여 명을 이끌고 당시 고조선의 준準왕에게 투항하였다. 이때 준왕은 이들을 거두어 주었고, 이들에게 국경을 수비하는 임무를 맡겼는데, B.C. 194년에 도리어 이들이 고조선의 수도였던 왕검성王險城으로 쳐들어가 준왕을 폐위시키고 스스로 왕이 되었다고 한다. 이때부터를 이전 교과서에서는 위만조선衛滿朝鮮이라고 불렀다.

앞서 중국에서 주周나라가 건국되면서 이전의 상商나라 유민이었던 기자箕子가 새로운 왕조인 주周나라를 인정하지 않고 동쪽으로 가서 단군檀君을 폐위시키고 기자조선箕子朝鮮을 열었다고 한 이래 1,000여 년 만에 역사 기록에서 고조선이 다시 등장한 것이다. 그런데 기자조선의 경우에도 그러하였지만, 중국의 유민에게 고조선의 왕권을 빼앗겼다는 것이 우리로서는 받아들이기가 꽤나 껄끄럽다. 우리 사학계에서는 위만이 고조선으로 올 때, 상투를 틀고 조선의 옷을 입고 왔으며, 위만 자신이 정권을 잡은 다음에도 조선이라는 국호를 그대로 유지했다는 점을 들어서 위만은 중국인이 아니라 이전에 연燕나라에 갔다가 돌아온 고조선 사람이었을 것이라고 주장한다.

기자조선과 위만조선의 실체를 밝히는 연구는 우리 사학계의 중요한 과제라고 할 수 있다. 그리고 이른바 위만조선을 멸망시키고 한漢 무제武帝가 한반도 안에 세웠다는 한사군의 존재에 관한 연구 역시 우리 사학계에서 해결해야 할 해묵은 문젯거리이다.

한 무제가 등극할 때, 한나라는 정치와 경제적으로 비로소 안정된 시기로 접어들었다. 한 무제는 이제 자신이 이전의 요순堯舜시대와 같은 태평성대를 재현해 보고자 여러 사업을 의욕적으로 벌였다. 위에서처럼 대대적으로 군대를 일으켜서 북방의 흉노족을 몰아내어 영토를 확장하는 데에 주력하여 한나라의 위상을 높였다.

대내적으로는 사상적인 통일을 기하기 위해서 '독존유술獨尊儒術'이라 하여 다른 학술사상을 모두 금지해 버리고, 오로지 유가사상만을 존중하게 하였다. 이때 동중서董仲舒는 유가儒家에 천인감응天人感應과 음양오행설陰陽五行說 같은 종교적인 색채를 가미하여 유가를 국교로 삼자고 하였고, 황제의 통치권에 대하여 절대적인 권위를 인정하는 등 유가사상을 정치권력 확립에 이용하는 근거를 마련해 주었다.

유가의 경전을 공부하는 국립대학의 성격인 태학太學을 세우고, 각 지방에도 그에 걸맞은 교육기관을 세워 유가사상을 보급하는 데에 힘썼으며, 음악을 정비하고, 시詩를 부흥시키는 등 문예사업에도 힘써 예전 주周나라 때와 같은 이상사회를 실현하고자 힘썼다.

한 무제는 황제의 통치이념을 겉으로는 유가의 너그러운 예법으로 위장하였지만, 실제로는 엄격한 법가法家의 통치술을 통해서 나라의 법질서를 유지하는 교묘한 정치수법을 구사하기도 하였다. 한 무제의 이와 같은 통치이념은 마치 진시황이 펼치고자 했던 것을 재현한 것이라고 할 수 있다. 다만 달라진 것이라면 진시황이 엄중한 형벌을 중시하는 법가를 내세운 것이라면, 한 무제는 너그럽게 남을 이해하고 용서할 것을 강조하는 유가이념을 내세웠다는 점이다. 그렇지만 한 무제 역시 유가와 법가를 양날의 칼처럼 혹은 동전의 양면처럼 잘 활용하여 이후 중국 왕조의 지배체제를 세웠다고 평가받는다.

무제는 당시로서는 대단히 오래 산 황제로 기록될 만하다. 무려 54년 동안 통치하고 71세가 되어서야 죽었으니 말이다. 이것이 무제의 말년을 비극으로 몰고 간 단초가 되었다. 무제가 즉위한 초기와 중기까지는 나라를 강성하게 다스려 대제국의 면모를 과시하여 비교적 안정된 정국을 이루었다. 그런데 후반기로 가면서 너무 잦은 정복 전쟁 때문에 재정이 파탄나면서 위기에 빠져들게 되었고, 무제는 점점 무단정치를 펼치는 독재자의 면모를 띠게 되었다.

게다가 젊은 시절부터 진시황처럼 불로장생不老長生의 염원에 빠져서 방사方士들이 조제한 확인되지 않은 불사약不死藥을 먹어대면서 판단력이 더욱 흐려졌다. 그런데 진시황의 경우에도 검증되지 않은 불사약을 먹어서 약물중독 때문에 50세에 죽었을 것이라고 하였는데, 한 무제는 어찌 된 일인지 젊은 시절부터 역시 검증되지 않은 불사약을 먹었는데도 71세까지 살았으니, 당시로서는 꽤나 장수한 셈이다. 진시황과 달리 무제는 불사약의 효험을 보았던 것일까?

결국 진나라의 경우는 진시황이 일찍 죽어서 그의 강력한 카리스마가 사라져 진나라가 정치적인 혼란과 민란으로 말미암아 멸망의 길로 내달아갔다면, 한나라 무제의 경우에는 불사약으로 인해서 포악해진 채로 너무 오래 살아서 한나라의 정치가 더욱 혼란스러워져서 멸망의 길을 자초한 셈이 되었다. 결국 진시황과 한 무제는 각기 진나라와 한나라를 통일시키고 부흥시킨 이들이었으면서 두 나라 멸망의 단초도 함께 제공한 황제들이었다고 할 수 있다.

무제는 말년에 자신의 생각과 어긋나는 재상들을 마구 죽였다. 그래서 재상을 서로 안 하겠다고 울며 호소하는 신하도 있었다. 포악해진 무제를 말리던 자애로운 성품의 태자인 유거劉據가 자신을 닮지 않았다고 하여 태자를 교체하려고까지 하였다. 이에 무제에게 태자가 반란을 꾀하고 있다며 음해를 하는 자도 나타났고, 당시 무제의 충복이었던 강충江充은 태자를 죽이려고까지 하였다. 이에 격분한 태자는 강충을 죽이고 내친김에 반란을 일으켰다. 결국, 태자는 힘에 밀려 성공하지 못하고, 자살하였다. 이때 그의 아들 둘까지 모두 죽고 말았다. 얼마 지나지 않아서 무제는 태자가 음모 때문에 그런 일로 죽게 되었다는 사실을 알고는 태자를 그리워하다가 몸과 마음이 모두 황폐해진 가운데 쓸쓸히 죽고 말았다.

무제는 죽기 이틀 전에 8살짜리 태자를 새로 세웠는데, 그 며칠 전에 그 태자의 어미를 아무 이유도 없이 처형해 버리고는 예나 지금이나 나라가 어지러운 이유는 대개 황제가 어리면 젊은 태후가 대신 권력을 휘두르게 되기 때문이라는 엉뚱한 변명을 하였다. 무제의 이 엽기적인 마지막 이벤트는 한漢 황실의 운명을 예견하는 매우 아이러니한 사건이었다.

6. 외척(外戚)에 휘둘리면서 망하다

한 무제가 죽으면서까지 걱정하였던 일이 마침내 벌어지고 말았다. 외척外戚 즉 황제의 엄마 친정식구들이 정치에 개입하면서 한나라의 정치가 혼란에 빠져 헤어나지 못하고 결국 외척 가운데 왕망王莽이라는 자가 나타나 한漢 황실이 잠시나마 문을 닫는 지경에까지 이르렀다.

왕망은 외척의 신분으로 황제의 자리를 찬탈하고 나라 이름을 신新으로 바꾸고, 자신의 꿈이었던 유가儒家적 이상국가를 실현하고자 했다. 왕망의 유가적 이상이란 주周나라의 제도로 복귀하여 관제官制, 복식服食, 관명官名, 지명은 물론 토지제도에 이르기까지 대대적인 개혁정치를 단행하는 것이었다. 그런데 그의 개혁은 당시 정치현실에서 받아들이기 어려웠던 너무나도 이상적인 것들이라서 지방의 호족 세력들이 반대하고 덩달아 국경 너머 흉노족들과도 관계가 나빠져서 전운이 감도는 등 백성들은 이래저래 고통에 시달리게 되었고, 곳곳에서 민란이 발생했다. 특히 18년에 산동山東에서 눈썹을 붉게 칠한 자들이 '적미赤眉의 난'을 일으켰는데, 한때 세력이 대단하여 장안長安에까지 침입해 왔다.

지방 호족들도 스스로 무장하고 때로는 농민군과 협력하여 왕망 정권에 반기를 들기도 하였다. 이에 24년에는 유수(劉秀 : 光武帝)가 다시 황제에 올라 적미군을 평정하고, 호족들도 항복시키고 수도를 낙양洛陽으로 옮겨 한漢을 다시 일으켰다. 이때부터를 후반기의 한나라라고 해서 후한後漢이라 하기도 하고, 장안에 이어서 동쪽인 낙양으로 수도를 옮겼다고 해서 동한東漢이라고도 부른다. 서기 8년, 외척인 왕망에게 순식간에 한漢나라 정권을 잃었다가 15년 만인 서기 24년에 한나라의 운명이 극적으로 회복되는 순간이었다.

물론 앞서 여태후가 남편인 고조高祖가 죽자 여呂씨 성을 가진 자신의 친정식구들을 마구 불러 모아서 궁궐이 한때 외척들로 득시글거리다가 여태후가 죽은 다음에야 정권이 다시 유劉씨에게로 복귀한 적도 있었지만, 왕조국가에서는 흔히 말기로 갈수록 외척들이 득세하는 경우가 의례 일어나는 현상이라고 할 수 있다. 나라를 건국한 황제들은 혁명가로서 여러모로 탁월한 능력을 보이지만, 여러 대를 지난 다음에 등극하는 황제들은 궁궐의 폐쇄된 공간에서 궁녀와 환관들 손아귀에서 벗어나지 못하는 생활을 하다 보면 몸이 점점 약해져서 젊은 나이에 죽게 되고, 그러다 보면 나이 어린 태자가 황제의 자리에 오르게 된다.

그러면 어린 황제는 엄마인 황후의 치마폭에 휩싸여 헤어나지 못하거나, 아니면 진나라 2세 황제 호해胡亥가 그랬던 것처럼 어린 시절부터 자신과 가장 가까이 지내던 환관宦官에게 모든 일을 의지하기 마련이다. 그래서 왕조의 말기가 되면 정권이 외척이나 환관에게 쏠리는 일이 반복되다가 결국 나라가 망하고 마는 수순을 밟곤 한다.

우리나라 조선의 경우도 마지막 황제였던 고종高宗의 사진이나 일본의 천황天皇을 보더라도 체구가 매우 작다는 것을 알 수 있다. 고종이 태조 이성계의 피와 유전자를 얼마나 이어받았는지 분명하지는 않지만, 이성계가 말도 잘 타고 활쏘기에 매우 탁월하였던 장군 출신이었던 것을 추정해 보면 확실히 조선의 왕실도 대를 이어가면서 열성劣性으로 유전되었다는 것을 짐작할 수 있다. 그래서 조선 후기에 외척들이 득세하여 세도정치가 자행되면서 나라가 어지러워지기 시작하였고, 안팎으로 정사에 적절히 대처하지 못하고 결국 일본제국주의의 침략에 손도 써 보지 못하고 식민통치를 당하는 지경에까지 떨어졌던 것이다.

키 작은 사람을 모두 패배자라는 의미의 루저loser라고 할 수는 없지만, 어쨌든 궁궐 생활에 익숙한 왕들은 대장금大長今 같은 요리 전문가들이 매일 최선을 다해 바치는 맛난 음식만 먹고 운동은 거의 하지 않았으니, 대가 거듭 이어질수록 왕들이 성인병에 시달리며, 수명이 단축되었던 것이다.

고기를 너무나도 좋아했던 조선 세종의 경우에도 일찍부터 당뇨병으로 인해서 등창에 시달렸으며, 노년에는 거의 실명의 단계에까지 다다랐을 만큼 고통스러운 나날을 보냈던 것은 잘 알려져 있다. 세종이 그런 지경이었으면서도 그토록 많은 위대한 업적을 남겼다고 하니, 절로 숙연해지지 않을 수 없다.

한漢 왕조는 진나라에서 세운 법률제도와 유가의 이상적인 정치를 바탕으로 나라의 기강을 세웠으며, 종이와 같은 여러 과학 발명품을 발명하여 발전시키고, 오늘날 말하는 한자漢字 · 한문漢文 · 한족漢族 · 한인漢人과 같은 용어의 연원이 될 만큼 중국적인 여러 원형을 세웠던 것은 물론 이후 당唐나라와 더불어서 가장 강대한 한족漢族의 영광을 구가하였던 시대였다.

그렇지만 전한前漢이 외척의 득세로 일시적으로 망했었다면, 후한後漢대에 이르러서는 궁중 살림을 하던 환관宦官들이 정권을 장악하면서 망국의 길로 접어들었다. 중국에서는 이후 왕조에서도 환관이 정치에 나서서 혼란에 빠지는 경우가 많았는데, 중국에서 환관이 정치에 적극 관여했다는 것이 우리나라와는 다른 면이다.

09

환관(宦官)과 황건적(黃巾賊), 한(漢)나라를 흔들다

1. 환관(宦官)들이 '없이 살게' 된 내력

2. 환관들이 '불끈' 일어서다

3. 중국의 환관들이 얌전하지 못했던 이유

4. 조조(曹操), 한(漢)나라의 정권을 장악하다

5. 황건적(黃巾賊)과 황건군(黃巾軍)

중국
역사와 문화
들여다보기

환관(宦官)과 황건적(黃巾賊),
한(漢) 나라를 흔들다

중국의 왕조 흥망사에서 빼어 놓을 수 없는 이들이 환관宦官이다. 환관은 흔히 내시內侍라고 알려져 있는데, 궁궐의 살림을 맡아보는 낮은 신분의 관리이다. 환관들의 활동무대는 거의 궁궐로 제한되어 있으면서 언제나 왕조의 흥망사와 함께하였다. 전한前漢이 외척인 왕망王莽에 의해서 잠깐 망했다가 한漢 황실의 후손인 광무제光武帝에 의해서 한나라가 후한後漢으로 낙양洛陽에서 부활하였지만, 결국 전한前漢만큼의 부흥을 이루지는 못했다. 후한의 말기에도 여전히 외척들이 득세하였고, 환관들이 이에 맞서서 궁궐의 크고 작은 일들을 장악하고 있었으니, 후한은 외척과 환관들에 의해서 정권이 다시 한 번 시달리다가 종말의 길로 들어섰다.

1. 환관(宦官)들이 '없이 살게' 된 내력

환관제도는 중국과 우리나라 왕조시대의 참혹한 역사의 한 단면이었다. 환관제도는 고대 이집트에서뿐만 아니라 유럽과 아프리카 및 인도나 아랍 등 강력한 왕권이 존재하였던 나라에서 두루 있었던 제도라고 할 수 있는데, 유독 중국과 우리나라에서만 근대 이전까지 지속되었던 독특한 제도라고 할 수 있다. 우리와 같은 한자 문화권의 일원이었던 일본의 경우에는 환관제도가 없었다.

환관은 궁궐의 행정과 살림을 맡은 관리이다. 황후나 공주 같은 황제의 가족들을 매우 가까이에서 모시다 보니, 황실 혈통의 순수성을 보존해야 하는 문제가 생기기 마련이었다. 한편 환관들은 궁궐의 또 다른 살림업무를 담당하던 궁녀宮女들과도 함께 일을 하였기 때문에 그들과 성적性的으로 문란해질 수 있는 근무 조건을 가지고 있었다. 그래서 환관과 궁녀들이 사적으로 사랑에 빠지게 되면 궁궐의 행정업무에 심각한 해를 끼친다고 여겼다. 이러한 문제들을 해결하기 위해서 매우 극단적인 조처를 취한 것이 남성의 상징을 제거하는 거세去勢였다.

고대 중국에서는 궁궐의 살림을 맡아서 일할 환관을 양성하기 위해서 거세하는 것 이외에도 궁형宮刑이라고 하여서 일찍부터 거세를 형벌刑罰의 하나로 두고 있었다. 궁형은 부형腐刑이라고도 부르는데, 거세한 자리에서 한동안 살이 부패하는 냄새가 난다고 해서 그렇게 불렀다고 한다. 궁형은 신체 일부를 제거하는 것만을 의미하는 것이 아니라 사형과도 같은 의미이며, 사대부에게는 사형보다도 더욱 치욕스러운 형벌로 여겨졌다.

실제로 거세 시술을 하는 과정에서 죽음에 이르는 경우가 많았다. 남자의 생식능력을 제거하는 방법에는 대체로 음경陰莖을 자르거나, 정자精子가 생성되는 고환睾丸이 담긴 음낭陰囊을 자르거나, 고환을 막대나 망치 같은 것으로 때려서 깨뜨리는 것 등이 있었다. 우리나라에서는 대개 고환만 칼로 잘라내었는데, 중국에서는 음경과 음낭을 다 도려내었다고 한다. 그리고는 잠실蠶室로 보내서 몸조리하도록 한다.

여기에서 말하는 잠실은 누에를 치는 방이라는 뜻인데, 도려낸 상처가 아물 때까지 바람을 쐬거나 감기에 걸리거나 피를 너무 많이 흘린다거나 병균에 감염되는 경우 역시 대개는 죽었다고 한다. 그래서 대개 수개월 동안 상처가 아물 때까지 일정한 온도가 유지되는 지하방에 누워있는 모습이 마치 누에가 잠실에서 웅크리고 있는 모습과 비슷하다고 해서 궁형을 당하고 나서 몸조리를 하는 곳을 잠실蠶室이라고 한다는 설도 있다.

잠실이라 하니 우리에게는 좀 익숙한 동네이다. 지금은 누구나 가서 살고 싶어 하는 지역 가운데 하나인 잠실은 본래 누에를 치던 곳이었다. 누에를 쳐 비단을 짜고 이것을 궁궐에 공급하기 위한 작업장이 있었던 곳이다. 그런데 비단을 짜는 일은 대개 여자들이 하였고, 그들을 감독하기 위해서 관리들을 파견하였는데, 역시 환관이 제격이었다.

한강 너머에 있는 잠실이 환관을 양성하기 위해서 거세한 뒤에 몸조리를 하기 위해 보내졌던 곳은 아니었다. 지금이야 궁궐이 있던 광화문 거리와 잠실이 가깝게 느껴지지만, 조선시대 당시 한강을 건너 잠실까지 몸조리를 하러 보냈을 리는 없었을 것이다. 아니면 환관들이 궁중에서 일하다가 나이가 들어서 은퇴한 곳이 잠실이 아닌가 싶기도 하다. 왜냐하면 거세당하여 남자구실을 못한다는 것이 자랑은 아니었을 터이니, 예전만 하더라도 사람들이 거의 살지 않았던 잠실로 와서 살았던 것이 아닌가 싶기도 한데, 이것도 역시 기록에는 환관들이 나이 들어 은퇴하게 되면 지금의 중랑구 묵동 쪽으로 나와서 모여 살았다고 한다.

그런데 우리나라의 경우는 음경을 놔두고 고환만 제거하는 시술을 하지만, 중국의 경우는 대개 음경과 고환을 함께 도려낸다고 하였는데, 이 과정에서 출혈과 병균의 감염을 성공적으로 막아서 상처가 아물어 잠실에서 무사히 살아 나온다 하더라도 역시 문제가 남게 된다.

일단 소변을 해결할 수 있도록 요도를 확보해야 한다. 시술한 다음에 바로 납으로 된 침이나 나무막대 혹은 거위의 깃털 같은 대롱으로 나중에 소변이 원활하게 나올 수 있도록 상처 부위에 꽂아서 요도를 확보해 둔다고 한다. 그래서 시술하고 난 며칠 후 상처가 좀 아물면 꽂아 두었던 침을 빼서 소변이 잘 배출되어 흐르면 거세시술이 성공하였다고 보고 이후 수개월 동안 몸조리를 시켰다고 한다.

중국에 환관제도가 있었다는 기록은 매우 오래전부터 나타난다. 상商나라 때 갑골문자에서는 전쟁포로를 환관으로 썼다는 기록이 있으며, 기원전 1,000년 전의 생활상을 알 수 있는 『시경詩經』이나 『주례周禮』 등의 문헌에 의하면, 환관은 본래 궁궐의 문을 지키고 명령을 전달하는 시중 같은 잡무에 종사하는 거세된 남자들이었다. 그런데 그들은 신분이 매우 낮았지만, 왕을 가장 가까운 자리에서 모신다는 이유로 당시 학식이 뛰어나고 지위가 높은 관리들보다 왕의 신임을 더 많이 받을 수 있었기 때문에 그 누구보다도 궁중의 정치에 깊숙이 간섭할 수 있는 존재가 될 수 있어서 나라의 운명을 뒤흔드는 일도 많았던 것이다.

그 대표적인 경우가 앞서 진秦나라의 멸망 과정에서 나왔던 환관 조고趙高라는 자이다. 조고는 진시황의 신임을 받고 있었는데, 진시황이 죽자 승상인 이사李斯를 꾀어서 태자인 부소扶蘇를 죽게 하고 자신이 조정할 수 있었던 호해胡亥를 2세 황제에 앉히고, 정사를 좌지우지하다가 나중에는 이사와 2세 황제마저 죽이고, 급기야 세상이 어지러워지면서 민란이 터지고 결국 3세 황제에게 죽음을 당하여 진나라가 멸망하는 데에 주범이 되었다.

그런데 조고보다 앞서 환관으로서 역사에 이름을 올린 이는 춘추시대春秋時代 제齊나라 시절 수조豎刁 : ?~B.C. 642라는 자이다. 수조는 당시 여러 제후국 가운데에서 가장 영향력이 컸던 제나라의 환공桓公을 모시던 환관이었다. 제나라는 일찍이 주周나라 때 강태공姜太公이 분봉分封을 받은 지역으로서 환공은 그의 14대손이기도 하며, 우리에게 우정友情의 대명사로 잘 알려져 있는 고사성어인 관포지교管鮑之交에 나오는 관중管仲과 포숙鮑叔이 모시던 당시 춘추의 여러 제후국 가운데 가장 영향력이 컸던 제후였다.

수조는 어린 나이에 궁궐에 들어가 환공의 말벗을 하거나 심부름을 하던 신분으로서 환공이 총애하여서 늘 곁에 두고 싶어 했는데, 수조가 14살이 되던 해에 궁궐에 장성한 사내가 군주와 함께 있어서는 안 된다는 규정 때문에 궁궐을 나와야만 하였다. 그래서 수조는 자궁自宮 즉 스스로 거세去勢하여서 남자임을 포기하고 환관이 되어 다시 궁궐로 들어가서 환공을 모실 수 있게 되었다.

환공은 자신을 모시기 위해서 스스로 거세하여 다시 자신의 곁으로 돌아온 수조를 더욱 총애하였다. 수조는 그런 환공의 총애에 보답하기 위해서 더욱 충성을 다하여 모셨다.

언젠가는 환공이 입맛이 없다고 하자, 수조는 당시 최고의 요리사인 역아易牙를 불러들였고, 역아 역시 출세하기 위해서는 무슨 짓이든 다 할 준비가 되어 있었던 처지라서 그의 어린 아들을 죽여 살점을 발라내어 요리하여서 환공의 입맛을 사로잡아 당대 최고의 요리사로 인정받았다.

수조와 역아의 극진한(?) 충성심에 감동한 환공도 젊은 시절에는 총명하였었지만, 말년에는 환관 수조와 요리사 역아의 손아귀에 휘둘리고 말았다. 스스로 거세까지 하고 다시 나타난 하찮은 신분의 환관과 요리사가 자식을 죽여서까지 환공을 사로잡는 것을 본 재상 관중은 보다 못해 수조와 역아를 물리치라고 환공에게 거듭 간언을 올렸지만, 환공이 끝내 듣지 않자 관중은 노환으로 병이 깊어져 죽음을 맞이하였고, 관중의 절친한 후원자이자 친구였던 포숙까지 죽자 제나라는 혼란에 빠지고 말았다.

이처럼 역사에서 춘추시대 이후 한나라 때까지 궁중의 살림을 맡아 일을 보던 환관이 왕의 측근에 있었다는 이유로 왕의 환심을 사서 전횡을 저지르는 일이 많았으며, 이후로도 중국에서는 대체로 명明나라 때까지 환관들이 정치를 좌지우지하는 일이 끝이지 않았다. 이렇듯 후한後漢은 환관의 전횡이 나라의 기강을 흔들어 멸망의 단계에까지 몰고 갔다.

환관이 악당 역할로 나온 영화 가운데 소오강호笑傲江湖나 신용문객잔新龍門客棧이라는 영화가 있다. 소오강호는 이연걸과 임청하林清霞가 나왔던 동방불패東方不敗라는 영화의 전편前篇으로서 매우 흥미로운 무협영화이다. 신용문객잔新龍門客棧도 60년대 나왔던 '용문객잔'이라는 영화를 다시 만든 것이다. 여기에서 객잔客棧은 여관이라는 뜻으로 이것 역시 용문龍門이라는 곳에서 벌어지는 전형적인 무협류 영화이다.

신용문객잔에는 임청하林靑霞와 장만옥張曼玉이 나오는데, 내용은 반란을 꾀하던 주인공들이 도주하다가 용문龍門이라는 변방의 여관에 숨어들어 펼치는 무협영화이다. 언뜻 보기에 위의 두 영화가 모두 현란한 칼싸움을 위주로 하는 중국 영화 특유의 무협물이라고 할 수 있는데, 여기에서 악당으로 나오는 이들은 모두 환관으로서 직접 군대를 이끌고 반란의 무리를 처치하러 종횡무진 휩쓸며, 엄청난 무술을 뽐내다가 결국에는 죽음을 당한다는 내용이다. 이처럼 중국의 무협영화에서 유난히 환관이 악당으로 자주 등장하는 이유 역시 중국 왕조사의 변동에서 그들이 그만한 영향을 끼쳤기 때문이다.

2. 환관들이 '불끈' 일어서다

전한前漢 후반기에 들면서 황제들이 일찍 죽어서 어린 태자들이 황제의 자리에 오르게 되었고, 어린 황제를 돕는다는 구실로 엄마인 황후가 친정 식구들을 대거 불러들여서 조정의 요직을 차지하게 되었고, 이들 외척 가운데 왕망王莽은 한漢나라를 찬탈하여 나라 이름을 신新으로 바꾸기까지 하였었다고 하였다.

후한後漢의 경우에도 역시 전한前漢처럼 외척들이 득세하는 경우가 많았는데, 전한과 달라진 것은 황제가 성년이 되고 나서는 외척들이 권력을 마구 휘두르는 것을 못마땅하게 여기게 되어 황제가 오히려 환관세력에 의지하여 정변政變을 일으키고 자신의 권한을 찾아오는 일도 종종 있었다.

이렇다 보니 환관들은 황제와 외척들이 권력투쟁을 하는 사이에서 정권의 실력자로 변모하게 되었다. 그런데 환관들은 본디 나라를 통치할 만한 능력이나 기반이 없던 처지였지만, 다만 자신들의 권력을 이용해서 횡포를 부리거나 백성들을 착취하는 일이 많았던 것이 큰 문제였다.

광무제光武帝가 한漢나라 정통을 다시 세운 이후 80여 년 정도 안정된 모습을 보이긴 했는데, 제8대 황제인 순제는 환관들의 전폭적인 후원 덕에 황제의 자리에 즉위하는 일까지 벌어지게 되었다. 그렇다 보니, 순제는 자신을 황제로 만들어준 환관들을 극진히 대우해 주는 등 이후 한나라가 망할 때까지 후한의 역사는 그야말로 환관들이 정권을 완전히 장악한 시대라고 할 만하다.

한나라 말기 정권을 장악하였던 조조曹操의 아버지인 조숭曹嵩이 당시 명망이 있었던 환관인 조등曹騰의 양자였기 때문에 조조 역시 정치의 전면에 수월하게 나설 수 있었던 것도 우연이 아니었다.

후한後漢의 10대 황제인 환제桓帝: 147~167 재위 때에는 '당고黨錮의 화禍'라는 난이 있었는데, 이른바 유가적인 충성심이 강했던 젊은 관리들이 당시 못된 짓을 일삼던 환관들에게 대항하여 싸우다가 도리어 피해를 입기까지 하였고, 환제는 외척인 양기梁冀를 환관의 힘을 빌어서 제거하기까지 하였다.

이 사건을 계기로 환관들은 정사에 개입하고 나라의 토지를 차지하는 등 횡포를 자행하였다. 한편 당시 호족이나 관료들 가운데 환관들의 전횡을 못마땅하게 여기던 태학생太學生들과 젊은 관리들은 환관들이 세상 사람들의 입을 막고 눈을 멀게 하고 있는 것이 마치 진나라 때 분서갱유焚書坑儒를 방불케 한다고 황제에게 직언하여 환관들을 제거하라고 하였다. 그런데 관리들이 자신을 진시황과 같은 폭군으로 비유하였다고 여긴 환제는 도리어 젊은 관리들이 국정을 문란하게 한다는 명목으로 200여 명의 관리들을 체포하여 종신금고형終身禁錮刑에 처하였다.

환제가 죽고 영제靈帝가 즉위한 168년에도 환관세력을 제거하려고 하였다가 오히려 환관세력을 끼고 돌던 황제의 입김으로 역습을 당하고 말았다. 이때도 100여 명의 관리들이 죽고, 6~700명의 관료들이 평민 신분으로 강등되는 금고형禁錮刑에 처해졌다. 이것은 참으로 어처구니없는 일이 아닐 수 없었지만, 나라가 망하려다 보니 별일이 다 벌어지는 상황에 이르렀던 것이다. 이처럼 후한 말기에 두 차례에 걸쳐 관리들이 멀쩡하게 탄압을 당하고 환관들이 정치를 농락하여 한나라의 운명은 멸망의 나락으로 점점 빠져들고 있었다.

이들 환관 가운데 후한의 기강을 흔들던 자가 바로 조충趙忠과 장양張讓인데, 이 둘을 비롯해서 당시 권력을 휘두르던 환관을 십상시十常侍라고 불렀다. 십상시는 후한 말기 영제靈帝 때에 정권을 잡아 조정을 농락한 10여 명의 환관들을 일컫는다. 이들 십상시들은 많은 토지와 부하들을 거느리고, 그들 부모형제들을 모두 높은 관직에 앉히고 대단한 위세를 떨쳤다. 그런 만큼 그들에게 휘둘렸던 영제는 십상시의 우두머리격인 장양을 아버지라는 의미에서 아부阿父라고 불렀고, 둘째 우두머리격인 조충을 어머니라는 의미에서 아모阿母라고 부르며 따랐다고 한다.

당시 맹타孟他라는 약삭빠른 장사치가 있었는데, 어느 날 조충에게 와서는 다른 사람들이 보는 앞에서 자신에게 한 번만 굽실거려 주면 큰돈을 바치겠다고 간청하였다. 돈이라면 마다치 않던 조충이 이런 제의를 거절할 리가 없었다. 그래서 조충에게 청탁하기 위해서 긴 줄을 서고 있던 사람들이 보는 앞에서 조충이 맹타에게 넙죽 절을 하니, 다른 사람들이 맹타에게 큰 권력이라도 있는 줄 알고 다음부터는 맹타에게도 돈을 바치러 줄을 서는 사람들이 넘치게 되었고, 조충은 돈을 더 많이 끌어모을 수 있게 되었다고 한다.

이처럼 당시 환관들은 매관매직을 통해서 돈을 끌어모으고, 때로는 뇌물을 바치는 조건으로 관직을 미리 주기도 하는 등 참으로 부패의 극치로 내달았다. 그러니 관직을 돈으로 주고 산 관리들은 본전을 뽑으려고 아래 백성들을 더욱 수탈할 수밖에 없었다. 사태가 이 지경에까지 이르다 보니, 나라의 정치는 안팎으로 뒤흔들리게 되었고 이제 남은 방법은 백성들이 들고 일어나는 일만 남았다.

드디어 184년 더 이상 살기 어렵게 된 농민들이 머리에 누런 두건을 두르고 황건적黃巾賊이 되어서 난을 일으켰다. 이제 후한後漢도 완전히 기력을 잃고 왕조의 통치력은 바닥에 떨어져 결국 멸망의 길로 내달리고 있었다.

3. 중국의 환관들이 얌전하지 못했던 이유

우리나라도 중국과 더불어 환관제도를 체계적으로 유지하고 발전시켜 왔다고 할 수 있다. 그런데 우리나라에서는 중국과 달리 거세하는 형벌인 궁형宮刑이라는 제도가 시행되지는 않았지만, 고려 의종毅宗이 문벌 권신들의 영향력에서 벗어나고자 환관들에게 의존하다 보니, 이때 고려의 환관들이 중국에서처럼 정권을 좌지우지하는 사태가 나타났었다.

몽골족의 원元나라에 핍박을 받으면서 많은 환관과 궁녀를 원나라 조정에 공납하여야만 했는데, 이때 원나라에 끌려갔던 환관들이 거꾸로 고려의 조정에다 권세를 부리는 경우가 잦았다. 고려에서 끌려간 환관과 궁녀들은 한자漢字를 알고 있었고, 중국 문화에 익숙하였기 때문에 궁궐 생활에 잘 적응하여 높은 신분의 환관으로 쉽게 승진할 수 있었다.

고려 출신의 박불화朴不花, ?~? 같은 환관은 원나라 조정에서 매우 영향력이 있어서 원나라로 끌려간 궁녀 출신으로 원나라 마지막 황제인 순제順帝의 제2황후에까지 오른 기황후奇皇后를 잘 도와서 군사 통솔의 최고책임자인 동지추밀원사同知樞密院事에 임명되기까지 하였다.

이때 고려에서는 기황후의 오빠인 기철奇轍이 누이동생의 권세를 믿고 고려 조정에서 횡포를 부리자 공민왕은 그를 제거하였다. 이에 박불화는 기황후를 부추겨 공민왕을 폐위시키고 충선왕의 셋째아들인 덕흥군德興君을 왕으로 세우려는 계책을 꾸미기도 하였고, 원나라 군사 1만여 명을 보내어 고려를 치게 하였으나 도리어 고려군에게 패하자, 박불화도 권세를 잃고 감숙성甘肅省으로 유배되었다.

반면에 고려출신의 환관 방신우方臣祐, ?~1343는 원나라 조정에서 고려를 원나라의 한 성省으로 편입시키려는 논의가 있을 때 이것을 철회시키는 정치력을 발휘하기도 하였다. 그러다가 원나라가 망하면서 환관들의 정치적인 입지가 약해졌고, 조선에 이르러서는 환관들의 업무가 궁궐의 살림에 한정되면서 그들의 세력도 크게 약화되었다.

조선시대의 환관들은 가난한 집안의 여자를 아내로 맞이하고 아이들을 입양하여서 가정을 꾸며 살게 하였다. 이것이 그들에게 정치에는 끼어들지 못하게 하는 결정적인 요인으로 작용하였다. 조선의 환관들은 궁궐에서 일과를 다 마치면 대개 퇴궐하여서 각자의 집으로 돌아가 생활하였다. 이렇듯 환관들에게 가정을 꾸미게 하니까 환관들이 집안일에 치중하게 되어서 자연스럽게 궁중의 정사에 관심을 덜 두게 되었던 것이다.

우리나라 환관 가운데 연산군燕山君 시절 매우 대비되는 두 환관이 있었다. 한 사람은 온갖 행패를 다 부리고 정승 부럽지 않은 권세를 누린 김자원金子猿이고, 다른 한 사람은 연산군의 폭정을 끝까지 간언하다가 처참하게 죽은 김처선金處善이다.

김처선은 연산군까지 4대째 왕을 모셨던 인물이다. 연산군이 스스로 창안한 처용희處容戱를 궁궐에서 벌였는데, 그 내용이 너무 음란하자, 김처선이 목숨을 걸고 연산군에게 그의 실정을 고하기를, "이 늙은 신臣은 4대째 임금을 섬겼으나, 고금의 군왕 가운데 이토록 문란한 군왕은 없었습니다."라고 극렬하게 간언諫言하였다. 연산군은 분을 이기지 못하고 김처선에게 화살을 쏘았다. 김처선은 화살에 맞고도 연산군의 잘못된 점을 고하자, 이번에는 연산군이 직접 다리와 혀를 베어 죽였고, 그의 부모 무덤까지 헐어 버렸다고 한다. 이 이후로 연산군은 김처선의 가운데 글자인 '처處'자를 공문서 등에 아예 쓰지 못하게 하였다고 한다. 이토록 참혹하게 죽으면서까지 연산군을 올바르게 이끌고자 했던 김처선이야말로 신하로서 임금에 대한 충성의 의미를 되새기게 하는 것이 아닐까 한다.

4. 조조(曹操), 한(漢)나라의 정권을 장악하다

황건적의 난을 계기로 궁중에서 환관들끼리 내분이 일어나고 원소袁紹와 조조曹操, 그리고 원소의 동생인 원술袁術이 군사를 이끌고 궁궐로 쳐들어가 십상시와 그의 가족들을 모두 살해했는데, 이 때문에 수염 없는 사람들까지도 환관으로 오해받아 살해되기도 하였다고 한다. 결국 장양은 소제少帝를 모시고 낙양洛陽의 북망산北邙山으로 피신하다가 연못에 빠져 자결했다. 이후 소제와 태자 유협劉協은 한 농민의 도움으로 구출되어 원소와 조조, 왕윤 등의 신하들을 만나 낙양으로 가게 되었다.

이때 동탁董卓: ?~192이 20만 대군을 이끌고 낙양으로 들어와 병권을 장악하여 원소를 발해渤海 태수로 내쫓고 유협을 후한 14대 황제 헌제獻帝로 즉위시켜 정권을 장악하였고, 원소袁紹는 동탁 토벌군을 조직하여 대항할 태세에 돌입하였다. 이에 동탁은 190년에 낙양洛陽에서 온갖 포악한 짓을 벌이다가 낙양을 불태우고 장안長安으로 수도를 옮겼다. 천도한 후에도 동탁의 횡포가 더욱 심해지자, 왕윤王允은 동탁의 양아들이었던 여포呂布를 꾀어서 동탁을 살해하였다.

『삼국지연의三國志演義』에서는 이때 왕윤의 수양딸인 초선貂蟬이 동탁과 여포 사이를 이간질시키는 역할을 하는 것으로 잘 알려져 있다. 초선은 서시西施, 왕소군王昭君, 양귀비楊貴妃와 함께 중국의 4대 미인 가운데 한 사람으로 꼽히는데, 이는 여포가 동탁의 시녀와 염문艶聞을 뿌렸다는 역사의 기록과 왕윤이 여포를 꾀어서 동탁을 죽이게 했다는 사실을 근거로 꾸며 엮은 것이다.

여포呂布 역시 『삼국지三國志』나 『삼국지연의三國志演義』 등에서 당시 궁술과 승마술에 가장 뛰어난 장군으로 묘사되어 있다. 그래서 민간에서는 그가 탔던 적토마赤兎馬와 함께 "사람 가운데는 여포, 말 가운데는 적토마人中呂布, 馬中赤兔"가 정말 빼어나다는 이야기가 전해질 정도였는데, 절개가 없으며 욕심이 많아 유혹에 쉽게 넘어가는 성격을 지녔던 것이 여포의 최대 약점이었다.

『삼국지연의』에서 여포를 꾀어서 죽게 만든 초선은 흔히 폐월수화閉月羞花라는 말로도 유명하다. 폐월閉月은 초선을 일컬어 말하는 것인데, 달도 초선을 보면 부끄러워 숨는다는 뜻이고, 수화羞花는 양귀비를 일컬어 말한 것으로, 꽃이 양귀비를 보면 도리어 부끄러워했다고 해서 생긴 말로 둘 다 미인을 비유하는 말이다. 이 말과 함께 흔히 미인을 일컫는 것이 침어낙안沈魚落雁이다. 침어는 연못에 미인이 나타나자 물고기가 부끄러워서 가라앉고 하늘을 나는 기러기가 미인을 보자 스스로 떨어졌다는 뜻이다. 여기에서 침어沈魚는 서시西施를 말하고, 낙안落雁은 한나라의 왕소군王昭君을 일컫는 말이다.

동탁이 죽자 장안長安은 그 부하들의 다툼으로 혼란이 거듭되었고 헌제는 장안을 탈출하여 조조曹操에게 가서 의지하고 있었다. 조조는 처음에는 원소와 제휴하였으나, 그 뒤 허(許: 河南省 許昌縣)땅을 근거지로 삼아 세력을 확장하였다. 조조와 원소 두 사람은 화북華北 세력을 양분하고 서로 견제하였는데, 200년에 벌어진 관도官渡의 대결전에서 원소가 크게 패하여 죽었고, 그의 아들인 원담袁譚과 원상袁尚도 조조에게 살해되면서 조조는 명실상부하게 한漢나라의 권력을 장악하게 되었다.

5. 황건적(黃巾賊)과 황건군(黃巾軍)

민란民亂은 앞선 진나라에 이어서 한나라 멸망의 주요 요인 가운데 하나라고 할 수 있다. 물론 한나라 말기 민란이 일어난 정황은 환관들의 매관매직 등으로 지방 관리들이 부정부패에 몰두하다 보니 일반 백성들이 한층 살기 어려워진 결과라고 해도 지나치지 않다. 진秦나라 때에도 그랬던 것처럼, 민란은 온 나라를 수렁에 빠뜨린 결정적인 사건이었다.

한漢대 말기 민란 가운데에서 노란 두건을 썼던 황건적黃巾賊의 봉기는 전국적으로 매우 대단한 위력을 떨쳤다. 우리는 이제껏 그들을 '~도적'이라는 의미로 '황건적黃巾賊'이라고 부르지만, 오늘날 중국에서는 이들을 도적으로 치지 않고, 황건군黃巾軍이라고 불러서 그들이 마치 정규 군대였던 것처럼 격을 높여주고 있다.

그것은 오늘날 중국이 농민혁명을 통해서 중국식의 사회주의를 실현하였다는 자부심에서 만들어진 용어이다. 중국 사회주의에서는 보통 백성의 잠재역량을 매우 중시한다. 그것은 농민들의 혁명으로 중국이 지난 수천 년 동안 이어온 왕조사회를 무너뜨리고 사회주의국가를 성립시킬 수 있었던 것이라고 여기기 때문이다. 그만큼 지난 중국의 역사에서 농민들이 봉기하여 왕조를 무너뜨렸던 사실에 대하여 큰 의미를 부여하고 있다. 그래서 이제껏 일반적으로 그들을 도적떼인 것처럼 부르던 것에서 이제는 마치 새로운 시대를 연 정의로운 혁명군이었던 것처럼 표현하여 황건군이라고 하는 것이다.

그들이 누런 두건을 썼던 것은 황로黃老사상의 음양오행설陰陽五行說의 이론에서 따온 것이다. 후한後漢의 통치자들은 스스로 불의 덕인 적덕赤德으로 보았다. 그래서 불 다음에는 흙 토土이니, 흙의 색인 누런색의 황덕黃德으로 불의 덕을 이길 수 있다고 여겼던 것이다. 이것은 역사 발전의 당위성을 일종의 미신에 빗대어 정신적인 안정을 얻고자 한 것이라고 할 수 있다.

이처럼 한나라 때의 민란이 진나라 때와 달라진 양상은 도교道敎의 민간 신앙적 요소를 많이 띠고 있었다는 것이다. 황건적은 한나라의 정규군에 비하여 부족한 군사력을 정신력으로 무장하기 위해서 부적符籍을 태워서 마시면 창이나 칼에 찔려도 죽지 않는다는 식의 신비로운 색채의 주문으로 무장하고 있었다. 오두미교五斗米敎에서는 다섯 되의 쌀을 주고 산 부적을 파는 등 한나라 말기 민란의 배후에는 대체로 도교道敎 색채의 민간신앙이 자리하고 있었다. 종교宗敎와 달리 민간신앙은 불로장생과 같은 당시 백성들에게 개인적인 행복을 추구하고자 하는 기복신앙祈福信仰적인 요소를 많이 띠고 있었다. 일종의 종교적인 믿음이 그들 민란을 더욱 강력하게 무장하여 정규군에 대항할 수 있는 힘을 제공할 수 있다고 본 것이다.

실제로 근대에 들어서 청淸나라의 정체성을 뒤흔들었던 태평천국太平天國의 난을 비롯해서 어떤 왕조나 그 말기에 나라가 어지러워지면 여러 민간신앙들이 득세하여 나라 전체가 혼란에 빠지는 경우가 많았다.

이러한 역사적인 교훈을 잘 알고 있는 지금의 중국 정부로서는 근래에 중국이 안고 있는 여러 문제 가운데 소수민족 간의 갈등이나 도시와 농촌 간의 빈부격차 등 여러 가지 사회불안 요소들이 예전과 같이 민간신앙이나 소요의 형태로 분출될까 봐 매우 고심하고 있다.

근래에 중국 정부는 이른바 법륜공法輪功 신도가 천안문 광장에서 분신焚身을 시도하는 등 집단적인 움직임을 보이고 있는 것이 이와 유사한 상황이라고 판단하고 있다. 정확한 통계는 아니겠지만, 법륜공이 현재 5천만 명에서 1억 명 정도의 신도를 보유하고 있다고도 하는데, 그들은 단순하게 심신을 단련하는 단체라고 표방하지만, 중국은 사회주의국가로서 종교적인 신앙의 자유에 대하여 통제가 심한데다가 그처럼 민간신앙적인 요소를 가진 종교단체가 어느 한순간에 나라의 정체성을 뒤흔들 만큼의 폭발적인 힘을 발휘할까 걱정하기 때문에 중국정부에서는 법륜공들을 아예 '사악한 종교'라는 뜻에서 사교邪教로 규정하여 그들의 활동을 미리미리 철저하게 규제하고 있다.

한나라가 중앙의 외척과 환관, 그리고 관리들의 갈등에서부터 균열이 가며 민란이 폭발하여 망했던 것처럼 진나라에 이어서 어느 시대나 나라를 막론하고 백성을 받들지 않고 배겨나는 왕조는 없다는 것을 다시 한 번 보여준 예라고 할 수 있다.

10

위(魏), 삼국시대(三國時代)를 열다

1.『삼국지(三國志)』와『삼국지연의(三國志演義)』

2. 조조(曹操), 바르게 보기

3. 너무나 인재를 아꼈던 것이 탈이었던 조조(曹操)

4. 인재 경영의 고수, 유비(劉備)

중국
역사와 문화
들여다보기

위(魏), 삼국시대(三國時代)를 열다

지난 장에서는 환관들이 거세去勢를 하고 황제의 곁에 있다 보니 자연스럽게 권력의 중심에 서게 되었고, 이러한 상황이 황제의 외척들이나 관료들과 마찰을 빚으면서 한나라가 망하는 데에 결정적인 역할을 한 과정 등에 대해서 알아보았다. 어린 나이의 황제가 거듭 오르면서 왕망王莽 같은 외척에게서 권력을 찾아오려는 황제가 이번에는 환관들에게 너무 의지하다 보니까 이들이 정권을 좌지우지하게 되었고, 백성들은 삶이 더욱 고달파지는 악순환이 거듭되었다고 하였다. 이에 당시 실력자였던 원소袁紹, 동탁董卓, 조조曹操 등이 군사를 이끌고 궁궐로 쳐들어가 환관을 몰살하는 극단의 처방으로 환관들의 전횡이 일단 잠잠해졌고, 결국 조조가 정권을 장악하게 되었다. 이것을 기점으로 중국은 다시 한번 대혼란의 시대에 접어들면서 새로운 국면으로서 이른바 삼국시대三國時代가 전개되었다.

1. 『삼국지(三國志)』와 『삼국지연의(三國志演義)』

우리나라 사람들 가운데 소설이건 만화이건 어떤 형태로든 『삼국지』를 한 번쯤 읽어보지 않은 이는 매우 드물 것이다. 이문열의 『삼국지』가 이제껏 2,000만 부나 팔렸다고 하는 것만 보아도 『삼국지』는 내용의 줄거리나 등장인물 등이 우리에게 얼마나 친숙한지 알 수 있다. 그런데 우리들이 이제껏 읽어왔던 것이 진짜 『삼국지』가 아니다.

『삼국지』는 정사正史로서 위魏 · 오吳 · 촉蜀으로 나뉜 삼국시대의 역사를 다룬 역사서이다. 앞서 우리들이 읽었거나 읽겠다고 하는 것은 대개 소설小說인 『삼국지연의三國志演義』를 말하는 것이다. 『삼국지』와 『삼국지연의』의 차이는 역사와 소설의 관계라고 보면 간단하다.

『삼국지』는 서진西晉대 진수陳壽가 후한後漢 말기인 189년부터 진晉나라를 세운 사마염司馬炎이 천하를 통일하는 280년까지의 기록을 담고 있는 정통의 역사서이다. 『삼국지』의 '지志'자를 흔히 '뜻 지'로 새기지만, 본래 '기록'이라는 뜻도 있다는 것을 알면, 『삼국지』는 역사기록이라는 것을 잘 알 수 있다. 그러므로 『삼국지』는 '삼국의 기록'이라는 의미이다. 정사는 원래 해당되는 시대가 끝나고 다음 세대에 쓰는 것이 관례인 만큼 삼국의 시대가 끝나고 서진西晉대에 편찬된 것이다.

반면 『삼국지연의』는 명明대 나관중羅貫中이 역사인 『삼국지』를 바탕으로 쓴 역사소설이다. 연의演義라는 단어가 추가되어 있는데, 연演자는 멀리 흐른다는 뜻으로 연극演劇이나 공연公演이라는 용어에서도 쓰이듯이, '풀어나간다'는 의미이기도 하다. 그리고 의義자는 흔히 '옳을 의' 자로 풀이하지만, 여기에서는 '뜻 의'로 새긴다. 즉 연의演義라는 말은 본래 있던 역사사실을 가지고 새롭게 뜻을 풀어나간 것이라는 의미이다. 그래서 중국의 문학 장르 가운데 역사사실을 소재로 만든 소설을 '연의체 소설'이라고도 부른다. 오늘날 우리가 흔히 역사소설이라고 부르는 것과 유사하다고 보면 될 것이다.

대개 역사소설이나 역사를 소재로 삼는 드라마가 그렇듯이, 소설이나 드라마의 생명은 허구虛構로서 인간 사회에서 있을 법한 소재를 가지고 독자들에게 재미와 감동을 주는 것을 목적으로 한다. 그러므로 역사사실과는 다르게 이야기를 끌고 가기 마련이다. 『삼국지』와 『삼국지연의』의 관계가 꼭 그렇다. 일단 『삼국지』는 정사이다 보니, 조조曹操의 위魏나라를 정통왕조로 삼아 서술하고 있으며, 유비劉備의 촉蜀나라나 손권孫權의 오吳나라는 당시 정통성이 없는 '반란의 무리' 정도로 밖에 여기지 않았다. 그래서 『삼국지연의』에서 스스로 폼나게 황제에 등극하였던 유비를 '앞선 우두머리'라는 뜻에서 '선주先主'라고 하고, 그의 아들 유선劉禪은 후주後主라고 부르는 것이니, 이것은 역사에서 정통성을 중시하기 때문이다.

우리가 흔히 아는 『삼국지연의』는 조조를 폄하하고, 유비 · 관우 · 장비와 제갈량을 높여 주인공으로 삼아 한漢황실의 부흥을 통한 삼국통일의 염원을 실현하고자 분투하는 내용으로 그려져 있는 것부터 역사와 소설은 그 취지가 서로 다르다. 어째서일까? 중국이 대대로 한漢문화의 정통성을 중시하는 의식 때문이다.

조조를 흔히 위魏 무제武帝라고 불러서 마치 조조가 한나라를 멸망시키고 위魏나라를 새로이 연 것처럼 보이지만, 조조가 한漢나라를 망하게 하고, 한漢 황제의 자리를 빼앗은 것이 아니었다. 220년에 조조가 죽자, 그의 아들인 조비曹丕가 한漢나라 마지막 황제인 헌제獻帝에게 평화적인 왕권교체의 형식인 선양禪讓을 받아 새로운 왕조인 위魏나라를 열었던 것이다.

물론 한나라 황제가 순순히 황제의 자리를 조비에게 내어주었을 리도 없으며, 그렇듯 조비가 황제의 자리를 이어받을 수 있었던 기반을 마련해 놓은 이가 그의 아비인 조조였다고 해서 조조를 가리켜서 한漢의 정통성을 무너뜨렸다는 허울을 뒤집어씌운 것이다. 여기에서도 중국인들이 명분을 얼마나 중시하는지를 알 수 있는 대목이다.

그렇다면 정사인『삼국지』는 통째로 다 믿을 만한 것일까? 반드시 그런 것만도 아니다. 왜냐하면 역사도 그 시대마다의 정치적인 이념에 충실할 필요가 있기 때문에 흔히 왜곡되기 마련이다.

『삼국지』의 경우 위魏나라가 망한 다음 서진西晉시대의 진수陳壽가 편찬하는데, 진수의 아버지가 본래 제갈량諸葛亮의 부장部將이였던 마속馬謖의 부하였다. 마속은 읍참마속泣斬馬謖이라는 고사에 나오는 인물이다. 읍참마속이란 '눈물을 흘리며 마속을 벤다'는 뜻으로 아끼는 사람을 어쩔 수 없이 내쳐야 하는 심정을 비유하여 쓰는 말이다.

마속은 본래 장수가 아니라 참모參謀였지만, 평소부터 군사적인 공훈을 세우고 싶어 해서 한번은 가정街亭으로 군사를 이끌고 나가게 되었다. 이 싸움에서 제갈량은 마속에게 나아가 싸우지 말고 성을 지키라고만 하였는데, 마속이 끝내 이 명령을 어기고 성문을 열고 나가서 싸우다가 패하고 말았다. 제갈량은 장수가 패할 수는 있지만, 군의 명령을 어긴 것을 용서할 수는 없다고 하면서 평소에 아끼던 마속이었지만, 눈물을 머금고 목을 베었다.

그런데 이때 마속은 명령을 어긴 죄로 죽음을 당했고, 마속의 부하였던 진수의 아버지는 머리를 빡빡 깎이는 벌을 받았다. 진수 아버지 본인으로서는 자신의 상사를 제대로 보필하지 못하였으니, 당연히 받아야 하는 벌이었지만, 사정이야 어찌 되었건 아들인 진수의 입장에서 제갈량이 몹시 원망스러웠다. 그랬던 진수가 삼국시대가 끝난 다음인 서진西晉의 시대에는 사관史官이 되어 삼국의 역사를 저술하게 되었으니, 제갈량이 있던 촉한蜀漢에 대하여 좋은 평가를 할 리가 없었던 것이다. 게다가 실재 역사에서도 조조의 위나라가 정통이기도 하지만, 실제로 진수의 『삼국지』에는 제갈량을 그다지 훌륭하게 표현하지 않고 있다.

사정이 이러하다 보니, 한나라의 정통성을 깼다고 해서 조조를 폄하한 소설 『삼국지연의』는 물론이고, 정사라고 해서 있는 사실을 정확하게 서술했어야 하는 『삼국지』 역시 그 기록들이 모두 역사 사실에 오롯이 충실하지만은 않다고 볼 수 있다.

2. 조조(曹操), 바르게 보기

앞서 언급한 것처럼, 오늘날 우리들은 소설 『삼국지연의』에 쓰여 있는 여러 가지 사실들과 오늘날 우리들이 즐겨보는 역사드라마를 통해서 기존의 역사사실에 대하여 많은 오류와 편견을 가지고 있다. 그 가운데에서 우리가 흔히 간웅奸雄이라는 악역의 딱지를 붙여준 조조만큼 오해와 편견을 가지고 있는 인물도 아마 없을 것이다. 설령 친한 친구에게 지나가는 말로라도 '조조 같은 놈'이라고 말했다면, 아마 그 친구와의 우정이 온전하게 지속되기는 어려울 것이다. 그만큼 우리에게 조조는 '나쁜 인물'로 각인되어 있다. 이것은 한漢나라와 한漢문화에 대하여 애착이 많은 중국인들에게 한나라를 무너뜨린 원흉쯤으로 조조를 나쁘게 평가하려는 의도 때문에 그렇게 된 것이다.

조조는 그의 아버지가 한나라 말기 조정에서 상당한 권력을 가지고 있던 환관인 조등曹騰의 양자였다고 하였다. 조조는 그런 할아버지 덕에 손쉽게 조정으로 나아갈 수 있었다고 할 수 있지만, 조조는 본래 정치와 문학 방면에서 두루 재주를 겸비하고 있었는데, 한나라 말기에 터진 황건적黃巾賊의 난과 궁중의 환관들을 진압하면서 그의 능력을 인정받기 시작하였다. 한나라는 말년에 황건적의 난으로 인해 나라가 크게 약화되어 대혼란 속으로 빠져들었고, 조조는 한나라 마지막 황제인 헌제獻帝를 보위하면서 정권을 장악해 나아갔던 것이다.

이때까지만 해도 유비劉備는 일정한 근거지 없이 자신의 세력을 이끌고 이리저리 떠도는 신세였지만, 남쪽 오吳지역에는 손권孫權의 무리가 버티고 있어서 완벽한 의미에서 중국 전체를 자신의 세력권으로 삼지는 못했다. 그래서 조조는 100만의 대군을 이끌고 남쪽의 손권을 치러 갔다가 적벽대전赤壁大戰에서 대패하는 바람에 그의 통일 야망을 실현하지 못하고 말았다.

『삼국지연의』에서는 이때 제갈량이 동남풍을 불게 해서 화공火攻으로 조조의 군대를 홀랑 다 불태워 섬멸한 것처럼 되어있지만, 제갈량이 정말 바람을 일으켰을 리는 없을 것이다. 다만 제갈량은 바람이 불 때를 천문 관측觀測을 통해 알았을 뿐이었을 것이다. 실제로 정사『삼국지』에서는 조조 군대가 북쪽지방에서 출발하여 6개월여 동안 남쪽지방에까지 원정遠征을 오느라 지쳤고, 마침 전염병이 돌았기 때문에 적벽대전에서 맥없이 패했다고 기록되어 있다.

적벽대전에서 패배한 조조는 한동안 힘을 키우면서 뒷날을 기약하고 있다가 삼국통일의 야망을 이루지 못하고 끝내 220년에 죽었다. 그러자 그의 아들 조비曹丕가 아버지의 꿈을 이어서 반쪽의 북방지역이기는 하지만 한나라의 황제자리를 빼앗아 위魏나라를 세우고 자신은 문제文帝에 오르고, 아버지 조조를 무제武帝로 추존하였던 것이다. 그러므로 조조 자신은 살아서 한나라를 멸망시키지도 황제의 자리에 오르지도 않았지만, 유교儒敎 전통의 충효사상에 충실한 입장에서 보자면 조조는 한

나라를 멸망시킨 무도한 악당의 대표 인물로 굳어졌던 것이다.

그렇다면 조조는 어째서 허울뿐이었던 한나라 황실로부터 직접 선양을 받지 않았던 것일까? 혹시라도 조조가 적백대전에서 승리하였더라면 상황이 또 어찌 돌아갔을지 모르지만, 새로운 왕조를 세운다는 것은 혁명 이전에 반란으로서 신하로서 할 도리가 아니라는 의식을 가지고 있었기 때문이다.

특히 조조가 흠모했던 주공周公 단旦이 그에게 모범을 보여주었기 때문이라고 할 수 있다. 주공 단은 주周나라 건국에 공훈을 세우고 주나라의 문물제도의 틀을 짠 것 이외에도 형인 무왕武王과 어린 조카인 성왕成王을 끝까지 잘 보필하였던 선례가 있었다. 결과적으로 조조가 한漢나라 황권을 빼앗지 않았던 것은 신하로서의 직분을 넘어서지 않은 것이라고 볼 수 있다.

조조가 오로지 자신의 정치적인 야욕을 위해서 간사하고 무자비한 성품을 지녔다고 알려져 있기도 하지만, 조조 자신이 죽음에 대비하여 유언을 내린 것을 보면 그의 소박한 성품을 알 수 있다. 중국 역대의 황제들은 죽은 다음에도 자신들이 생전에 누렸던 권력과 부귀영화를 누리고자 화려하게 능陵을 만들었다.

대표적인 인물이 진시황이다. 진시황의 여산능廬山陵은 그 규모가 워낙 커서 아직까지도 발굴하지 못하는 이유이기도 하다. 그런데 조조는 죽기 2년 전인 218년에 마지막 명령이라는 뜻의 '종령終令'에서 자신이 죽은 이후 장례절차를 간소하게 치르라고 유언했다.

이 유언에서 조조는 자신이 죽거든 척박한 땅에 장례를 지내되, 주변을 가로막는 나무 같은 것도 심지 말며, 절대로 금은보화 같은 것을 관에 넣지 말라고 했다. 조조는 죽기 전에 다시 한 번 이 유언을 당부하였다. 조조가 살아있을 때에는 진시황과 같은 대단한 장례를 치를 수 있었던 권력자는 아니었지만, 조조는 그러한 장례가 모두 수많은 백성들의 피와 눈물이 녹아든 것으로 국가에 엄청난 손실이 되는 것이라고 여겼다. 그래서 조조와 칭기즈칸의 무덤이 아직까지도 어디에 있는지 밝혀지지 않은 이유이기도 하다.

한편 이러한 사실을 두고 조조를 부정적으로 보는 이들은 조조가 자신의 무덤에 아무것도 넣지 못하게 한 것은 그가 죽은 다음에 도굴꾼들에 의해서 자신의 무덤이 파헤쳐질까 싶어서 그랬던 것이라고 낮게 평가하기도 하지만, 조조가 그만큼 나라와 백성들을 아끼는 마음이 있었던 것만은 인정해 주어야 하지 않나 싶다.

3. 너무나 인재를 아꼈던 것이 탈이었던 조조(曹操)

중국 문학사에서 매우 비중이 높은 시인詩人이기도 한 조조가 지은 단가행短歌行이라는 시구의 마지막 행에

山不厭高, 산은 높기를 꺼리지 않고,
海不厭深. 바다는 깊기를 꺼리지 않는다.
周公吐哺, 주공(周公)이 먹던 것도 토해둔 채 인재를 맞으니,
天下歸心. 세상이 모두 하나가 되네.

라는 구절이 있다. 여기에서 산이 아무리 높더라도 더 높아지는 것을 꺼리지 않고, 바다는 아무리 깊다고 하더라도 더 깊어지는 것을 꺼리지 않는다는 뜻은, 조조 자신에게 지금도 많은 인재가 모여 있지만, 저 높은 산이나, 저 깊은 바다가 더더욱 높고 깊기를 바라는 것처럼, 더 많은 인재를 자신의 주변에 두고 싶다는 의미이다.

천하통일의 꿈을 꾸던 조조는 마치 주周나라 건국에 절대적인 공훈을 세운 주공周公이 식사 도중에 인재가 찾아 왔다는 소식을 듣고 혹시 그냥 가버릴까 싶어서 입속에서 씹고 있던 음식을 뱉고는 나가서 인재를 맞이하기도 하고, 또는 머리를 감고 있는데 인재가 찾아왔다는 전갈을 받고 혹시 그 사이 인재가 가버릴까 싶어서 물이 질질 흐르는 머리카락을 움켜쥐고서 인재를 맞으러 나갔다고 한다.

이것을 이른바 토포악발吐哺握髮이라고 한다. 주공 정도의 신분이라면 식사하거나 머리를 감고 있던 중에 인재가 찾아왔다면, 잠깐 기다리라고 해도 되는 것을, 혹시 인재가 그 사이에 그냥 가버릴까 싶어서 황급히 나가서 맞이하였다는 말이다. 이처럼 주공이 인재를 아꼈듯이, 조조는 인재를 맞는 것에 예의禮儀를 다하고자 했다.

210년에 조조는 인재를 구한다는 뜻의 '구현령求賢令'을 공포했다. 구현령의 요지는 어질고 청렴한 자가 아니라 해도 오로지 능력이 있는 인재이기만 하다면 등용하겠다는 것이다. 이것으로 조조의 인재 선발 기준이 매우 실용적이라는 것을 알 수 있다.

가문이 훌륭하거나 평소 예의와 덕행이 고상하다는 식의 까다로운 잣대는 접어두고 오로지 인재의 장점만을 보고 선발하겠다는 것이었다. 그래서 조조는 참모들이 혹시라도 나쁜 짓을 하더라도 눈감아 주곤 하였다. 오히려 행실이 좀 바르지 못하더라도 줄곧 칭찬하여서 그들에게 공적을 쌓을 수 있도록 기회를 주었다.

조조가 유비와 싸울 때, 유비는 도망가고 관우關羽가 유비의 부인과 아녀자들을 보호하느라 조조에게 생포된 적이 있었다. 이때 조조는 평소에 눈여겨보았던 관우를 자기 사람으로 만들기 위해서 여포呂布가 타고 다니던 적토마도 선물로 주고 매일 잔치를 베풀어서 관우의 마음을 돌려보려고 하였지만, 관우는 유비가 살아있다는 소식을 듣고는 바로 떠나버렸다. 관우가 조조 관할의 다섯 성문에서 자신의 길을 막아섰던 조조의 여섯 장수들을 베고 유유히 탈출할 때에 조조는 관우를 죽이라고 명령할 수도 있었는데, 다음 기회에라도 자기 사람으로 만들고 싶어서 그냥 돌려보냈다. 이 이야기가 과오관참육장過五關斬六將이다. 이때 관우가 진작에 죽었으면 삼국의 역사는 어찌 흘러갔을까?

역시 유비의 명장인 조자룡趙子龍이 장판파長板坡 전투에서 조조 군에게 포위당하여 매우 긴박한 처지에 빠지게 된 적이 있었다. 이때 조자룡은 포대기에 쌓여 있던 유비의 젖먹이 아들 유선劉禪을 가슴에 둘러 매고서 홀로 조조 군의 포위망을 뚫으려 고군분투하며 내달리고 있었다. 이 광경을 먼발치에서 보고 있던 조조는 조자룡이 마음에 쏙 들어서 조자룡을 생포하라고 명령하였다. 이 바람에 조자룡은 조조의 병사들이 손을 쓰지 못하는 사이에 포위망을 뚫고 무사히 빠져나갈 수 있었다.

관우가 도망칠 때의 여섯 장군이나, 이때 조자룡에게 죽음을 당한 병사들은 또 얼마나 억울할까? 조조가 인재를 아껴서 자기 곁에 두고 싶어 해서 관우와 조자룡을 생포하라고 명령을 내리는 바람에 그렇지 않아도 관우와 조자룡이 무술에 달인들인데, 그들을 생포하려 했으니, 그때 괜스레 관우와 조자룡의 창을 맞고 죽었을 것이기 때문이다.

조자룡이 조조 군의 포위망을 빠져나와 유비에게로 가서 그의 아들을 무사히 구해왔다고 하자, 이때 유비의 행동 역시 걸작이었다. 죽은 줄 알았던 아들이 극적으로 살아왔는데, 피로 범벅이 되어 있던 아들은 본 채도 않고 바닥에 내던지면서 너 때문에 훌륭한 우리 조자룡 장군을 잃을 뻔했다고 하며, 자신의 아들보다는 조자룡을 걱정해 주었다. 여러 기록들에서 유비의 아들인 유선이 대개는 좀 모자란 인물로 묘사되곤 한다. 아마도 이때 아버지 유비가 일종의 정치적인 쇼맨십을 벌이느라 자신을 내동이치는 것에 충격을 받아서 그렇게 된 것은 아니었을까?

이 광경을 본 유비 주변의 장수들은 자신의 아들보다는 부하의 안전을 더욱 걱정해주는 유비의 아량에 다들 '뻑' 갔을 것은 뻔한 노릇이다. 이 장면을 보고 유비가 아랫사람의 마음을 얻으려고 했던 위선적인 행위라고 보는 이도 있지만, 역시 한 시대를 이끈 영웅은 역시 남다른 데가 있다는 것을 새삼 깨닫게 된다.

4. 인재 경영의 고수, 유비(劉備)

앞서 밝힌 대로 조조가 인재를 끌어모으는 데에 일가견이 있던 인물이었던 것만큼 유비 역시 만만치 않았다. 학식이나 권력도 없이 한나라를 세웠던 최초의 농민출신 황제인 유방劉邦이 그랬던 것처럼, 유비 역시 시골에서 돗자리를 팔던 보잘 것 없던 사내에 지나지 않았다.

유비는 도원결의桃園結義에서 관우關羽와 장비張飛를 만나 자신이 한漢 황실의 혈통이라는 것을 내세워 큰형님이 되었고, 이후 삼고초려三顧草廬 끝에 제갈량諸葛亮을 얻었고, 적벽대전에서 손권孫權이 승리하는 데에 결정적인 도움을 주어 촉한蜀漢 지역을 장악하여 삼국의 한 몫을 챙기고 있었다. 그렇지만, 관우와 장비는 이미 세상을 떠났고, 유비도 황제에 오른 지 2년 만에 몸도 마음도 쇠약해지고 죽음이 가까웠음을 직감하게 되었다.

유비가 죽으면서 가장 걱정했던 것은 그의 아들 유선劉禪의 장래였다. 그나마 다행이었던 것은 제갈량이 아직 살아 있어서 자신의 아들을 잘 지켜줄 것이겠지만, 제갈량 같이 유능한 재상이 살아 있다는 것 역시 유비로서는 오히려 부담스러웠다. 왜냐하면 제갈량이 유비 자신에게는 삼고초려에 대한 의리로 끝까지 보필해 주었지만, 자신이 죽고 난 이후에도 여전히 자기 아들에게까지도 충성을 다해줄지 걱정하였던 것이다. 여기에서 유비의 인재 다루는 기술이 한껏 빛났다.

유비는 죽을 즈음 마지막 순간에 모든 신하들을 불러다 놓고 자기가 죽은 다음의 일들에 대하여 유언하였다. 유비는 특별히 제갈량에게 자질이 좀 모자란 아들 유선의 뒤를 잘 부탁한다고 하고는, 혹시 유선이 황제로서 자질이 부족하다고 판단되면 아들을 대신해서 황제의 자리에 올라도 좋다고 했다. 이 말을 듣고 모든 신하들이 깜짝 놀랐지만, 어쩌면 제갈량은 유비가 왜 그런 말을 하는지 눈치를 챘을지도 모른다.

유비 자신이 죽은 다음에라도 제갈량과 같이 의리로 충만한 신하가 반란을 일으켜 황제의 자리를 꿰찰 리는 없겠지만, 상황이 급박하게 어찌어찌 돌아가다 보면 유선이 좀 모자라다는 것을 빌미로 어느새 정권이 제갈량에게로 넘어가 버릴 수도 있을 것이라고 여겼기 때문이다. 이때 제갈량은 모든 신하들 앞에서 거듭 유비의 배려에 황송해하면서 유선에게까지도 충성을 다할 것이라고 맹세하여 유비를 안심시켰다.

이렇게까지 했으니, 제갈량은 이후 어떤 상황이 벌어지더라도 딴마음을 먹지는 못할 것이라는 계산에서 유비는 마지막 유언을 그렇게 한 것이라는 평가가 있다. 과연 유비는 죽으면서 어떤 심정으로 제갈량에게 그런 유언을 했던 것일까?

유비의 유언에 대하여 후세 학자들의 논란이 많다. 유비의 인재 다루는 솜씨로 보아서는 충분히 그럴 수 있다고 보는 이가 있다. 그렇게까지 말했는데, 제갈량이 자신의 아들을 폐하고 자신이 황제에 오를 리는 없다고 유비는 확신을 가지고 있었다는 것이다.

유비는 촉한의 전권을 이미 쥐고 있던 제갈량에게 아들의 운명을 전적으로 맡기고 유劉씨 정권을 지킬 수밖에 없는 처지였다. 인생에서 지키고 싶은 것이 있을 때, 역시 모든 것을 던질 줄 알아야 한다는 교훈을 준 것이라고 할 수 있다. 결국, 제갈량은 유비와 그의 아들 유선에 대한 신의信義를 저버리지 않았고, 촉한蜀漢을 위해서 고군분투孤軍奮鬪하다가 죽었다.

유비의 진심이야 알 수 없지만, 유비가 죽고 만약에 제갈량이 황제 자리를 빼앗기라도 했다면, 제갈량도 조조와 같은 취급을 받았을 것이 뻔하다. 과연 제갈량은 마지막까지 선택을 잘한 것이라고 할 수 있다.

유비가 늘 주장했던 것처럼, 자신이 한漢 황실의 핏줄이라는 것 말고는 무엇하나 내세울 것이라고는 전혀 없는 것처럼 보였는데, 관우와 장비, 조자룡, 제갈량 등을 만나 삼국의 한 축이 될 수 있었던 것은 오로지 훌륭한 인재를 곁에 두었기 때문이었다. 물론 이것이야말로 유비의 능력일 것이다.

흔히 '상사의 도리'를 말한 것 가운데 장사는 이익을 남기는 것이 아니라 사람을 남기는 것이라고 하였던가. 어찌 장사뿐일까? 세상사 모든 것이 혼자 잘나서 할 수 있는 것은 그리 많지 않은 듯싶다. 불교의 교리에서 산이 산이로되 산이 아닌 이유를 설명하면서 산이 제아무리 우뚝 솟아 있을 수 있는 것은 주변의 들판이 바닥에 깔려 있어서 산이 높아 보일 뿐이듯이 말이다.

이 장면은 마치 조선시대에 세종世宗의 경우를 떠올릴 만하다. 세종 역시 죽으면서 걱정거리가 하나 있었는데, 자신을 이어서 왕위에 오를 문종文宗이 너무 병약해서 오래 살지 못할 것이고, 그의 손자인 단종端宗이 어린 나이에 왕위에 오르고 나면, 정치적인 야심이 강한 문종의 동생인 수양대군首陽大君이 왕위를 빼앗으려고 무슨 일을 저지를지 모른다고 여겼다.

앞 장에서는 세종이 진작 수양대군으로 세자를 바꾸는 것도 좋았지 않았나 싶다고 했는데, … 세종의 입장에서 어려서부터 학문을 좋아하고 학자들을 가까이하며, 측우기測雨器 제작에도 직접 참여할 정도로 천문天文, 역수曆數 및 산술算術은 물론 서예에도 뛰어났던 문종文宗을 세자자리에서 폐위할 수도 없었을 것이다.

세종이 즉위하기 전에 세자자리를 양보했다고 알려진 태종太宗의 첫째 아들인 양녕대군讓寧大君처럼 문종은 동생인 수양대군에게 자리를 양보하지 않았다. 세종 역시 죽을 즈음에 여러 신하들을 불러다 놓고 아들 문종과 손자 단종의 앞날을 잘 부탁한다는 말만 남겨놓고 세상을 떠났다. 결국, 세종의 마지막 유언은 부질없게 되어버렸다. 이후 이 자리에 함께 있던 신하들 가운데 세종의 부탁을 끝까지 지키려다가 죽고만 사육신死六臣과 수양대군이 왕위를 찬탈하자 꼴 보기 싫어서 세상을 등져버린 생육신生六臣이 나오게 되었던 것이다.

제갈량이 오늘날까지 민간에서도 줄곧 숭배되어온 이유는 27세의 젊은 나이에 유비로부터 삼고초려의 예우를 받고 충성을 서약한 이후 거의 30년 동안 유비를 배반하지 않고 끝내 신의를 지켰던 것 때문이라고 할 수 있다. 물론 정사에 삼고초려에 관한 기록은 없으며, 제갈량은 신출귀몰한 병법을 부리는 전략가戰略家이기보다는 믿음과 충성의 대명사로 여겨야 한다. 제갈량마저 죽은 이후 유선은 더 이상 싸울 기력을 잃고 263년에 위魏나라에 투항投降하여 여생을 편히 지낸다.

아버지 유비가 한漢 황실의 부흥을 위해서 평생을 싸웠는데, 그 뜻을 제대로 잇지 못한 유선이 비겁해 보이기도 하겠지만, 유선의 행동은 진정 영웅의 면모가 어떤 것이어야 하는지를 생각해 보게 한다.

당시 천하통일을 빌미로 적벽대전에서 100만의 군사를 잃었던 조조를 비롯해서 수십 년 동안 전쟁을 일으켜 수많은 인명과 재산을 잃게 하였던 유비나 손권 등이 진정한 영웅인지는 되새겨 볼 필요가 있다. 조조도 유비도 각자의 정치적인 도리와 명분이야 얼마든지 있었겠지만, 그들의 명분에 내몰렸던 수많은 보통 백성들은 또 무슨 잘못을 해서 그리 비명에 죽어가야 했던 것일까? 그들 보통 백성들이야 한나라 백성이든, 위나라 백성이든 무엇이 그리 중요했을까? 다만 자기 가족들과 함께 굶지 않고 평안히 인생을 마치기만 하면 그만이었던 것이 아니었을까?

11 남북조시대(南北朝時代)와 수(隋)나라의 통일

1. 사마염(司馬炎), 삼국통일의 위업을 이루다

2. 달마(達磨)가 동쪽으로 온 까닭은?

3. 과거제도(科擧制度), 행복은 성적순

4. 대운하(大運河)의 건설

중국
역사와 문화
들여다보기

남북조시대(南北朝時代)와 수(隋)나라의 통일

앞장에서 정사正史 『삼국지』와 소설 『삼국지연의』의 상관관계를 설명하면서 우리가 흔히 알고 있는 것은 대체로 정사인 『삼국지』가 아니라 소설로서의 『삼국지연의』로서 역사사실과는 상당히 다른 것이 많다고 했다. 그런데, 또 하나 우리가 삼국의 역사와 관련하여 흔히 오해하는 것이 삼국지의 시대배경이다. 『삼국지』가 위오촉魏吳蜀 '삼국시대의 역사'라고 하였는데, 여기에서 말하는 삼국시대는 극히 제한된 시기라는 것도 알아 둘 필요가 있다.

1. 사마염(司馬炎), 삼국통일의 위업을 이루다

조조曹操가 220년에 죽자, 그의 아들인 조비曹丕가 한漢 황실의 황권을 빼앗으면서 위魏나라를 세워 자신은 문제文帝에 오르고 이미 세상을 떠난 아비 조조는 무제武帝로 추존하였고, 이때까지 촉한蜀漢지역에 웅크리고 한漢 황실의 부흥을 꿈꾸고 있던 유비 역시 다음 해 221년에 정식으로 소열황제昭烈皇帝: 221~223에 올랐다. 그리고 다음 해 222년에는 남쪽 오吳지역에 있던 손권孫權도 버젓이 황제에 즉위하였다.

이런 정황을 보건대, 조조가 죽은 220년까지는 중국이 어찌 되었건 한漢이라는 국호를 가지고 있었던 것인데, 조비는 아비인 조조가 염원하였던 전 중국의 통일을 이루지는 못했지만, 실질적으로 중국의 중심이라고 할 수 있는 중원中原의 대부분을 차지하고 있는 것이니, 황제로 즉위하지 못할 것도 없다는 생각에서 당시 허울뿐인 한漢나라를 멸망시키고 위魏나라를 세웠던 것이다.

유비 역시 자신이 초창기부터 이념으로 세웠던 한漢 황실 부흥의 꿈을 성취하는 것이 점점 멀어져 가는 것을 받아들여야만 했다. 그때까지는 촉한의 정신적인 지주인 제갈량이 건재하였지만, 지난 도원결의桃園結義 이후 수십 년간의 전쟁에서 아끼던 관우와 장비 등 많은 유능한 장수들을 잃고 촉한의 여러 불리한 조건을 가지고 막강한 위魏나라와 오吳지역의 손권을 무력으로 쳐서 통일을 이룬다는 것은 가물가물 희미해지는 희망 사항에 불과하다는 것을 깨달아야 했다.

그런데 조비가 먼저 새로이 나라를 세워 황제에 즉위한 것은 유비에게도 나라를 세울 빌미를 마련해 준 것이라고 할 수 있다. 이어서 손권의 경우도 마찬가지였다. 결국, 역사에서 한漢대 말기의 분란에 이어 삼국시대는 222년에야 비로소 시작되었다고 보아야 할 것이다. 그렇다면 『삼국지』는 어찌 마무리가 될까? 우리는 흔히 소설 『삼국지연의』를 읽을 때, 적벽대전이 지나고 나면, 좀 지루하기도 해서인지 흥미를 잃고 그만 읽는 경향이 있다.

소설 『삼국지연의』 첫 부분에서 황건적黃巾賊의 난이 일어나고, 원소와 동탁이 환관을 물리치고, 세력다툼을 하는 와중에 조조가 정권을 장악하고 나머지 남쪽 오吳지역까지 세력권에 넣으려고 100만 대군을 일으켜서 남쪽으로 출병하여 갔다가 208년에 적벽대전赤壁大戰에서 대패하여 삼국이 정립하는 것처럼 전개되어 있다. 그렇지만 앞서 언급하였듯이, 이때까지는 엄격히 말해서 아직 삼국시대가 아니었다. 이후 조조가 220년에 죽은 다음 조비가 등극하고, 221년에 유비가 등극하고, 222년에 손권이 황제가 된 다음부터가 진정한 의미에서 삼국시대가 전개되는 것이다. 그렇다면 삼국의 통일은 누구의 손에서 이루어지는 것일까? 조조가 한나라 말기에 정권을 잡은 이후 죽을 때까지 유비나 손권과 그렇게도 티격태격 다투었건만, 정작 삼국의 통일은 그들이 아닌 사마염司馬炎에 의해서 이룩된다.

위나라를 세운 조비曹丕는 황제에 오른 지 6년 만인 226년에 병으로 죽고, 그의 뒤를 이은 조예曹叡조차 34살의 젊은 나이에 죽었다. 이어서 황제에 오른 조방曹芳은 겨우 8살밖에 안 되었기 때문에 곧이어 사마의司馬懿가 249년에 쿠데타를 일으켜서, 위나라의 정권을 장악하였다. 사마의가 죽은 다음에는 그의 아들 사마사司馬師, 사마소司馬昭에게로 권력이 이어졌다. 263년에는 촉한蜀漢의 유선劉禪이 위나라에 투항하였고, 마침내 265년에 사마염司馬炎은 위魏 황실의 정권을 빼앗아 진晉나라를 세워 스스로 무제武帝에 올랐다. 마치 조조가 한나라 말기에 정권을 좌지우지했던 것처럼, 나라와 인생에는 늘 돌고 도는 이치가 있는 듯싶다.

진晉 무제武帝 사마염은 마침내 280년에 군대를 이끌고 오吳나라로 쳐들어가서 항복을 받아내고 만다. 결국, 삼국의 통일은 사마염에 의해서 이루어진 것이다. 지난 수십 년 동안 통일해야 한다고 떠벌리며 그토록 소리 높여 싸우던 조조도, 유비도, 손권도 아닌 사마염에 의해서 삼국의 통일이 이루어졌으니, 황건적의 난 이후 100여 년 만에 중국이 다시금 평화의 시대를 맞은 듯했다. 그러나 다시 한 번 혼란의 시대가 도래한다.

한(漢), 위진남북조(魏晉南北朝) 시대 연표

<table>
<tr><td rowspan="2">한(漢)</td><td>서한(西漢) B.C.206~8</td></tr>
<tr><td>동한(東漢) 25~220</td></tr>
<tr><td colspan="2">위(魏) 220~265 / 촉(蜀) 221~263 / 오(吳) 222~280</td></tr>
<tr><td rowspan="2">진(晉)</td><td>서진(西晉) 265~317</td></tr>
<tr><td>동진(東晉) 317~439</td></tr>
<tr><td>송(宋) 420~479</td><td>오호십육국(五胡十六國) 304~439</td></tr>
<tr><td>제(齊) 479~502</td><td rowspan="3">북의(北魏)-동위(東魏)-서위(西魏)-
북제(北齊)-북주(北周) 535~581</td></tr>
<tr><td>량(梁) 502~557</td></tr>
<tr><td>진(陳) 557~589</td></tr>
<tr><td colspan="2">수(隋) 581~618</td></tr>
<tr><td colspan="2">당(唐) 618~907</td></tr>
</table>

위의 도표에서 보듯이, 조曹씨의 위魏나라는 사마염司馬炎에 의해서 나라를 찬탈簒奪당하여 진晉나라로 대체되지만, 진나라 역시 4대 37년 만에 멸망하고 그의 후손들이 남쪽으로 도피하여 동진東晉을 세웠다. 이후의 시기를 남북조南北朝시대라고 한다. 이때 중국 북쪽에는 북방 유목민족의 왕조가 반복되었고, 남쪽에는 중원에서 이주해 온 한족漢族의 정권이 흥망을 거듭하였다. 한 마디로 이때는 중국 역사에서 처음으로 한족의 정권이 북방의 중원 땅을 잃고 강남江南으로 쫓겨 와서 명맥을 겨우 유지하던 남조南朝시기였다.

이후 남조南朝는 동진東晉-송宋-제齊-량梁-진陳으로 한족의 왕조가 명맥을 이어나갔던 격동의 시대였다. 서진西晉이 강남江南으로 쫓겨갔다고 하는데, 물론 우리나라 강남으로 왔다는 말은 아니다. 여기에서 강江은 양자강揚子江을 일컫는다. 중국 지도를 보면 중원中原에 있는 황하黃河와 상해上海와 남경南京을 잇는 양자강揚子江이 있다. 이것을 줄여서 하河와 강江이라고 줄여서 부른다. 이제껏 중국의 문명이 탄생하고 역사 활동의 주요 무대는 황하를 중심으로 이루어졌었는데, 이제 한족이 양자강 쪽으로 도망쳐 왔지만, 이것은 한漢 문화의 영역이 강남으로까지 확대되었다는 것이기도 하다.

그리고 중원에 비해서 양자강 지역은 남쪽이니, 북진北晉과 남진南晉이라고 불러야 할 것 같은데, 서진西晉과 동진東晋이라고 한다. 마치 이후 북송北宋과 남송南宋이라고 부르듯이 말이다. 오늘날 지도를 볼 때, 확연히 남쪽은 아니라는 것을 알 수 있다. 그래서 양자강 하류의 오吳를 동오東吳라고 한 것처럼, 전통적으로 이 지역을 동쪽이라고 여겼다는 것을 알 수 있다.

북조北朝의 경우는 북방의 유목민족遊牧民族이 오호십육국五胡十六國 즉 '다섯 오랑캐의 16개국'이 난무亂舞하다가 북위北魏-동위東魏-서위西魏-북제北齊-북주北周 등 북방 이민족 정권이 흥망성쇠를 거듭하는 혼란의 양상이었다. 중국이 이전까지 만리장성을 경계로 농경과 유목의 경계를 굳건히 지키고 있던 것에서 이제는 문화적으로 융합되어 가는 실마리를 연 시대라고도 할 수 있다. 이처럼 위진남북조시대는 북방 유목민족의 침략전쟁으로 얼룩진 시대였으면서 한편으로 한漢족 정권은 강남으로 쫓겨가서 중원의 한漢문화가 남북으로 영역을 확대한 시기이기도 했다.

2. 달마(達磨)가 동쪽으로 온 까닭은?

남북조시대는 외래 사조思潮인 불교佛敎가 중국에 본격적으로 들어온 시기이기도 하다. 이전 춘추전국의 시기가 학문 사상의 자유시대를 맞아서 제자백가諸子百家와 같은 학술사상이 크게 발전한 시기라고 한다면, 남북조시대는 정치와 사회방면에서는 물론이고, 문학이나 예술의 방면에서도 불교가 두루 영향을 끼쳐서 대단히 발전을 거듭한 시기였다. 다만 아쉬운 것은 이러한 문예발전의 양상이 이 시기 이후에는 더 이상 크게 발전하지 못했다는 것이다.

극심한 혼란기인 남북조시대에 유교儒敎보다는 민간신앙적인 요소가 다분한 도교道敎와 인도印度로부터 전래된 불교佛敎가 사회 전반에 깊이 뿌리를 내리며, 사회 양상 역시 크게 달라졌다. 불교가 일찍이 1세기 즈음 한漢나라 때 들어 왔다고 하지만, 당시는 오로지 유가만 존중한다는 '독존유술獨尊儒術'의 시대라서 불교가 중국에 발을 디딜 상황이 아니었다. 하긴 유가의 입장에서 불교의 이모조모를 보면, 인과응보因果應報의 내세관來世觀이나, 공空사상 등 이념적인 문제뿐만 아니라 불교의 승려들이 결혼을 안 한다든지, 머리를 빡빡 깎는다든지 하는 것이 현세적인 방면을 중시하는 유가의 입장에서는 도무지 받아들일 수 없는 것이었다. 그런데 한나라가 이제 서서히 힘을 잃어가자, 달라진 시대상에 어울리는 새로운 사조가 필요했던 것이다.

이 시기에 인도로부터 구원의 말씀을 전하기 위해서 달마達磨와 같은 많은 고승들이 중국에 왔다. 우리에게는 소림사少林寺 무술의 달인 정도로 알려진 달마는 인도 불교와는 성격이 좀 다른 일종의 중국식 불교인 선종禪宗을 일으켜서 이후 선종은 중국 문화의 한 몫을 담당하게 되었다.

선종은 이른바 사유思惟의 불교로서 마음과 마음으로 뜻을 전한다는 이심전심以心傳心과 문자로는 어찌 세상의 이치를 궁구할 수 없다는 불립문자不立文字를 주요 내용으로 삼는데, 이들 요소들이 습득하기 매우 어려운 한자漢字를 썼던 중국의 문화적 토양과 매우 혼란스러웠던 시대상으로 말미암아 모든 일이 마음가짐에 달려 있다는 취지 아래에서 선불교禪佛敎가 중국에 급속히 뿌리내리게 하는 역할을 하였다.

불교는 이전까지 중국인들에게 없었던 종교적인 의식을 일깨워 주었다. 물론 고대 상商나라 시절 제정일치祭政一致의 신정시대를 겪은 적이 있기는 하지만, 그때 그것이 과연 종교였다고 볼 수 있는지 논란의 여지가 많다. 반면에 불교는 세상 만물이 끊임없이 생성변화한다는 제행무상諸行無常이나, 세상 만물에는 고정불변한 실체가 없다는 제법무아諸法無我 및 지난 행위의 선하고 악한 결과를 반드시 나중에 받게 된다는 인과응보因果應報의 이념을 통해서 인간은 언제나 자신을 절제하며 늘 착하게 살아야 한다고 일깨웠다.

이와 같은 불교 윤리의 기본사상이 이때 인도로부터 본격적으로 전래되어 이후 중국의 사회와 문화에 매우 깊은 영향을 끼쳤다. 이전까지 중국에는 한족漢族을 근간으로 하는 한漢문화의 주류인 유가儒家와 도가道家가 중심이었는데, 이들 중국의 토착사상은 현세에 치중하는 현실주의적 성향이 지나치게 강했었는데, 이것에 비하여 부조리한 현실사회로부터 벗어나서 심정적으로나마 마음의 위안을 받을 수 있는 대안으로서 불교가 등장하였던 것이다.

중국에 불교가 자연스레 정착할 수 있었던 것은 중국의 토착사상인 유가儒家가 끊임없는 수양을 통한 자기절제를 지나치게 강조하는 것에 당시 중국인들은 이제 일종의 피로감을 느끼고 있었다. 왜냐하면 유가의 이념인 수신제가치국평천하修身齊家治國平天下는 안정된 사회에서나 먹혀들 가능성이 높은 것인데, 이 시기는 왕조가 언제 망할지 모르는 위태로운 상황이 거듭되었으니, 유가의 이념을 실천하기 위해서 무엇하나 최선을 다할 수 없었던 때였다. 나라에 충성하고 부모에 효도해야 한다는 충효사상은 이제 모두에게 공허한 것처럼 느껴졌다.

한편 도가道家는 언뜻 보기에, 무위자연無爲自然의 사상을 통해서 유가가 해결해 주지 못하는 이면을 보완해 줄 것처럼 보이기도 했지만, 도가 역시 현실도피적인 허무주의虛無主義에 빠져버려 현실의 문제를 푸는 데에 그다지 도움이 되지 않는다는 인상이 강하기 때문에 중국인들에게 새로운 대안이 필요했던 참이었다. 극렬한 분열의 시기였던 남북조시대에 새로운 사조를 갈망하는 지배계층과 일반 백성들의 바람을 동시에 만족시켜 줄만한 것이 불교였다고 할 수 있다.

문학이나 예술의 방면 이외에, 정치적인 측면에서도 불교는 당시 분열된 시대상에서 커다란 작용을 하였다. 한족漢族의 정권인 진晉나라가 중원中原을 버리고 강남으로 떠나자 그 자리를 북방의 이민족 정권이 대신 차지했다. 중원에 남아있던 한족의 백성들로서 참으로 고통스러웠던 것은 그 전까지는 오랑캐라고 멸시하던 유목민족들이 이제는 자신들을 다스리는 지배계급이 되었으니, 이보다 처참한 일이 없었다.

북방 이민족 정권은 문화민족이라는 자긍심에 충만해 있던 중원의 한족 백성들을 다스리기 위해서는 이제 그들이 중원에 들어와서 그들을 지배하게 된 것에 대한 정치적인 방면에서 정당성을 설명해 줄 필요가 있었다. 그래서 북방 이민족 정권은 당시 그렇게 된 정황에 불교의 인과응보 이념을 끌어대서 전생에서부터 이미 그렇게 되도록 정해진 것이라고 설명하였다.

세상의 모든 일은 수많은 원인과 조건이 서로 작용하여 성립되므로, 어느 것 하나 독립적으로 스스로 존재하는 것은 없다는 불교의 연기론緣起論을 정치적으로 이용하여 당시의 시대정황 역시 고스란히 받아들여야 한다고 중원의 한족 백성들을 설득하였던 것이다.

이와 같은 상황은 서진西晉이 중원을 떠나서 강남으로 왔던 상황과 크게 다르지 않다. 중원에 있던 한족 정권이 남쪽으로 내려오고 보니,

그 전까지는 강남지역이 야만스럽다고 해서 만족蠻族이라고 얕보았었는데, 이제는 그들이 직접 다스려야 하는 백성으로 인정해야만 했고, 강남의 만족 백성들 역시 중원에서 온 한족 정권을 인정해야 하는 정치적인 변화를 받아들여야만 했다. 역시 이러한 정치적인 상황을 돌파하기 위해서 불교의 이념이 정치적으로 요긴하게 이용되었다.

이처럼 북방의 유목민족이 중원에 들어오고 중원의 한족이 대단위로 남쪽으로 이주해 가면서 중국의 한漢문화가 한층 지역을 넓히고 다양한 요소를 흡수 발전시키는 양상을 띠는 계기가 마련되었던 것이다.

3. 과거제도(科學制度), 행복은 성적순

남북조시대의 혼란을 통합한 왕조는 수隋나라였다. 위진남북조시기 400여 년 동안의 혼란기를 종식시킨 수隋나라는 본래 국호가 수隨였다. 그랬었는데, 수隨자 안에 있는 '갈 지之'자가 어디론가 간다는 의미라고 해서 불길하다고 하여 '갈지之'를 빼서 수隋가 된 것이다. 이런 노력에도 불구하고 수나라는 38년 만에 멸망하고 말았다. 이름이란 역시 부르고 기억되기 쉽게 지으면 그만인 것인데, 오늘날까지도 이름 짓는 작명소들이 성업 중인 것을 보면 씁쓸할 따름이다.

앞서 진시황의 진秦나라가 춘추春秋와 전국戰國의 500여 년간의 혼란상을 마감하고 최초로 통일 왕조를 세웠던 것처럼, 수나라는 한漢대 말기 이후 남북조시기까지 400여 년간 이어졌던 대혼란을 한 순간에 잠재우고 중국을 다시 하나로 통합하였다.

북주北周의 외척으로서 재상宰相이었던 양견楊堅은 이미 모반을 꾀하고 있었지만, 좀 소극적이었다. 이것을 본 그의 아내는 "호랑이 등에 올라탔다면 내려올 수 없는 것입니다.騎虎之勢, 不得下.”라고 하여서 남편에게 과단성 있게 행동하라고 부추겼다. 여기에서 나온 고사성어가 호랑이 등에 올라탄 형세라는 뜻의 기호지세騎虎之勢이다. 어떤 일이든 신중할 필요는 있지만, 역시 너무 따지기만 하면 아무 일도 못하는 법이니, 일단 나서거든 과감하게 일을 추진할 필요도 있다는 의미이다.

581년에 양견은 결국 황위를 찬탈하여 수隋나라를 세웠고, 589년에 남조南朝의 진陳나라를 멸하여 통일을 완성하였던 것이다. 이 양견이 바로 혼란스러운 중국을 다시 통일한 수隋 문제文帝이다.

수 문제에 이어 황제에 오른 양제煬帝는 어린 시절부터 뛰어난 용모와 재능을 가지고 있었기 때문에 부모의 사랑을 독차지했다. 그는 형을 죽이고 황제에 올랐는데, 일설에는 아비인 문제文帝도 살해했다는 설이 있다. 정치는 이렇듯 늘 매정한가 보다. 부모형제끼리도 이토록 싸우고 죽이기까지 하였으니 말이다.

수 문제는 진시황에 비견될 만큼 당시 각종의 제도들을 수립하고 정비하여 지난 400여 년 동안 흐트러졌던 통일제국의 면모를 다시금 세웠다. 그 가운데에서 가장 주목할 만한 것은 과거제도科擧制度를 실시한 것이다. 한 마디로 과거제도는 나라를 운영하는 관리들을 시험으로 선발하는 제도이다. 그렇다면 이전에는 관리들을 어떻게 뽑았던 것일까?

아주 먼 옛날 사람들이 모여 살면서 사회를 이루고 신석기시대쯤부터 구성원들 가운데에서 명령하고 명령받는 이들의 구분이 서서히 생겨났다고 한다. 그래서 청동기시대인 상商대에 이르러서는 왕王이란 자가 생겨났고, 철기시대인 주周에 와서는 춘추春秋와 전국戰國으로 갈라져서 중앙에는 왕이 있고, 지방에는 각기 제후들이 정권을 맡았었는데, 이들이 치열하게 싸우다가 결국 진秦나라가 모두 통합하고는 최초로 황제 한 사람이 관리를 뽑아 지방에 내려 보내는 식으로 전 중국의 지배자가 되었다고 하였다.

이후 한漢과 위진남북조시대는 귀족문벌의 시대라고 할 수 있었기 때문에 이때까지도 시험을 봐서 관리를 뽑는 제도는 없었다. 다만 권력이 있던 문벌귀족의 추천 형식을 통해서 관리를 뽑았다. 사정이 이러하다 보니, 황제는 마치 온 세상을 다 가진 가장 유일한 권력의 상징인 것 같지만, 실제로 권력은 황제에게 있었던 것이 아니라 문벌귀족의 손아귀에서 놀아나는 실정이었다.

그러므로 수隋 문제文帝는 건국한 이후 문벌귀족들에게 쏠려 있던 권력을 찾아오기 위해서 과거제도를 실시하였다. 이제껏 문벌귀족들을 중심으로 움직이던 조정의 중심 권력이 과거제도를 통해서 황제에게로 모여들기 시작하였던 것이다. 관리들은 시험에 합격한 이후부터 자신을 임명해 준 황제에게 충성을 다하기 마련이다.

왕조시대에 시험을 통해 관리를 뽑은 것은 오로지 중국과 우리나라에만 있던 관리 등용제도이다. 중세 유럽이 귀족 중심의 세습적인 봉건제도를 운영하였으므로 왕이나 귀족의 신분이 대대로 자식 대에까지 보장되었으니, 관리가 되기 위해서 중국이나 우리나라에서처럼 열심히 공부한다는 것은 그저 사치스럽게 여겼을 것이다. 그래서 근대 유럽에서 중국의 과거제도를 보고 경탄했던 것도 무리가 아니었다. 물론 그들이 중국 과거제도를 속속들이 다 꿰고 있지 못했기 때문에 생긴 오해이기도 하다.

우리나라의 경우, 과거제도가 채택된 것은 고려高麗시대였다. 고려를 건국한 태조太祖 왕건王建은 자신의 지지세력을 규합하기 위해서 지방 호족들과의 혼인婚姻 정책을 통해서 왕권의 안정을 도모하였다. 그래서 그는 29명의 아내로부터 25명의 아들과 9명의 딸을 두게 되었다. 더욱 기가 막힌 것은 오로지 1명이었어야 하는 세자도 9명이나 되었다. 아무리 영웅호색英雄好色이라고 한다지만, 29명이나 되는 아내의 이름이나 34명이나 되는 아들딸들의 차례를 모두 기억이나 했을까? 왕건으로서는 각 지방의 호족 세력의 불만을 일단 무마하기 위한 고육책이었던 것이다.

이처럼 고려는 개국 초기에 임시방편의 정책으로 왕권을 지키고 있었는데, 왕건이 죽으면서 부작용이 서서히 드러나기 시작하였다. 세자가 9명이나 되었으니, 다음 왕의 후계자를 정하는 것에서부터 삐걱거리며 분란의 조짐이 터져 나오면서 고려는 건국 이후 최대 위기를 맞고 있었다.

이때 태조의 넷째 아들인 광종光宗이 제4대 왕에 올라 당시 귀족들이 불법적으로 소유하고 있던 노비들을 풀어준다는 명목으로 노비안검법奴婢按檢法을 실시하였고, 958년에는 후주後周에서 고려로 귀화한 쌍기雙冀의 건의를 받아들여 과거제도를 실시하는 등 개혁정책을 통해 정권을 안정시켰다.

이때 과거제도는 능력을 갖춘 새로운 관료층을 양성하기 위함이었다고 하지만, 수 문제가 귀족세력을 견제하고 황권을 강화하기 위한 역할을 충실히 했던 것처럼, 왕권을 뒤흔들던 귀족들을 효과적으로 막는 역할을 하였다.

4. 대운하(大運河)의 건설

수 문제는 과거제도 이외에도 조용조租庸調의 세제나 군사제도 등 여러 제도들을 제정하였으며, 이것들은 모두 당唐나라가 제국을 형성하는 기초가 되기도 하였다. 수隋나라에서 시행했던 주요 사업이라면 단연 운하運河의 건설이다. 그런데 당시 수나라는 어째서 그 막대한 비용이 드는 운하를 건설하였던 것일까? 수나라의 운하運河 건설은 남북 간의 물류物流 문제를 해결하는 경제적인 통일사업의 하나였으며, 이것이 정치적인 통일에도 크게 작용한다고 보았던 것이다.

이 운하사업은 진시황의 만리장성과도 견줄 만한 대단위 토목공사였다. 북쪽의 북경北京에서부터 남쪽의 항주杭州에 이르기까지 약 1,700km가량의 물길을 조성하는 대규모 건설사업으로서 경항운하京杭運河라고도 부른다. 이 운하는 그동안 중국의 각 지역에 뻗어있던 여러 강들의 지류들을 서로 연결하는 대동맥 같은 역할을 하였다. 이 수로를 따라 민간교역이나 지방 간의 교류가 한결 수월해졌다. 그렇지만, 운하의 본래 목적은 남북간의 통치를 수월하게 하기 위한 정치적인 문제가 우선인 것이지 보통 백성들의 생활에 편리를 도모하고자 하는 것은 그다음 문제였다.

중국은 오늘날도 그러하지만, 전통적으로 북쪽 지역은 척박한 자연환경이다 보니 성향이 정치 지향적이며, 남쪽은 비옥한 토지가 잘 발달되어 있어서 비교적 풍요로워 경제를 중심으로 발전해 왔다. 게다가 중국의 국토 지형이 서쪽은 높고 동쪽이 낮다 보니, 모든 강이 서쪽에서 동쪽으로 흐르게 되어 있어서 강을 따라서 동과 서로 교류하기에는 수월한 반면 남북으로는 큰 강이 없어서 교류하는 데에 큰 불편이 따랐다.

북쪽 중원에서 대대로 정권을 장악하였던 왕조는 남쪽에서 생산되는 무진장한 곡물을 거둬들일 필요가 있었다. 오늘날도 물류의 비용이 가장 적게 드는 것이 선박 유통이듯이, 수나라는 중국의 지리적인 통일을 위해서도 대대적인 운하 조성 공사를 단행할 필요가 있었다.

수나라의 통일은 여러모로 진시황의 진나라와 많이 닮았다고 하였다. 그토록 막강했던 진나라가 한순간에 망한 원인 가운데 하나가 전국 각지에서 우후죽순 격으로 민란이 일어났던 것을 제때에 막지 못한 것을 교훈으로 삼은 측면도 있다. 그러므로 운하의 경제적인 효과가 남부지방의 곡식穀食을 거두는 것이었다면, 정치적으로는 혹시 민란이 나더라도 순식간에 달려가 진압鎭壓하기 위한 목적도 복합적複合的으로 작용했다고 할 수 있다.

수나라는 이 운하를 통해서 남쪽으로부터 물자를 수월하게 북쪽으로 거두어 올리는 한편 100만 대군을 모집하여 612년에 고구려를 대대적으로 침공하기까지 하였다. 수나라가 중국을 통일하고 나서 만리장성 너머에 강력한 고구려가 있다는 것은 눈엣가시였던 것이다. 수隋 양제는 이 운하를 통해서 고구려를 침공하는 루트로 삼았던 것이다.

수 양제의 30만 대군을 고구려의 을지문덕乙支文德은 살수대첩薩水大捷에서 잘 막아내었고, 이 때문에 급격히 국력을 소모한 수나라는 걷잡을 수 없는 상황으로 치달았다. 결국 수나라 내부의 반란과 대운하 건설 등에 지쳐 있던 수나라 백성들이 조정에 등을 돌리자 수나라는 한순간에 몰락하고 말았던 것이다.

618년에 이연李淵이 새로운 왕조 당唐을 세우니, 이 사람이 바로 당 고조高祖이다. 수나라 통일과 멸망의 과정 그리고 당唐의 건국은, 마치 진秦나라의 흥망과 한漢나라의 건국을 보는 듯하다. 민심을 떠나서는 나라가 오래가지 못한다는 역사의 교훈을 거듭 일깨워 주는 순간이었다.

12

당(唐), 제국의 시대를 다시 열고, 문민시대의 기틀을 닦다

1. 당(唐) 태종(太宗), 형제를 죽이고 황제에 오르다
2. 여자 황제, 측천무후(則天武后)
3. 현종(玄宗)과 양귀비(楊貴妃)
4. 과거제도와 관료제(官僚制)의 정착

중국 역사와 문화 들여다보기

당(唐), 제국의 시대를 다시 열고, 문민시대의 기틀을 닦다

당唐, 618~907나라는 남만주南滿洲와 몽골지방에 걸쳐서 생활하던 유목민족인 선비鮮卑족 계열이라고 알려진 이연李淵에 의해 세워졌고, 제2대 황제인 태종太宗 이세민李世民에 의해서 나라의 기틀이 공고해졌다. 태종은 고조高祖 이연李淵의 둘째 아들이었다. 그는 당나라 건국에 가장 큰 공훈을 세웠으며, 그의 시대를 '정관貞觀의 치治'라고 부를 만큼 당나라가 번성하는 데에 기틀을 세웠다고 평가할 만하다.

1. 당(唐) 태종(太宗), 형제를 죽이고 황제에 오르다

수隋 양제煬帝의 고구려 원정과 대규모 토목공사로 인하여 피폐해진 백성들이 이미 각지에서 반란을 일으키고 있었을 때, 이세민李世民은 아비인 이연李淵과 함께 봉기蜂起하였고, 때마침 수 양제가 암살暗殺당하자, 이연은 당나라를 세우고 황제에 올랐다.

이후, 이세민의 권세가 점점 커지자 이것을 불안하게 여긴 황태자이건성李建成과 막냇동생 이원길李元吉은 이세민을 죽일 계략計略을 세웠는데, 이세민이 이것을 눈치채고, 거꾸로 음모를 꾸며 그들을 장안長安의 궁성으로 불러들여서 살해하였다. 이것을 '현무문玄武門의 변'이라고 한다. 얼마 뒤에 고조高祖 이연은 이세민을 황태자로 삼았고, 곧 황위를 물려주었다. 당 태종의 등극 과정은 형제를 죽이고 황제에 오른 수隋 양제煬帝와 많이 유사하다.

그리고 또 당 태종은 조선의 태종과도 여러모로 닮은 점이 많다. '태종太宗'이라는 묘호가 왕조의 기틀을 세운 이에게 주어지듯이, 조선의 태종 역시 건국에 절대적인 공훈을 세웠고, 영리하고 마음이 여린 세종世宗이 자신의 뜻대로 정치를 실행할 수 있도록 기틀을 마련한 것은 그의 정치 업적이라고 할 수 있다.

그렇지만, 조선 건국 이후 왕자의 난을 일으켜 형제들을 죽였고, 외척들이 정치적으로 부담이 될 것이라는 이유로 자신이 왕위에 오르는 데에 결정적인 도움을 주었던 처남과 장인 등 처갓집 식구들까지 죽여 왕위에 올랐다는 점은 아무래도 정치적인 명분이라고 보기에는 수긍하기가 어렵다.

당 태종 역시 형제를 죽이면서까지 황제에 올랐다고는 하지만, 그가 당나라 발전의 기틀을 세우고 여러 방면에서 업적을 두루 세웠다는 점은 인정하지 않을 수 없다. 당 태종은 황제에 오르고 나서, 백성들의 편에서 토지와 세금 정책을 실시하여 나라를 안정되게 하였고, 백성들도 전보다는 훨씬 풍족해졌다. 게다가 과거제도를 통해서 인재를 두루 등용하는 데에도 힘썼다.

이처럼 태종이 여러 부문에서 정치업적을 낼 수 있었던 것은 그의 주변에 뛰어난 인재들이 많았기 때문이다. 특히 그의 형인 이건성李建成을 따랐던 위징魏徵과 같은 이를 재상으로 삼을 만큼 태종은 인재를 중히 여길 줄도 알았다.

위징은 어려서 부모를 잃고 매우 가난하게 자랐지만, 학문에 힘써 이건성의 태자세마太子洗馬가 될 수 있었다. 위징은 이세민李世民의 정치적인 야욕을 일찍이 눈치채고는 태자에게 이세민을 죽일 것을 건의하였다. 그렇지만 이세민은 그와 같은 낌새를 눈치채고 도리어 형과 아우를 죽이고 태자에 올랐다가 황제로 즉위하였던 것이다. 태종은 즉위 후 위징의 인물됨을 높이 평가하여 처벌하지 않고, 자신의 곁에서 충언을 올리는 임무를 수행하는 간의대부諫議大夫로 등용했다. 마치 춘추春秋시대에 제齊나라 환공桓公이 자신을 죽이려고 했던 관중管仲을 재상으로 삼아서 부국강병을 이루어 당시 패자霸者가 될 수 있었던 전례를 다시 보는 듯했다.

태종은 모든 정사를 위징에게 물었는데, 위징은 일찍이 순자荀子가 말했던 "임금은 배와 같고 백성은 물과 같다. 물은 배를 뜨게 해주지만 반대로 진복시킬 수도 있나. 君者, 舟也, 庶人者, 水也. 水則載舟, 水則覆舟."라는 비유를 들어서 백성들의 역량을 무서워할 줄 알아야 할 것과 앞선 수隋나라가 무리하게 운하運河를 파는 등 대규모 토목공사를 벌였고, 대대적으로 군사를 일으켜서 고구려를 침공하였다가 실패하여 망한 것을 역사의 거울로 삼아서 백성들의 부역賦役과 세금을 가볍게 하며, 현명한 신하를 등용하고 신하의 간언諫言을 받아들일 것을 적극 권했다.

태종 역시 역사를 거울로 삼아야 나라의 흥망성쇠를 가늠할 수 있으며, 신하의 현명한 보좌를 받아야 훌륭한 군주에 오를 수 있다고 여겼다. 그래서 자신에게 적대적인 사람들도 자기편으로 포용했을 정도로 황제로서 뛰어난 안목과 너그러움도 갖추었던 인물이었다.

특히 청렴한 위징은 태종의 잘못을 하나하나 일깨웠고, 태종은 그때마다 간언諫言을 잘 듣고 자신의 허물을 고칠 줄 알았다. 위징은 때때로

태종을 매우 혹독하게 비난하기도 했다. 태종이 이때 종종 화를 내기도 하였지만, 그때마다 위징의 간언을 대부분 받아들였다. 위징의 간언은 태종이 태평성대를 이루는 데에 큰 역할을 했다고 할 수 있다. 이처럼 당 태종이 많은 인재를 등용하여 나라가 나날이 번창할 수 있었을 뿐만 아니라 대외적으로 돌궐과 중앙아시아 등지를 정복하여 영토를 넓히는 일에도 탁월한 능력을 보였다.

한편 644년에 태종은 고구려의 요동遼東지방을 공격하였고, 다음해에는 직접 고구려 원정길에 오르기도 하였다. 당나라군은 요동성을 함락시켰지만, 안시성安市城 전투에서 많은 병력을 잃고 크게 패퇴하고 말았다. 결국 태종은 이때 고구려 침공에서 실패한 것 때문에 얻은 병으로 사망하였다는 설도 있다. 수나라가 중국을 통일하고서 북방의 강자였던 고구려를 견제하고자 했던 것처럼, 당나라도 건국 이후 만리장성 너머에 고구려 같은 강성한 나라가 곁에 있다는 것을 그냥 둘 수 없었던 것인데, 수나라는 무리하게 거듭 침공하다가 멸망을 자초했지만, 당나라의 태종은 일찌감치 고구려 공격을 포기하여, 자신과 당나라를 보전할 수 있었다는 점이 다르다.

당 태종은 이처럼 고구려와는 악연이었지만, 안으로는 학문과 교육을 일으키는 데에도 힘을 기울였다. 배우지 못하면 도道를 알지 못한다는 신념이 있었기 때문에 유학儒學을 크게 일으켰고, 학교도 많이 세웠다. 게다가 자신은 형제들을 죽이고 황제의 자리에 올랐지만, 왕자들에게는 권력욕에 빠지지 않고 형제간에 우애를 잘 지키도록 당시 최고의 학자들을 스승으로 뽑아서 왕자들 교육을 잘 시키려고 여로모로 애썼다.

그렇지만, 태종도 자식 교육만큼은 어쩌지 못하였다. 그에게는 모두 14명의 아들이 있었지만, 그들 대다수가 비참한 최후를 맞아야만 했다. 아들 가운데 셋은 일찍 죽었고, 셋은 자살하였고, 셋은 요절夭折하였고, 하나는 유폐幽閉 당했고, 둘은 서인庶人으로 강등당했고, 열넷째는 온전히 목숨은 보전하였지만, 무능하였다. 태종의 뒤를 이은 고종高宗 역시 자신의 아내인 측천무후則天武后에게 황제 자리를 빼앗긴 꼴이 되었으니, 좋은 평가를 듣지 못하는 황제였다. 태종이 황제에 오르려고 죽였던 자신의 형님과 동생의 원혼이 나타나 태종에게 복수라도 한 것은 아니었을까?

2. 여자 황제, 측천무후(則天武后)

중국 역사에는 세 사람의 황후皇后가 정치를 좌지우지하던 때가 있었다고 하였는데, 한漢나라 여태후呂太后와 청淸나라의 서태후西太后 그리고 당唐나라의 측천무후則天武后이다. 그런데 이 셋 가운데에서도 정식으로 황제의 자리에 오른 이는 오직 고종의 황후였던 측천무후뿐이었다.

본래 측천무후則天武后는 제2대 황제인 태종의 후궁으로 궁궐에 들어왔다가, 제3대 황제인 고종高宗의 황후가 되었다. 그녀는 고종이 죽은 다음에는 자신의 아들들을 차례로 황제로 올리는 시늉을 하다가 끝내 모두 끌어내리고 690년에는 당나라의 국호를 주周로 바꾸고 스스로 황제에 오른 유일한 여성이었다.

그녀의 성은 무武씨이고, 이름은 '비칠 조照'자인 무조武照였다. 그런데 황제에 즉위하고서는 이름을 조曌자로 바꾸었다. 조曌의 의미는 하늘空 위에 떠 있는 해日와 달月과 같은 존재라는 의미로 새로 만든 글자였다. 스스로 하늘에서 빛나는 태양과도 같은 존재가 되고 싶었던 것이다. 진나라 시황제가 신이 되고 싶어 하였다면, 그녀는 온 우주를 밤낮으로 비추는 해와 달이 되고자 했던 것이다. 그렇지만, 그녀도 죽음을 빗겨갈 수는 없었다.

그녀는 죽으면서 자신의 비석에 아무런 글자도 새기지 말라고 유언하였다. 그녀의 비석에 글자가 새겨져 있지 않다고 해서 무자비無字碑라고 한다. 아마도 그녀가 생전에 수많은 사람을 죽이고, 황제 자리를 찬탈한 것에 대하여 불명예스럽게 평가할까 싶어서 그랬을 것이라고 추정하고 있다. 참으로 파란만장한 삶을 살고 간 여인이었다.

역사에서는 측천무후가 여자로서 황제에 오른 것 이외에도 당唐이라는 나라 이름을 주周로 바꾸기까지 한 것에 대하여 평가가 매우 다양하다. 어떤 평가에서는 그녀를 일컬어서 음탕淫蕩하고 간악한 요녀妖女라고 비난하기도 하지만, 그만큼 정치적인 역량과 수완이 뛰어난 여걸女傑이라는 칭송을 동시에 받는 인물이기도 하다.

측천무후가 어린 시절에 태종太宗의 후궁으로 궁궐에 들어왔으나, 그다지 이목을 끌지는 못하다가 태종이 사망하자 후궁들은 비구니가 되어야 한다는 법도에 따라 머리를 깎고 절에 들어갔다. 일단 절에 들어갔다가 나오는 것이 새로이 태어나 환속還俗한다는 명분을 주기 때문이었다.

이때 고종은 평소 마음에 두고 있던 그녀를 궁으로 다시 데리고 왔고, 그녀는 고종과의 사이에서 모두 4남 2녀의 자녀를 낳는 등 고종의 사랑을 독차지하였다. 결국 황후의 자리에까지 올라서 자신에게 반감을 가지고 있는 자들을 모두 제거하고 나라 이름까지 바꾸어 황제의 자리에 올랐던 것이다. 중국 역사에서 여태후呂太后나 서태후西太后 등이 황제에 버금가는 권력을 장악한 적은 있었지만, 정식으로 황제에 오른 것은 측천무후가 유일하다. 중국 역사에는 아름다운 외모로 황제를 홀려서 나라를 망쳤다는 여자들은 많이 있었지만, 측천무후는 나라의 이름을 바꾸고 스스로 황제에 오르려 하였으니, 당시 조정의 안팎에서 그녀의 황제 등극에 반대하는 소리 또한 만만치 않았던 것 역시 뻔한 노릇이다.

지난 2010년에 나온 영화인 '적인걸狄人杰, 측천무후의 비밀'은 측천무후가 황제의 자리에 등극하는 것을 소재로 한 것이었다. 영화의 줄거리는 남편인 고종高宗이 죽자 측천무후가 중국 역사상 최초의 여자 황제에 오를 준비가 한창이었는데, 그녀의 심복들이 차례로 불에 타 죽는 의문의 연쇄 살인이 발생한다. 이 때문에 궁궐이 점점 혼란에 빠지고, 측천무후는 누명을 쓴 채 죄수가 되어 있던 적인걸狄仁杰을 다시 황궁으로 불러 사건의 전말을 캐도록 수사를 맡긴다. 적인걸은 불타버린 시신의 재를 단서로 심층적인 과학수사를 통해 측천무후의 황제 즉위를 막으려는 음모임을 밝혀낸다. 적인걸의 도움으로 측천무후는 이 모든 난관을 극복하여 결국 황제의 자리에 오른다. 영화에서는 마치 개인적인 원한으로 측천무후가 황제에 오르려고 한 것을 방해하는 것처럼 나오지만, 당시와 같은 왕조시대에 여자로서 황제에 오른다는 것은 너무나도 파격적인 사건이 아닐 수 없었다. 측천무후는 자신의 정치적인 역량을 한껏 발휘하여 결국 황제에 올랐다.

이때 측천무후가 발탁한 유명한 재상 가운데 한 사람이 적인걸이었다. 지난 2008년 '용의 부활'이라는 삼국지 영화에서는 조자룡趙子龍 역으로 활약하였던 무술 영화의 단골 유덕화劉德華가 이번에는 적인걸로 나왔다. 여기에서도 유덕화는 뛰어난 무술의 고수로 나오지만, 본래 적인걸狄仁杰, 630~700은 측천무후則天武后 시대의 재상宰相이었으면서 성격이 강직하고 청렴하여 공평무사했던 것으로 널리 알려져 있는데, 특히 중종中宗을 다시 태자로 세우도록 하여 측천무후가 죽은 이후 당唐

왕조가 부활할 수 있도록 공을 세운 인물이다.

당唐 왕조를 대표하는 인물인 장간지張柬之와 환언범桓彥范, 현종玄宗 시대에 당唐나라의 전성기를 이끌었던 요숭姚崇 등 새로운 인재들도 모두 적인걸이 추천하였던 이들인데, 모두 당唐을 중흥시키는 데 크게 기여하였으니, 이것 역시 적인걸의 공적이라고 할 수 있다.

적인걸은 두려움 없이 측천무후에게 직간直諫하여 정치의 기강을 바로 세웠을 뿐만 아니라, 민생을 안정시켜서 백성에게도 존경을 받았다. 특히 적인걸은 측천무후에게 『노자老子』 제49장에 나오는 명언인 "성인에게는 고집하는 마음이 없는 것이며, 오로지 백성의 마음을 자신의 마음으로 삼아야 한다. 聖人無常心, 以百姓心爲心."라고 말하는 등 늘 거침없이 곧은 말을 올렸던 인물이었다. 적인걸이 죽자 측천무후 역시 조정이 텅 빈 듯하다며 매우 슬퍼했다고 한다.

측천무후는 황제에 올라 자신의 권력을 강화하기 위하여 공포정치를 펼치기도 하였지만, 여러 방면의 제도를 정비하였다. 우선 그때까지도 제도적으로 완전히 정착되어 있지 않았던 과거제도를 다시 개편하였고, 이때 뽑힌 신흥 관료세력들을 적극적으로 기용하여, 그들을 자신의 정치적 지지기반으로 삼아 정치를 공고히 할 수 있었다.

수隋나라 당시 귀족 문벌들이 쥐고 있던 정치권력을 황제가 장악하려고 시행하였던 과거제도가 측천무후 이후에야 비로소 귀족문벌 중심이 아닌 능력 위주의 관료제로 정착하였다는 평가를 받는다. 그래서 이 시기를 태종의 '정관貞觀의 치治'와 현종玄宗의 '개원開元의 치治'에 버금간다고 해서 '무주武周의 치'라고도 부를 만큼 안정된 발전을 이어갔다고 평가한다.

3. 현종(玄宗)과 양귀비(楊貴妃)

당나라를 언급하면서 현종과 양귀비의 이야기를 건너뛸 수는 없을 것이다. 현종 이융기李隆基는 제6대 황제로서 태종 이후 당나라의 번영을 계승하였으며, 동시에 쇠퇴기에 접어들게 한 당사자이기도 하다. 이융기는 당시 권력을 장악하고 있던 황후인 큰어머니 위韋씨에게 모함을 받아서 수도 장안長安으로 소환되었다가, 도리어 병사를 이끌고 궁중으로 쳐들어가 위씨와 그녀의 일족 모두를 죽였고, 자신의 할머니인 측천무후의 무武씨 일가까지 몰살시켜 정권을 장악하고 현종에 올랐다.

현종 역시 재위 초기에는 그의 주변에 유능한 재상들이 많았는데, 이들 모두 능력이 출중하고 현종에 대한 충성심이 지극하였다. 나라에 가뭄이 들자, 황궁의 쌀을 배고픈 민중들에게 나누어주며, 민생을 돌보는 어진 정치를 행하는 등 태종이 이룩한 태평성세에 버금가는 치세를 이루었다고 할 만하다.

그런데 현종도 말년에 이르자, 거만해져서 충언하는 대신들을 내치고 자신에게 아첨을 떨고 순종하는 신하들을 중용하였다. 그러다가 737년에 사랑했던 무혜비武惠妃마저 죽고 나서 중국 미인의 대명사로 잘 알려진 양귀비楊貴妃에게 빠져 정사를 게을리하기 시작하였다. 양귀비는 현종의 18번째 아들인 수왕壽王 이모李瑁의 비妃였으니, 본래 현종의 며느리였다고 할 수 있는데, 그녀의 미모에 반하여 며느리를 가로챈 것이었다. 앞서 고종은 아버지 태종의 후궁이었던 측천무후를 아내로 삼더니, 현종은 며느리를 아내로 삼은 꼴이 되었다. 참으로 기가 막힐 가족관계가 아닐 수 없다.

현종이 아꼈던 양귀비는 오늘날 미녀의 대명사로 불리기는 하지만,

그녀는 실제로 매우 풍만한 몸매였다고 알려져 있다. 그래서인지 양귀비가 목욕을 즐겼다고 알려진 화청지華清池 주변에는 모란이 즐비하다. 모란은 목단牧丹이라고도 하는데, 이 꽃은 당나라의 국화國花로서 당시 사람들이 풍만한 꽃을 얼마나 좋아하였다는 것을 알 수 있다. 양귀비 역시 좀 지나칠 정도로 살찐 모습이었다고 한다. 이처럼 아름다움이란 시대마다 그 기준이 달라지기 마련인 것인데, 요새 같이 오로지 날씬한 것에 목숨을 걸다시피 하는 시대에 잘못 태어났다고 여기는 처자들은 양귀비가 그저 부러울 듯하다.

양귀비 덕에 그녀의 일가친척 중에서 세도를 누린 사람은 사촌오빠 양국충楊國忠이었다. 양국충은 승상에까지 올라 권력을 마구 휘둘렀다. 755년에는 양국충과 반목하였던 절도사 안녹산安祿山이 반란을 일으켰고, 별수 없이 수도를 버리고 도주하던 현종은 장안長安의 서쪽 지방인 마외역馬嵬驛에 이르렀을 때, 조정에 대한 불만이 폭발한 군사들과 백성들이 현종에게 양국충과 양귀비를 죽일 것을 요구하였다. 상황이 험악해지자, 현종도 어쩔 수 없이 양귀비의 죽음을 지켜볼 수밖에 없었다. 현종은 이후 양귀비에 대한 그리움 속에서 삶에 의욕을 잃고 일생을 마쳤다고 알려져 있다. 현종은 이처럼 매우 낭만적인 성품의 소유자였던 것 같다. 그런데 현종이 양귀비를 그토록 사랑했던 만큼 양귀비도 현종을 진정 사랑했던 것일까?

역사에서는 양귀비가 춤과 노래에도 뛰어났다고 적고 있다. 외모뿐만 아니라 현종의 마음을 사로잡는 총명함까지 갖추고 있었던 것이다. 중국 최고의 시인인 이백李白은 그의 「청평조清平調」에서 양귀비를 활짝 핀 모란꽃에 비유하였고, 백거이白居易 역시 양귀비와 현종과의 비극적인 사랑을 「장한가長恨歌」로 지어 노래 불렀다.

아래의 청평조清平調 제2수는 양귀비의 아름다움을 잘 묘사한 것으로 유명하다.

一枝紅艶露凝響, 붉고 아름다운 모란꽃이 이슬 향에 엉기며,
雲雨巫山枉斷腸. 구름과 비로 변하는 무산의 선녀 때문에 애간장만 끊어지네.
借問漢宮誰得似, 묻노니, 한(漢)나라의 궁궐에서는 누가 비길 수 있을까?
可憐飛燕倚新粧. 아리따운 비연(飛燕)이 새 단장했다면야 모를까.

4. 과거제도와 관료제(官僚制)의 정착

과거제도는 위진남북조 시대의 분란을 제압하여 중국을 재통일하였던 수隋 문제文帝가 황제의 권력을 강화하기 위해서 새로이 관리를 선발하기 위해 시행한 제도였다. 즉, 과거제도는 중앙은 물론 지역별로 정권을 장악하고 있던 귀족세력에 대한 견제를 위한 것이었다. 이후 당나라 측천무후 때에야 비로소 과거제도가 확실하게 정착되었고, 송宋나라 때 드디어 과거科擧에 의해 관리를 선발하는 것이 보편화되었다.

과거제도는 전통적인 왕조사회에서 개인의 능력평가를 시험으로 평가하여 관리로 임용하는 아주 이상적인 측면이 없는 것이 아니다. 이른바 귀족제도가 문벌귀족들이 관직을 나눠 먹기식으로 선발하였던 것에 비하자면, 시험을 통해 학문적인 자질을 갖춘 이들에게 관리의 길에 나아갈 수 있도록 하였으니, 명분상으로는 이것만큼 관리등용의 이상적인 제도도 없는 것처럼 보인다.

마치 오늘날 우리가 공무원이나 교사를 비롯해서 온갖 자격이 필요한 사람들을 고시考試제도를 통해서 선발하는 제도의 원형이라고 할 수 있다. 그렇기 때문에 고대 중국에서는 개인의 능력이나 집안의 조건만 허락된다면 누구나 평생을 걸고 과거시험을 준비하였다고 볼 수 있다.

그렇지만, 과거제도가 중국의 역사와 문화발전에서 오로지 긍정적인 역할만 한 것은 아니었다. 과거에 합격한 이들의 다음 수순은 정치인이 되는 것이기 때문에 무엇보다 돈과 권력에 대하여 한없이 약해질 수밖에 없었다. 그래서 관직에 오른 다음 그 직위를 이용해서 매관매직賣官賣職을 하는 등 부정부패를 저지르는 일이 많아졌고, 황제는 이러한 사실을 알아도 부정한 관리들을 그다지 엄하게 처벌하지 않았다. 왜냐하면 앞서 적인걸의 예에서 보았듯이, 그들이 황제에게 충성하는 한 황제는 문벌귀족 세력에 맞서야 했기 때문에 역시 그들이 정치적으로 필요했다.

한편, 과거제도로 인해서 중국이 다양한 방면으로 사회가 발전하는 데에 큰 장애가 되었다고 할 수 있다. 유능한 선비들이 누구나 과거시험에만 매달리다 보니 사회가 그만큼 다양한 분야에서 고르게 발전하지 못하였던 것이다.

과거시험의 과목들이 이른바 사상과 문학 등의 유가儒家 경전을 암기하고, 시詩를 잘 짓는 것에 치중하였으니, 더 말할 나위도 없었다. 훌륭한 사상가나 시인詩人이 곧 훌륭한 정치가나 행정가가 되는 것은 아니기 때문이다. 중국의 과거제도는 훌륭한 문인과 사상가들은 양산量産해 내었지만, 서구적인 의미에서 근대화의 밑거름이 되는 민주적인 정치이념의 성숙成熟과 과학기술 방면의 발전에는 그만큼 뒤지게 하는 작용을 하였다.

과거제도에는 중국의 근대화 발전을 가로막은 여러 가지 심각한 문제점을 지니고 있었다. 중국이 근대화운동을 벌이던 시기에 접어들었을 때, 당시 중국의 지식인들은 중국이 아직 근대화하지 못하고 과학의 발전도 서양에 비하여 크게 뒤지게 된 중대한 걸림돌로서 유교儒教와 한자漢字를 들었다. 유교는 전통적으로 위와 아래의 위계질서를 중시하는 이념이다 보니 민주주의民主主義 발전에 큰 걸림돌이 되었고, 한자는 너무 어려워서 대중교육과 과학기술 발전 등에 치명적인 장애가 되었다고 지적하였다.

여기에다가 민주주의와 과학의 발전에도 해로움을 끼쳤다고 여긴 유가이념과 한자를 지탱할 수 있게 한 제도적인 장치는 무어라 해도 과거제도라고 지탄을 받았다. 1919년 5 · 4운동 당시 지식인들은 중국의 근대화를 위해서는 이미 폐기한 과거제도는 물론 유교와 한자까지도 없애야 한다는 파격적인 주장을 하였다.

오늘날 우리나라의 젊은이들이 안정적인 직업만을 추구하느라 고시考試에 몰두하는 것이 우리 사회의 미래를 어둡게 한다고 걱정하는 것도 같은 취지에서 그렇게 여기기 때문이다. 문학이나 예술은 물론 과학 기술의 방면도 두루 발전하여야만 나라의 미래를 꾀할 수 있는 것이니 말이다.

당나라의 과거제도는 이후 송宋나라의 문민文民시대를 여는 데에 결정적인 역할을 하였다고 할 수 있다. 송宋, 960~1279나라는 중국 역사상 군사 방면에서는 가장 약했던 반면에 문화적으로는 가장 번성했던 왕조였다. 당나라가 망하고 잠시 과도기였던 오대五代 후주後周의 병마절도사兵馬節度使였던 조광윤趙匡胤이 정변政變을 일으켜 송宋나라를 건국하였다. 그는 유교를 신봉하여서 검소하게 생활하였고, 유능한 문관文官들을 중심으로 건실한 행정을 폈던 것으로 유명하다. 그것은 당나라를 결정적으로 쇠퇴하게 만든 안녹산安祿山의 난이나 황소黃巢의 난을 비롯해서 당나라 말기에 이르면 지방의 절도사節度使들이 독자적인 무력을 행사하여서 나라가 혼란스러워졌던 것을 미리 방지하고자 했던 것이다.

그런데 조광윤의 문민정책을 근간으로 하는 관료주의적인 지배체제는 점차 부패하게 되었고, 국방력은 점점 더 약해졌다. 공교롭게도 이때 북방에서는 거란족 · 여진족 · 몽골족 등이 세력을 떨치며, 중국의 변경을 침입해 왔고, 이에 송나라는 이들을 방어할 능력이 거의 없어서 매번 돈과 재물로 그들을 임시로 무마하느라 바빴다.

결국, 송나라는 여진족이 화북華北지방을 점령하여 세운 금金나라에 쫓겨 양자강揚子江 이남 지역까지 내려와 나라의 명맥을 유지하다가 1276년에 송나라는 몽골족에게 완전히 멸망당했다. 이로써 송나라는 중국 역사상 최초로 외래 민족에게 멸망당한 허약한 왕조라는 멍에를 지게 되었다.

이렇듯 허망하게 외래민족에게 정권을 내주었던 송나라는 과거제도를 통해서 어떤 왕조에서도 이루지 못한 여러 방면에서 업적을 이루기도 하였다는 평가를 받고 있다. 송宋대에는 해운 기술이 발달하면서 해양 상업이 크게 발전하였고, 지폐紙幣의 사용이 늘고 해안지역에는 인구 100만 명이 넘는 도시가 여럿 있었다. 과학기술 방면에서도 인쇄印刷와 출판이 발달하여서 유교경전 등의 출판과 활자活字의 사용이 본격화되어 학문과 문학에도 커다란 발전을 가져왔다.

예술 방면에서도 음악, 미술이나 건축 등 분야에서뿐만 아니라 송대의 도자기陶瓷器는 형태, 색채 및 그윽한 빛깔의 농담濃淡 등이 일품이라고 할 만하다. 오늘날 중국을 로마자로 China라고 일컫는 것이 진시황秦始皇의 진秦나라에서 유래하였고, 이후 중국에서 생산되는 가장 대표적인 공산품이라는 의미에서 도자기를 '차이나'라고 부르는 발단이 송대에 비롯되었다.

송대 도자기는 차茶, 비단과 함께 오랫동안 중국의 대표적인 제품으로 자리 잡게 되었던 것이다. 이렇듯 송나라는 과거제도를 정착시켜서 문민시대를 열었고, 여러 방면에서 발전을 거듭하였다고 하는데, 어째서 정작 서구식의 근대화에는 성공하지 못했던 것일까?

13

원(元),
몽골 세계제국을 열다

1. 만리장성 너머 유목민족의 흥성
2. 몽골, 세계제국을 건설하다
3. 몽골, 약탈자에서 정복자로
4. 몽골의 고려 침략
5. 유럽에 중국을 알린 마르코 폴로의 『동방견문록(東方見聞錄)』

중국
역사와 문화
들여다보기

원(元), 몽골 세계제국을 열다

과거제도를 통한 문민文民시대의 꽃을 활짝 피웠던 송宋나라는 북방 이민족들의 거듭된 침략에 멸망하고 말았다. 남북조시대에 이미 북방 유목민족들로부터 5호 16국의 흥망성쇠를 겪은 적이 있었지만, 이제껏 중국 역사에서 한족漢族의 왕조 전통이 끊어진 적은 없었다. 어느 시대나 제각각 나름의 의미가 있겠지만, 몽골의 원元나라는 중국과 세계 역사에 있어서 매우 독특한 작용을 한 시대라고 할 수 있다. 중국 최초의 외래 민족이 중원에 들어와서 중국 왕조의 정통성을 계승하였다는 점 이외에도 중국의 한漢문화를 온통 뒤집어 놓았고 유럽의 침략을 통해서 동서 문화의 교류를 촉진하였던 점은 기억할 만한 사건이다.

1. 만리장성 너머 유목민족의 흥성

송나라가 이전 중국 역사에서 없었던 문민文民 방면의 발전을 이루는 동안 만리장성萬里長城 너머 북방에서는 유목민족들이 독자적인 국가체제를 갖추고 송나라를 본격적으로 침략하기 시작하였다. 이것은 중국이 그동안 동북아시아에서 차지하고 있던 절대적인 주도권을 상실하게 되었으며, 결국 몽골족에게 한족의 정통 왕조를 내주게 되는 신호이기도 하였다.

유목민족 가운데 최초의 정복왕조는 거란契丹족인데, 그들의 건국신화에는 옛날 요하遼河 상류로부터 흰 말을 타고 온 신인神人과 시라무렌西拉木倫강 상류에서 검은 소달구지를 탄 선녀가 만나 아들 여덟을 낳았는데, 이들이 거란족의 8부족이 되었다고 한다. 이들은 916년에 국가체제를 갖추고 926년에는 발해渤海를 멸망시키고, 936년에는 만리장성 남쪽으로 내려와서 북경北京과 대동大同을 중심으로 하는 화북華北지역의 연운燕雲 16주를 차지하고는 국호를 요遼라고 불렀다.

이것은 이전까지 유목민족들이 중국으로 쳐들어오는 것과 관련이 있는 천고마비天高馬肥의 고사에서 보았던 것처럼, 가을철이 되면 단순하게 농작물을 약탈하고 돌아가던 차원에서 벗어나 있었다. 이때 송나라를 세운 태조太祖는 여러 차례 북벌을 시도하였지만, 끝내 중원中原 땅을 회복할 수 없었다.

거란족에 이어서 만주에서 발흥한 왕조는 퉁구스Tungus계의 여진女眞족이었다. 여진족은 일찍이 발해에 이어서 요遼의 지배를 받고 있었는데, 송화강松花江 유역 출신으로 당시 용맹을 떨치던 아골타阿骨打, 1068~1123가 1115년에 여진족 최초로 국가를 건설하여 금金이라고 불렀다. 금은 유목민 특유의 강한 결속력을 바탕으로 위력을 떨쳤다.

이 무렵 송나라는 왕안석王安石의 개혁 정치가 실패하고, 당쟁이 격화되면서 급속히 국력이 약화되었다. 송나라에는 당시 휘종徽宗이 즉위하였는데, 휘종은 그림에는 매우 뛰어났지만, 정치에는 뜻이 없었으니, 이 틈에 신하들은 온갖 부정부패를 일삼았다. 궁궐의 정황이 이렇다 보니, 백성들의 생활은 더욱 피폐해지고, 백성들은 전국 곳곳에서 민란을 일으켰다.

이때 산동성山東省 양산박梁山泊에서는 『수호지水湖志』의 주인공이기도 한 송강松江을 중심으로 무송武松, 노지심魯智深 등 108명의 호걸豪傑들이 봉기하였으니, 이는 송나라가 사회모순이 깊어지고 백성들은 고통의 수렁에 더욱 빠져들고 있었다는 것을 반영한 것이었다.

한편 금나라는 세종世宗이 즉위하면서 전성기를 누리고 있던 때에 몽골의 초원에서는 뒷날 몽골 초원을 통일하고 이어서 유라시아를 제패하여 세계 역사상 가장 거대한 제국을 세우는 칭기즈칸Chingiz Khan, 成吉思汗이 나타났다. 몽골은 전통적으로 하늘에서 내려온 푸른 이리가 흰 사슴을 아내로 맞아 세운 나라라는 자부심이 있었다. 어릴 때 이름이 테무진鐵木眞, Temujn인 칭기즈칸은 9살 때 아버지가 독살당하고 홀어머니 아래에서 혹독한 어린 시절을 보냈다. 강인한 체력과 끈질긴 인내로 여러 차례 위험한 고비를 넘기면서 몽골초원을 제패하여 갔다.

테무진은 1206년 몽골의 부족장 회의인 '쿠릴타이Khuriltai'에서 '우주의 군주'라는 의미인 칭기즈칸으로 추대되었고, 1215년에는 동쪽으로 진격하여 금金나라의 연경燕京: 지금의 북경을 공략하였다. 그야말로 질풍노도와 같이 서쪽으로 달려가서 당시 사마르칸드Samarkand에 있던 호라즘Khwarezm왕국을 정복하고, 카스피해를 넘어 남러시아까지 다다랐고, 남쪽으로는 인더스 강 유역까지 중앙아시아 대부분을 차지하였다.

1227년 칭기즈칸이 죽자, 그의 네 아들은 아버지의 정복전쟁을 충실히 계승하여서 이슬람지역은 물론 유럽의 폴란드까지 영토를 확대하였고, 나중에 원元 세조世祖, 1215~1294에 오르는 칭기즈칸의 손자인 쿠빌라이Khubilai는 1279년 남송南宋까지 멸망시켜서 유사 이래 세계 최대의 제국을 건설하였다.

2. 몽골, 세계제국을 건설하다

몽골이 이처럼 빠른 시일에 유라시아 제국을 세운 힘은 어디에서 나온 것이었을까? 칭기즈칸은 원래 씨족제 사회였던 몽골을 통일하여 왕조체제를 세웠다. 특히 사회단위를 1,000호나 100호로 재편하고, 함께 싸워서 얻은 노획물을 공평하게 나눈다는 형제애와도 같은 공동의식과 피로써 맺은 충성스런 전사조직으로 일사불란하게 정복전쟁을 수행해 나아갔다. 몽골족의 전술은 초원에서 마치 사냥을 하듯이, 상대방을 포위하여 빠르게 압박하는 것이었다. 게다가 정복한 송宋나라의 화포火砲와 같은 선진적인 병기들을 적절히 활용하면서 전투를 극대화할 수 있었다.

칭기즈칸은 정복과정에서 몽골에게 협력하는 나라에게는 자치권을 인정해 주기도 하였지만, 혹시라도 반항하기만 하면 그 지역 전체를 모조리 몰살시켰다. 이것은 당시 몽골이 대략 30~40만 명 정도에 지나지 않은 군사를 가지고 제국을 건설해야 하는 어려움 때문이었다. 정복당한 나라의 백성들 가운데 자신들에게 필요한 기술자 정도만 남겨두고 대개는 모두 잔인하게 살육하였다. 바그다드Baghdad와 이스파한Isfahan 등에는 해골骸骨 10만 개가량으로 탑을 쌓기도 했다. 특히 샤르이 골골라Shahr-i -Gholghola 전투에서 칭기즈칸의 손자인 무투겐Moetuken이 전사하자 칭기즈칸은 풀 한 포기 남김없이 모두 죽이고 모든 건물도 파괴하여 완전히 폐허로 만들어 버리기도 하였다.

몽골 기마병騎馬兵의 신속함은 그들의 말을 잘 활용한 것이었다. 말의 뼈를 깎아서 화살촉으로 만들고, 고기와 피는 말려서 휴대용 식량으로 쓰고, 말의 꼬리털은 활시위로 썼으며, 말의 가죽은 병사들의 갑옷으로 만들어 입었다. 몽골 병사의 가벼운 갑옷은 중세 유럽 기사騎士

들과의 전투에서 진가를 발휘하였다.

유럽의 기사들은 철제鐵製 갑옷을 입었다. 그들이 입었던 갑옷은 무게가 60~70kg 정도였다고 한다. 자신의 몸무게만 한 갑옷을 입었으니, 이것을 입고 움직이기란 결코 수월치 않았을 것이다.「아이언맨Iron Man」 같은 헐리우드 영화에서 철갑을 두른 주인공이 단숨에 악당들을 멋지게 물리치는 상황과는 영 딴판이었을 것이다. 게다가 중세 유럽의 기사들은 몸종의 도움을 받아야만 말에 올라탈 수 있었으며, 말에 올라탔다고 하더라도 말에서 기우뚱거렸다가는 어느새 떨어지곤 하였다고 한다. 당시 철제갑옷의 연결부위에 마감磨勘처리가 미숙해서 이곳저곳에 뾰족하게 튀어나온 부분이 많았고, 때론 우습게도 기사가 종종 말에서 떨어졌다가 갑옷에 찔려서 사망하는 일도 있었다고 한다.

칭기즈칸의 병사들이 그토록 기마능력과 기동성이 뛰어나고 용맹했던 데에는 그만의 독특한 통치술이 있었기 때문이기도 했다. 우선 칭기즈칸은 군대를 운용하는 데 있어서 엄격한 규율과 철저하게 능력위주로 처리하였다. 신상필벌信賞必罰의 원칙을 통해 병사들의 불만 요인을 없애고, 칭기즈칸의 명령에 절대복종하고 싸움에 나아가서는 기꺼이 목숨을 내놓을 수 있게 하였다. 또 몽골에도 전통적으로 귀족가문이 있었지만, 칭기즈칸 주변에는 평민출신의 장수들이 즐비하였다. 그만큼 일반 병사들까지 능력에 따라 칭기즈칸이 믿고 기용하였다는 것을 알 수 있다.

특히 과거 왕조시대에서 널리 쓰이던 역참驛站제도는 몽골족이 고안해 낸 매우 실용적인 통신수단이었다. 이것은 유라시아 제국 전체에 중앙과 지방 사이에 명령을 전달하고, 관리들이나 연락병들이 신속하게 연락업무를 수행하기 위해 설치된 것이었다. 몽골군의 숫자가 적어서 정복지를 온통 초토화시켰으면서 혹시라도 반란군이 나타날 기미만 보이면 역참을 통해서 신속하게 연락을 취하였으니, 몽골족이 전쟁에서 정보를 신속하게 전달하는 것을 얼마나 중시하였는지를 알 수 있다.

3. 몽골, 약탈자에서 정복자로

초원에서 소박한 유목생활을 하던 몽골족이 동유럽과 아시아를 걸친 세계 역사에서 일찍이 없었던 유라시아 제국을 건설하고 나니, 풀어야 하는 과제들이 하나둘이 아니었다. 몽골이 정복한 왕조가 유럽과 아시아에 걸쳐 있었다고 하지만, 당시로서는 인도와 서유럽, 그리고 일본 정도를 제외한 세계 문명국의 대부분이었다고 해도 지나치지 않다. 이들의 정복으로 말미암아 당시 유라시아에 걸쳐있던 수많은 작은 나라와 민족들이 오늘날 거의 다 없어진 계기가 되었던 것이다.

중국의 농경문화는 소박한 유목생활만 해오던 그들에게 매우 생소한 것이었다. 그래서 어떤 몽골 장수는 중국의 농경문화를 없애버리고 아예 중국을 초원지대로 만들어 버리자는 의견을 내놓기도 했다. 이만큼 몽골은 중국을 제대로 이해하지 못하고 있었다. 그런데 금金나라 출신의 야율초재耶律楚材는 30여 년 동안 재상으로 활약하면서 풍부한 농산물과 세금을 얻을 수 있는 농경문화의 여러 장점을 몽골족에게 일깨워주었다.

몽골인들은 그들의 전통문화와 중국문화의 사이에서 끊임없이 갈등을 계속하였다가 쿠빌라이 칸Kublai Khan이 몽골의 전통 도시인 카라코룸Kharakhorin에서 유라시아 제국의 근거지를 북경北京으로 옮기면서 몽골의 원元제국도 본격적으로 중국화에 접어들게 되었으며, 정복지역의 풍습도 인정해주는 정책을 쓰기 시작했다.

중국의 수도는 옛날부터 당연히 북경北京이었을 것이라고 여기는 경우가 많다. 그렇지만 북경이 중국의 수도가 된 것은 앞서 북방의 정복왕조인 금金나라 때였다. 전통적으로 중국의 수도는 황하黃河 유역을 중심으로 서안西安과 낙양洛陽, 개봉開封 등 중원中原 지역을 오락가락하였다. 그런데 북방 유목민족인 거란족의 금金나라가 쳐들어오면서 그들의 본거지와 가까운 북경에 수도를 정했던 것이다. 지도를 펼쳐놓고 보더라도 북경은 중국의 중심에 있지도 않으며, 큰 강이 없는 것만 보더라도 수도로서 적절한 지역이 아니라는 것을 곧 알 수 있다.

쿠빌라이가 1271년에 『주역周易』에 나오는 "위대 하도다, 하늘의 크신 덕[元]이여!大哉乾元"라는 문구에서 모든 것의 시초라는 의미인 원元을 따와서 국호로 정하고, 1279년에 남송南宋을 멸망시키고 명실상부한 중국 최초의 이민족 정복왕조가 되었다. 원나라는 중국식 중앙 관제官制를 거의 그대로 썼지만, 그동안 한漢문화를 지키는 상징과 같은 과거제도科擧制度를 폐지하였다.

과거제도는 유가儒家경전을 시험과목으로 삼아 관리를 임용하는 제도인데, 경전 공부가 하루 이틀 만에 되는 것도 아니었으니, 몽골의 자제들이 한자漢字로 된 그 많은 유가의 경전을 다 공부할 수도 없는 노릇이었다. 몽골은 당시 자신들의 문자를 가지고 있었지만, 칭기즈칸 자신도 글을 몰랐다고 하듯이, 유목민들은 초원에서 문자와 관련한 문명생활과는 거리가 멀었다.

몽골족은 백성들을 4개의 신분으로 나누어서 최고의 자리에 몽골족을 두는 몽골인 제일주의 정책을 썼고, 몽골의 정복전쟁에 많은 도움을 주었던 색목인色目人이라고 불린 아랍인들을 제2신분으로 분류하였고, 북방에 있었던 한족漢族은 제3신분으로 하였고, 최후까지 몽골에 항거抗拒하였던 남송의 한족들은 제4신분으로 구별하여 천대하였다.

과거시험이 없어졌다는 것은 중국의 한漢문화에 커다란 충격과 변화를 가져온 사건이었다. 이 때문에 어려서부터 과거시험을 준비하던 많은 한족의 젊은이들이 이제는 더 이상 과거공부를 할 필요가 없게 되었던 것이다. 그들 가운데에는 일찌감치 관직에 나아가는 것을 포기하고 초야에 묻혀 지내는 자도 있었고, 또 일부는 생계를 위해서 도시의 시장으로 나가서 일을 해야만 하는 이들도 있었다. 그렇다고 해서 공부만 하던 서생들이 막노동을 할 수는 없었다.

지난 송宋나라 이후 시장 경제가 점점 발달하면서 중국에도 시민市民계층이 서서히 형성되기 시작하였다. 이들 시민은 서구의 근대 이후에 나타났던 그런 시민계층은 아니었지만, 상업활동을 통해서 약간의 경제적인 여유를 누리는 이들이었다. 그때 그들에게 오락거리로서 서민문학인 잡극雜劇의 형식인 극劇예술이 서서히 생성되던 때였다. 잡극은 마치 우리나라의 마당놀이와도 같은 것이었는데, 이후 중국예술의 최고봉인 경극京劇의 초기 형태이다. 당시만 하더라도 이런 서민 문예의 담당자들은 지식수준이 낮은 이들이었는데, 이제는 과거시험 준비를 하던 지식인들이 그들의 장기인 학문지식을 살려서 본격적으로 서민문학에 뛰어들다 보니, 이야기의 내용이나 수준이 한층 높아지게 되어 서민문예가 크게 발전하게 되었다.

이것은 이제껏 중국의 문화가 학자나 지식인이 주류였던 것에서 탈피하여 서민의 문화가 주류로 자리 잡게 되었다는 것을 의미하기도 하였다. 몽골의 중국 침략과 한족 왕조의 계승은 중국의 한문화에는 더없이 커다란 상처를 안긴 것 또한 사실이지만, 이 사건을 계기로 그때까지 지식인들의 우아한 문화가 주류를 이루고 있었던 것에서 이제는 일반 대중의 이른바 속俗된 문화도 중국의 주류 문화에 함께 오르게 되었으니, 이 또한 중국 문화가 확장되는 계기를 마련한 시기였다고 할 수 있다.

4. 몽골의 고려 침략

몽골족이 유라시아 제국을 건설한 것은 중앙아시아와 만주 지역에 있던 수많은 소수민족 국가들을 흡수해 버린 결과를 초래하였다. 중국의 주변 국가 가운데에서 오늘날까지 민족 정체성을 유지하고 있는 곳은 몽골족이 말을 타고 넘어갈 수 없었던 티베트고원 너머의 나라들과 바다 너머에 있던 일본 그리고 우리나라 정도였다.

고려와 몽골은 1225년에 몽골의 사신 저고여著古與가 피살되는 사건을 계기로 국교가 단절되었다가 1231년에 조공을 거절하였다는 것을 빌미로 고려에 대한 몽골의 대대적인 침략이 시작된 이래 1259년 고려가 항복할 때까지 약 30년 동안 7~8차에 걸쳐 고려 전역이 철저하게 유린당하였다.

몽골이 정복 전쟁을 벌이던 초창기에는 일종의 초토화焦土化 작전을 펼치며 유라시아에 걸친 수많은 나라와 민족들의 대부분이 사라졌다고 했는데, 몽골이 세계 제국을 건설하고 나서는 유화정책을 쓰기 시작하였다. 몽골족이 한창 정복전쟁을 벌이고 있을 때, 고려高麗는 무신武臣들이 정권을 잡고 있었다. 무신정권은 몽골족이 쳐들어온다는 소식을 듣고는 강화도江華島로 숨어들어 가서 버티기 작전으로 일관하였다. 몽골족이 바다를 경험한 적이 없으니, 수전에 유리하다고 보았기 때문이다.

그것이 옳은 판단이었는지도 모르지만, 몽골족은 이후 30년 동안 고려 정권을 무너뜨리는 것에는 아랑곳하지 않고 오로지 대대적으로 고려를 약탈하는 데에 전념하였다. 아마도 이때가 우리나라 역사상 가장 치욕스러운 기간이 아니었나 싶다. 그런데도 고려의 무신정권들은 자기들 정권 유지에만 몰두하고 있었으니, 참으로 어이없는 일이 아닐 수 없었다.

몽골 침략 초반기였던 30여 년 동안 강화도에서 고려가 버티기 작전으로 일관하였던 것을 당시 세계 최강이었던 몽골에 맞서서 끈질기게 항쟁하였다면서 이것을 다른 나라에서는 찾아볼 수 없었던 것이라고 자부심을 갖기에는 당시 고려에게는 너무나도 처참한 시기였다. 고려의 무신정권은 항거를 한 것이 아니라 단지 강화도에서 호화로운 궁궐과 저택을 짓고 바닷길을 통해서 백성들로부터 세금이나 착취하는 것에만 열중하였다.

그런데 그나마 다행스러웠던 것은 이전에는 초토화焦土化 작전으로 일관하던 몽골이 이제는 유화정책으로 방향을 전환하였던 것이다. 칭기즈칸의 손자인 쿠빌라이가 국호를 원元으로 고치고 지금의 북경으로 수도를 옮기면서 정복지역의 풍습을 고치지 않아도 된다는 '불개토풍不改土風'의 정책을 쓰기 시작하였다. 그 때문에 고려는 왕실과 고려 고유의 풍습을 유지할 수 있었다. 고려 왕실은 많은 재물과 공녀貢女를 바치는 것으로 왕실의 명맥을 지키고 민족 문화의 정체성을 유지할 수 있었던 것이다.

몽골족이 한창 침략전쟁에 매진할 때 혹시라도 고려의 무신정권이 맞서서 싸웠더라면 우리 고려의 운명이 또 어찌 되었을까? 일단 소낙비는 피하고 보자는 교훈의 말씀이 문득 떠오른다. 그리고 지리적으로도 두만강과 압록강을 사이에 두고 있었던 것과 원나라 말기 고려의 공녀 출신이었던 원나라 마지막 황제인 순제順帝의 제2 황후였던 기奇 황후가 원나라 조정에서 고려를 복속시키려고 했던 것을 그때마다 막았다고 알려져 있다.

5. 유럽에 중국을 알린 마르코 폴로의 『동방견문록(東方見聞錄)』

몽골족은 자신들에게 끝까지 항거하였던 남송南宋의 한족漢族들은 철저하게 천시하였지만, 다른 외래 민족에게는 매우 개방적인 정책을 폈다. 그것은 몽골족이 워낙 인구가 적었던 데에도 이유가 있었다. 게다가 몽골족은 유목민이다 보니, 말을 타고 달리며 정복하는 것에는 뛰어났지만, 국가라는 것을 운영하는 행정능력에는 한계가 있었다. 그래서 개방적인 인재등용 정책과 기독교나 이슬람교와 같은 다른 종교도 핍박하지 않았다. 심지어 쿠빌라이를 비롯한 궁실에서는 티베트불교에 심취하였을 정도였다.

그리고 여기저기 다니는 상인들을 통해서 정확한 정보를 수집할 필요가 있었기 때문에 이탈리아 출신의 상인이었던 마르코 폴로Marco Polo, 1254~1324와 같은 이도 쿠빌라이에게 신임을 얻어 17년간 중국 지방의 행정직을 맡으면서 중국의 실정과 문물을 두루 익힐 수 있었다. 그는 이탈리아에 귀국한 이후 베니스와 제네바의 전쟁에 참전하였다가 감옥에 갇히게 되었다. 거기에서 직업적인 소설 작가인 루스티치아노Rustichello da Pisa가 마르코 폴로의 중국 기행담을 듣고 정리하여 『동방견문록』을 발행하였고, 이것이 중국의 문물을 최초로 유럽에 알린 계기가 되었다.

그런데 『동방견문록』에는 황당한 내용이 너무 많아서 마르크 폴로가 정말 중국에 갔었는지에 대하여 아직까지 논란이 많지만, 콜럼버스가 이 책을 탐독하여서 아메리카 대륙까지 항해할 수 있었고, 당시 고려가 '카울리Cauli'라는 명칭으로 소개되어 있어서 우리나라가 서구에서 Corea로 불리게 되었다고 한다.

몽골의 유라시아제국은 중세 유럽에게 근대화를 일깨우는 등 세계사의 변화에도 크게 작용을 하였다. 서구 유럽의 근대近代, Modern사회는 자유와 평등을 추구하며, 중세 봉건사회를 극복한 시민市民사회로서, 민주주의民主主義와 자연과학이 발달한 시기였다. 흔히 이것의 계기가 된 사건으로 십자군전쟁, 이탈리아의 르네상스 등을 꼽는다. 그런데 이것 이외에도 14세기 중반 이탈리아에 페스트黑死病가 창궐한 것도 큰 원인이 되었다.

1347년에 몽골족은 크림공화국Republic of Crimea 흑해연안의 항만 도시인 페오도시야Feodosiya를 공격하면서 일종의 화생방전化生放戰으로 죽은 짐승의 시체를 성안으로 던져서 공격하였는데, 이때 흑사병이 처음으로 창궐猖獗하였다고 한다. 이것이 이후 시칠리아로 흑사병을 옮겼으며, 이 때문에 당시 유럽 인구의 1/3 정도인 2400만 명가량이 사망하였다고 한다. 이것은 중세사회 몰락을 재촉하여 교회의 권위를 실추시키고, 유럽 전체에 노동력이 감소하여 과학기술의 발전을 촉진시키고, 새로운 시장을 찾기 위해 식민지를 건설해야만 했기 때문에 제국주의가 팽창하는 계기가 되었다고 평가한다.

이처럼 몽골의 유럽 침략은 당시 유럽에서 공포대상이었던 페스트를 퍼뜨렸을 뿐만이 아니라 근대화에 있어서 몽골의 역할 가운데 빼놓을 수 없는 것은 중국의 과학기술 발명품들이 대대적으로 유럽에 전래되었다는 것이다. 종이, 인쇄술, 화약火藥, 나침반은 유럽의 근대를 일깨운 중국의 발명품으로 이미 잘 알려져 있다. 물론 이것들은 이전부터 유럽에 전해져 있던 것이지만, 유라시아제국의 건설 이후 본격적으로 유럽에 전해지며 중세 유럽사회를 변혁시키는 데에 큰 역할을 하였다고 평가할 수 있다.

일찍이 8세기 중엽 고구려의 유민 출신인 고선지高仙芝 장군이 아랍과의 전쟁에서 지는 바람에 포로로 잡혀간 당唐나라 군사 가운데 종이 만드는 기술자가 아랍에 종이 만드는 기술을 비로소 전파하였다고 한다. 이것이 나중에 유럽에 건네져서 지식사회를 일깨우는 역할을 하였다고 하여서 고선지 장군이 유럽의 문명을 깨웠다는 식으로 좀 과장되게 표현하기도 하는데, 이것이 완전히 허황된 주장만은 아니다.

종이와 인쇄술은 손쉽게 지식을 보급하여 시민 계층을 늘리는 역할을 하였다. 중국의 종이가 본격적으로 전해지고 나서야 쿠텐베르그의 인쇄기로 성경聖經이 쉽게 인쇄되었고, 일반인들에게 성경이 자유롭게 읽히면서 중세 교회의 허위를 깨달으며 종교개혁에 불을 댕긴 것이었다. 중국의 종이가 암울했던 서구의 중세를 마감하는 데에 큰 공헌을 하였던 것이다. 유럽에서 깨인 지식인들이 늘어나면서 근대국가와 근대의 정신이 새로이 정립되었고, 이들에 의해서 민주주의도 과학도 발전하게 되었던 것이다.

나침반羅針盤은 남북의 방향을 가리키는 단순한 자석일 뿐이지만, 역시 유럽의 근대를 일깨운 품목에 당당히 끼워 넣어야 한다. 중세 유럽에서는 나침반의 쓰임을 그때까지 잘 몰랐기 때문에 유럽인들은 먼 바다까지 항해하기가 어려웠다고 한다. 그런데 이것을 이용해서 아프리카, 아시아 및 아메리카로 활동영역을 넓히면서 근대 산업사회로 성큼 나아갈 수 있었다. 특히 콜럼버스와 마젤란 등이 대항해시대를 열면서 아메리카로부터 막대한 자원과 노동력을 착취하여 유럽의 여러 나라들이 산업화의 기틀을 마련하였으며, 이후 유럽이 산업혁명에 성공하여 대량으로 공산품을 만들어 내게 되었고, 이것들을 내다 팔 시장을 확보하는 데에 나침반이 톡톡히 역할을 하였던 것이다.

당시 유럽 국가들은 모두 해양海洋을 발판 삼아 근대국가로 발전하였다고 할 수 있다. 이때 가장 먼저 항해시대를 연 포르투갈은 이전까지는 이슬람과의 중계무역을 통해서 비싼 가격에 사야만 했던 후추 같은 향신료香辛料를 직접 구입하러 인도에 갈 수 있게 되었고, 이어서 중국의 마카오와 일본의 나가사키長崎까지 진출했다. 이때 포르투갈은 일본에게 조총鳥銃을 팔았고, 이것을 복제複製하여 일본은 임진왜란壬辰倭亂 때 조선 침략에 이용하였다. 이때 일본은 조선으로부터 도자기나 인쇄와 같은 기술을 들여다가 문화 방면에서도 큰 발전을 이루었고, 이후 일본의 도자기가 유럽으로 진출하면서 서구의 문물을 일찍부터 받아들이게 된 발판을 마련하기도 했다.

한편 이때 아프리카와 아시아로 진출하는 주도권을 포르투갈에게 빼앗긴 스페인은 대서양쪽으로도 인도印度에 갈 수 있을 것이라는 확신을 갖고 있던 콜럼버스의 제안을 받아들여 생각지도 못하게 아메리카를 개척하는 행운을 얻게 되었다. 이처럼 서구인의 입장에서 신대륙의 발견은 유럽의 산업화와 근대화에 커다란 기여를 하였던 것이다. 그러므로 나침반의 기능이 언뜻 단순해 보이지만, 과연 세계사를 변모시키는 데에 한몫을 했다는 점은 부인할 수 없다.

이처럼 몽골의 유라시아 제국은 몽골 정복자들의 의도와는 상관없이 유럽 근대화에 커다란 작용을 하였던 것이라고 평가할 수 있다. 이때 고대 중국의 주요발명품들은 서구를 중세의 도시국가에서 근대국가로 발전하는 데에 커다란 역할을 하였다고 하지만, 서구 유럽은 오히려 제국주의로 탈바꿈하여서 아메리카, 아프리카 그리고 아시아를 약탈하였고, 오늘날 세계질서가 서구 중심으로 된 중요한 계기가 되었던 것이다.

14

중국의 근대화, 그리고 유가(儒家)와 한자(漢字)

1. 중국 문화와 역사에 남긴 유가(儒家)와 한자(漢字)의 그림자

2. 유가는 진정 근대화의 장애물이기만 한 것일까

중국
역사와 문화
들여다보기

중국의 근대화, 그리고 유가(儒家)와 한자(漢字)

흔히 중국이나 우리의 역사를 반만년半萬年이라고 일컫는 경우가 많다. 이처럼 오랜 세월을 이어온 중국의 역사를 두 부류로 나누면 고대古代와 현대現代가 될 터인데, 대개 동서양의 왕조시기를 고대라고 하며, 이른바 현대적이라고 하는 것은 서구로부터 발원한 것이라고 이해할 수 있다. 근대를 포함하는 오늘날 세계 거의 모든 지역에서 이른바 자유와 평등을 근간으로 하는 민주주의, 자본주의 그리고 사회주의 등은 모두 서구적인 이념에서 나온 것이다. 즉, 근대화는 곧 서구화라고 이해해도 그다지 틀린 것은 아닐 것이다.

그러므로 중국이나 일본 그리고 우리나라는 이제껏 서구적인 의미의 근대를 이루고자 얽매여서 지난 200년가량을 우왕좌왕하며 오늘에 이르렀다고 할 수 있다. 이러한 정황은 앞으로도 상당히 오랜 동안 계속될 듯하다. 그래서 본 장에서는 중국에 있어서 근대화의 의미는 무엇인지를 생각해 보기로 한다.

1. 중국 문화와 역사에 남긴 유가(儒家)와 한자(漢字)의 그림자

중국이 이른바 서구식의 근대화를 이룰 수 없었던 주요 원인으로 공자孔子의 유가儒家사상과 한자漢字를 꼽는 이들이 많다. 여기에서 근대의 이념은 자유와 평등이며, 이것이 정치적으로는 민주주의, 경제적으로는 자본주의와 사회주의로 발전한 것이라고 말할 수 있다. 근대 이전 왕조사회에서는 나라의 영토와 백성은 모두 왕의 소유였으며, 나라의 권력 역시 왕과 그를 따르던 지배계급의 손아귀에서 쥐락펴락하였었다.

유가사상의 삼강오륜三綱五倫은 위와 아랫사람 사이의 위계질서를 잘 지켜야 한다고 강조한다. 유가사상이 인간에게 계급을 강요하는 꼴이 되었던 것이 사실이다. 한자는 글자의 생김새와 뜻이 너무 복잡하고 어려워서 많은 사람이 배우고 익히기에 걸림돌이 되는 문자라는 사실을 부정할 수 없다. 그러므로 오랜 시간이 걸려서 개발한 기술과 정보를 문자로 써두어야 하는데, 중인계층 정도의 대우를 받았던 기술자들이 한자를 자유롭게 읽고 쓸 수 없었으니, 자신의 기술을 더욱 연구하여 발전시키고 여기에다가 산업화까지 하는 것을 좀처럼 기대할 수 없는 노릇이었다.

그러니 서구의 근대를 일깨운 4대 과학기술 발명품인 종이, 인쇄술, 화약, 나침반을 진작 발명하는 뛰어난 재능을 발휘한 것은 중국인들이었지만, 그것의 결실인 근대화와 산업화는 결국 서구에서 이루었는데, 그게 다 한자漢字가 너무 어려워서 그리되었던 것이라고 하는 것도 무리가 아니다.

중국 문화의 전통을 유가儒家의 입장에서 곰곰이 살펴보자면, 춘추전국의 제자백가 사상이 번성한 이래, 공자의 유가사상은 진시황의 분서갱유로 말미암아 첫 번째 위기를 맞았다가, 한漢대에는 국교國敎로까지 지정되어 크게 번성하였지만, 한나라가 쇠망하면서 도교道敎의 흥성에 가려졌고, 남북조시대 이후 당唐대까지는 불교의 유입과 발전으로 더욱 세력이 약화되는 듯이 보였다. 송宋대 주희朱熹에 의해 신유학新儒學으로 재탄생한 이래 몽골의 원元나라가 한漢문화를 말살하는 정책으로 유가는 또다시 절명의 위기를 맞았지만, 명청明淸대를 거쳐서 옛날의 영광이 복원되었다고 할 수 있다. 근대로 접어든 5 · 4운동 시기에는 유가가 중국의 근대화에 발목을 잡은 주범으로 몰렸다가 1960년대 문화혁명文化革命 기간에는 완전히 끝장이 날 뻔한 극한의 위기상황도 있었다. 요즘은 변화하는 세계질서 속에서 유가의 새로운 위상을 한창 모색하고 있다. 이처럼 전통적인 중국 문화의 주류에도 수많은 변화와 굴곡이 부침을 거듭했다고 할 수 있다.

그런데 중국은 한漢대 이후 유교儒敎와 한자漢字를 정비하면서 이후 20세기 들어서 청淸이 멸망할 때까지 공자왈孔子曰, 맹자왈孟子曰 하던 체제를 거의 벗어나지 못한 채 이어져 왔던 것도 부인할 수 없다. 한漢대 이후 청淸대까지 이 시기는 중국의 역사에서 대부분의 기간이라고 해도 무리가 없을 듯하다. 기원전 3세기부터 20세기 초까지 해당되는 이 시기에 중국은 수많은 변화 속에서 발전하였다고 할 수도 있지만, 한漢대 이후 중국의 속성을 나타내는 용어에 '한漢'자를 붙여서 표현하듯이, 이른바 중국적이라고 할 만한 문화적 요소가 한漢대에 대부분 이루어진 이래로 각 왕조마다 비교적 큰 변화 없이 2,000여 년의 세월을 보내온 것이 아니냐는 평가에서 자유롭지 못하다.

춘추전국시대 주요 사상이었던 유가가 한漢대에 국가의 이념으로 채택된 이래로 약간의 변화는 있었지만, 그 대강의 줄기는 크게 변하지 않은 채 청淸대까지 이어졌다고 볼 수 있기 때문이다. 이것은 유가의 충효사상이 왕조 지배 권력에 있어서 왕조를 옹호하고 유지하는 데에 유리하기 때문에 정치적으로 이용되었던 것이라고 할 수 있다.

만약 1840년 아편전쟁阿片戰爭을 계기로 서구열강이 중국을 침략해오지 않았다면 중국이 2,000년 동안 이어온 왕조시대를 마감하고 스스로 근대 시민사회로 나아갈 수 있었을까? 이것은 마치 우리나라가 일본 제국주의가 아니었다면, 근대국가로 나아갈 수 있었겠냐고 여기는 일본인들이 우리에게 흔히 되묻는 질문과도 같다. 아마도 청나라나 조선이 외세의 침략 없이 망하였다고 하더라도 또 다른 왕조국가가 들어서지 않았겠냐는 것이다. 이것 역시 중국과 조선의 역사가 일종의 아시아적 생산양식의 틀에서 벗어나지 못했을 것이라고 폄하하는 것인데, 과연 그러한 견해를 완전히 부정할 수 있는 것인지, 아니면 서구적인 기준의 그러한 평가에 우리가 꼭 대응하여야 하는지 앞으로 많은 연구와 노력이 필요할 것이다.

중국의 오랜 역사와 전통 속에서 가장 큰 변화를 맞은 시기를 들자면, 뭐니 뭐니 해도 1840년 아편전쟁 이후 전개되었던 근대화의 과정이라고 할 수 있다. 요순堯舜시대로부터 따지자면, 약 4,000여 년의 세월이 흐르는 동안 이때보다 더 심한 격동의 시기는 아마도 없었다. 서양식 민주주의와 과학정신, 자본주의와 사회주의 이념의 전래와 중국화 등 참으로 많은 변화 속에서 시련과 고통을 넘어 이른바 근대화를 실현하고자 애써왔다.

중국은 예로부터 유럽에 비해서 비교적 고립된 채로 발전해 왔다. 이것은 중국 주변의 지리적인 환경 때문이기도 하다. 중국은 지리적으로 살펴보면, 북쪽으로는 만리장성 너머 유목문화, 동쪽으로는 태평양, 서쪽으로는 황토와 사막지대, 남쪽으로는 산악과 밀림 그리고 티베트의 고원지대 등으로 포위되어 갇혀 있는 형상이다.

그래서 중국 이외의 지역으로부터 도전이 비교적 많지 않았기 때문에 중국이 여럿으로 분열할 뻔한 때를 거듭 맞았으면서도 결국은 통일된 채 수천 년을 이어왔다. 이것은 유럽이 여러 나라로 분열되어서 각국이 서로 경쟁하며 발전해 왔던 양상과 다르다.

오늘날 중국이 한족漢族을 중심으로 통합되어 하나의 국가를 형성하고 있는 것에 대한 공과功過를 한 마디로 논할 수는 없지만, 중국은 유가를 중심으로 하는 한족漢族의 문화가 주류를 형성하며 각 민족이나 지역 간의 경쟁이 없었기 때문에 비교적 안정적인 상태를 유지한 채 발전해 왔다고 말할 수 있다.

근대 개항 시기 일본과 달리 우리나라와 중국은 근대화에 실패하였다고 평가한다. 여기에서 말하는 근대화라는 의미는 서양화라고도 할 수 있으니, 서양식으로 발전하지 못했다는 말이다. 서양식의 근대화가 반드시 바람직한 것인지에 대해서는 논란의 여지가 있지만, 서양에서는 중세 봉건제도가 무너진 다음에 근대사회가 나타났다고 하는데, 근대라는 개념은 흔히 정치적으로는 민주주의, 경제적으로는 자본주의 체제를 통해서 자유와 평등에다가 프랑스혁명의 상징인 박애博愛정신을 실현하려는 사회를 말한다.

근대라는 말의 본뜻이 '가까운 시대'라는 의미이듯이, 시기적으로는 현재의 우리와 가까운 시기이면서 인간사회에서 이루어야 할 이상理想사회에 근접하려고 애쓰는 가까운 시대라는 의미도 포함하고 있다.

아마도 인류가 지구에 나타나 살면서 고안해 낸 여러 제도와 이념 가운데 이들 근대를 상징하는 개념들이야말로 인간사회에서 꼭 이룩해야 할 정신으로 꼽는 것을 주저할 수는 없다. 그런데 유럽에서 정립한 이들 개념들은 중국 사람들이 고대로부터 주류로 여겨오던 유가의 이념과는 충돌되는 측면이 많은 것 또한 사실이다.

정치적인 민주주의는 일단 사람들마다의 평등을 기본 요소로 삼고 있으며, 경제적인 자본주의는 사람들에게 능력껏 노력해서 이윤을 극대화하자는 논리인데, 고대 중국의 주류 사상인 유가儒家는 윗사람과 아랫사람 간의 위계질서의 준수와 경제적인 이익보다는 도덕적인 인의仁義를 목숨처럼 소중히 여기다 보니, 유가적 이념체제 안에서 널리 사랑한다는 뜻의 박애博愛를 제외하고 자유와 평등을 실현한다는 것은 참으로 간단치 않은 문제일 수밖에 없다.

거꾸로 말하자면, 중국이 유가라는 울타리 속에서 자유롭지도 평등하지도 않은 상태로 살아 왔었기 때문에 민주주의도 자본주의도 이루지 못했다는 말이 된다. 물론 민주주의와 자본주의에도 얼마든지 모순과 폐단이 드러나 있는 만큼 그것들이 완벽한 이념이냐고 단정할 수도 없을 것이다. 그러나 오늘날 지구상 대부분의 나라들이 민주주의와 자본주의를 실현하기 위해서 어떤 형식으로든 이 길로 한창 내닫고 있다는 것을 부인할 수는 없다.

아편전쟁은 중국사에서 매우 의미가 깊은 사건이다. 이 전쟁은 중국이라는 실체를 당시 세상에 알린 꼴이 되었으며, 그로부터 중국의 새로운 위상 변화를 겪어야만 하였다. 중국은 명청明清대까지만 해도 어느 모로 보나 세계 최강이라는 타이틀이 무색하지 않았었는데, 이 사건을 통해서 별 볼일이 없는 '종이호랑이'의 신분으로 급격히 떨어졌다.

조셉 니덤Joseph Needham, 1900~1995의 『중국의 과학과 문명』을 통해서 고대 중국에 얼마나 뛰어난 과학기술 문명이 발전해 있었는지 널리 알려지게 되었다. 이쯤에서 중국인들은 자부심을 느낄 만도 할 것이다. 확실히 근대 이전까지는 중국의 과학기술 문명이 세계 최고였으며, 유럽의 근대화도 중국의 고대 발명품들이 일깨웠다는 사실이 증명되었으니 말이다.

그렇지만 다시 한발 물러나서 생각해 보자. 그렇다면 정작 중국은 그와 같이 근대화에 중요한 영향을 끼쳤던 과학기술 발명품과 뛰어난 문명을 일구었으면서도 어째서 근대화에는 성공하지 못했던 것일까? 그 이유는 역시 다름 아닌 공자의 유가 때문이라는 주장이 만만치 않다. 과학문명의 발전과 근대화와는 어떤 관계가 있기에 유가가 그런 것까지 덤터기를 써야 하나 의아해할 것이다.

전통시대의 윤리를 규정하고 있던 유가에는 상하 신분 간의 계층을 지어서 사회 위계질서를 유지하는 역할을 하였다. 그렇기 때문에 한漢대 이후 지배층의 기득 권력을 유지하게 하는 기능을 맡을 수 있었던 것이다. 그러므로 유가는 자유와 평등을 근간으로 하는 민주주의에는 아무래도 적응하기 어려운 이념이라고 할 수 있다.

그리고 과학기술의 발전을 통한 산업화를 통해서 공업을 발전시켜서 자본주의가 발전하는 것인데, 유가에서는 이익보다는 의리義理를 중시하느라 구태여 과학기술을 발전시켜서 많은 돈을 벌려는 의욕도 없었으니, 이것까지도 유가가 틀어 막아왔다는 평가를 받는다.

물론 중국에도 명明대에는 자본주의의 맹아萌芽가 싹터 있었다고 할 만하며, 화상華商이라고 해서 돈을 많이 벌었다는 이들이 줄줄이 나타나기도 하였다. 이때 그들 중국의 갑부들 가운데 산업을 발전시켜서 자자손손 번창하기를 기대했던 이들도 있었지만, 대부분은 자신의 자손들이 과거시험 공부에 매진해서 높은 관리가 되는 것을 바랐던 이들이 훨씬 많았다. 이것 역시 유가에서 의리義理에 목숨을 거는 선비를 중시하는 의식 때문에 생긴 결과이다.

우리말에 '개같이 벌어서 정승처럼 쓰라'는 말이 있는데, 이것은 상인이 아무리 돈을 정당하게 많이 벌어도 그것은 결국 '개같이 번 것'이라고 폄하한 것이다. 또 '정승처럼' 써야 한다고 하는 것은 유가의 경전을 잘 배워 과거시험에 합격을 해서 높은 관리가 되어야 한다는 것이다. 이처럼 모든 결론은 최종적으로 유가의 이상을 실천하는 것에 목표를 맞추고 있었다고 할 수 있다.

대개는 중인 이하의 신분이었던 중국의 과학기술자들이 시간과 비용을 들여서 글공부를 할 수는 없었다. 게다가 당시 사회적으로도 사농공상士農工商이라 하여 유가에서 금지하는 이익을 탐한다고 하여 상인의 지위를 제대로 평가해 주지 않았고, 과학 기술자들 역시 자신의 능력을 통해 인정을 받지 못하는 것은 물론 그 자신의 기술을 대가로 경제적으로도 풍족한 생활을 할 수도 없었으니, 기왕에 발명되어 있던 과학발명품까지도 더욱 발전시킬 의욕이 없었던 것이다.

그러다 보니 그들이 가지고 있었던 과학기술이 자식이나 몇몇 제자에게만 전해지는 한계를 벗어나지 못하고, 때로는 어느 순간 장인匠人에게 어벙한 아들이 나와서 자기는 아버지처럼 장인으로 천하게 살고 싶지는 않다며 반항하여서 집을 나가버려 기술이 똑 끊기는 불행을 맞다 보니, 계속된 과학기술의 발전을 기대하는 것이 더 힘들어지게 되었던 것이다.

2. 유가는 진정 근대화의 장애물이기만 한 것일까

오늘날 우리들은 과연 서구적인 의미의 근대화를 반드시 실현해야 하는 것일까? 근대화가 아무리 자유·평등·박애와 같이 범인류적인 가치를 지향한다고 하지만, 어쨌거나 근대화는 서양의 역사발전을 통해서 생겨난 가치일 뿐인데도, 오늘날 우리들은 누구나 반드시 근대화를 이루어야 한다는 강박관념에 얽매인 듯하다.

그런데 요즘 중국에서 유가와 관련하여 새로운 분위기가 움트고 있는 듯하다. 공산당의 최고 영도자가 공자와 맹자를 새로이 평가하여 중국 전통사상의 우월성을 일깨워야 한다고 하면서 『논어』나 『맹자』와 같은 유가의 경전을 읽으라고 독려하자 온 중국에 유가경전을 읽는 붐이 일고 있다. 몇 해 전에는 공자의 탄신을 기리는 제사를 무려 4시간에 걸쳐서 텔레비전 생중계를 하였고, 『논어심득論語心得』이라는 유가사상에 관한 평론집이 수천 만 부나 팔렸다고 하니, 중국에서 전통사상에 관한 열기를 가히 짐작할 수 있다. 그래서 요즘 중국 출판계에서는 고전古典이라는 이름만 걸치면 베스트셀러가 된다는 우스갯소리까지 한다는 말이 있다.

이처럼 요즘 중국에는 자신들의 전통적인 사상을 알아야 한다는 의식에서 고전을 돌아보는 소류가 새로이 나타나는 듯하다. 어찌 보면 아편전쟁 이래 서구의 핍박, 근대화운동, 국민당과의 내전, 어떻게든 이루어보고자 했던 이른바 중국식 사회주의 그리고 개혁과 개방을 통해서 자본주의로 치달았던 지난 세월 동안 중국인들은 그들의 진정한 내면을 살펴볼 겨를이 없었는지 모른다. 이제 좀 경제적인 발전을 이루어서 초강대국이라는 이름도 달고 나니, 과거를 돌아보아야겠다는 의무감도 동시에 생겼다고 할 수 있다.

그런데 하나 염려스러운 것은, 우리도 그러하지만 중국 역시 여러 분야에서 이미 서구적인 의미의 근대화의 길에 들어서서 이제는 되돌릴 수 없는 지경에까지 이르렀다는 것이다. 또다시 1860년대 있었던 절충주의로서 중체서용中體西用을 이념으로 하는 양무운동洋務運動의 실패를 재현해서는 안 될 것이다.

우리 역시 19세기 일제에 의해서 강압적으로 개항을 당한 이래로, 30여 년 식민통치를 받아야 했고, 해방에 이어 극렬했던 이념 대립과 분단, 그리고 군사독재의 그늘 속에서도 민주화와 경제성장을 꾸준히 이루어서 오늘의 여기까지 와 있다. 이런 가운데에서 우리나라에도 여전히 공자를 성인으로 존중하며, 그의 말씀이 담긴『논어』의 구절 하나하나를 마음속 깊이 되뇌고 있는 사람이 많다.

앞서 살펴보았듯이, 동서양을 막론하고 성인이 성인이신 이유는 그분들이 인류를 구원하고자 했던 그 정신에 있는 것이니, 그분들을 섬기며 그 숭고한 정신을 마음에 새겨두는 것이 나쁘다는 것은 결코 아니다. 다만 시대와 환경이 달라진 오늘날 우리들에게 진정 마음에 깊이 담아야 할 것이 무엇인지, 또는 깨끗하게 씻어내야 할 것은 무엇인지를 잘 따져 보아야 할 것이다.

중국 역사와 문화 들여다보기

초판 인쇄 | 2012년 7월 23일
초판 발행 | 2012년 7월 31일
지 은 이 | 문승용
발 행 인 | 박 철
기 획 | 권원순 Director, University Press
편 집 | 탁경구 Executive Knowledge Contents Creator
편집진행 | 신선호 Chief e-Contents Creator
발 행 처 | 한국외국어대학교 출판부
130-791 서울시 동대문구 이문로 107
전화: 02-2173-2495~7
팩스: 02-2173-3363
홈페이지: http://press.hufs.ac.kr
전자우편: press@hufs.ac.kr
출판등록 | 제6-6호(1969. 4. 30)
편집·디자인 | 디자인 퍼브(02-2254-4301)
인쇄·제본 | SM C&P(02-468-6100)

ISBN 78-89-7464-744-5 03910 정가 14,000원
*잘못된 책은 교환하여 드립니다.

HUEBOOKS는 한국외국어대학교출판부의 인문학 Sub Brand이다. 한국외대의 영문명인 HUFS, 사람을 위하는 Humanism, 교육의 Education, 색조 Hue의 다의적인 뜻으로 해석할 수 있으며, 인문학 양서 출판에 대한 의지가 담겨있다.